U1076806

化学教学：理论与策略

蔡亚萍　竺丽英　杨振曦　陈　霞　冯晓旭　著

科学出版社
北　京

内 容 简 介

本书由化学教学理论与策略两大块内容构成。理论内容包括：化学课程理论、化学教学理论、化学教学设计原理。策略内容包括：化学教学策略、化学学习策略、化学教学评价策略。书中介绍大量当前比较热门的教学理论和新颖的教学策略，充分反映化学教学研究的最新进展和成果。在对理论与策略进行论述同时，又列举大量作者自己的研究案例，以帮助读者对相关理论与策略的理解和把握。

本书能为从事化学教学工作的教师提供必要的理论基础和策略方法。

图书在版编目（CIP）数据

化学教学：理论与策略/蔡亚萍等著. —北京：科学出版社，2016.12
ISBN 978-7-03-051132-4

Ⅰ. ①化… Ⅱ. ①蔡… Ⅲ. ①中学化学课-教学研究 Ⅳ. ①G633.8

中国版本图书馆 CIP 数据核字（2016）第 316044 号

责任编辑：石 悦 高 微 / 责任校对：郭瑞芝
责任印制：张 伟 / 封面设计：华路天然工作室

科 学 出 版 社出版
北京东黄城根北街 16 号
邮政编码：100717
http://www.sciencep.com
涿州市京南印刷厂印刷
科学出版社发行 各地新华书店经销
*
2016 年 12 月第 一 版 开本：787×1092 1/16
2020 年 1 月第二次印刷 印张：12
字数：272 000

定价：39.00 元

（如有印装质量问题，我社负责调换）

前　言

教学是一项富有创造性的工作，其对象千差万别、内容千变万化、环境千状万态。教学过程没有固定的程式可套用，需要教师因人、因事、因地制宜地去设计，与学生共同创生课程。教师作为教学设计者与课程开发者，除了要有渊博的学科专业知识外，还要有丰富的教学理论和教学策略等知识。撰写本书，旨在为从事化学教学工作的教师提供必要的教学理论基础和策略方法。

本书内容由理论与策略两大块构成。教学理论泛指人们有关教学的理论性认识，它是一种以教学问题作为研究对象，表征并解释教学情境中所发生的种种事件的特殊性知识。这些知识可以让教师开阔视野，拓展思维，超越日常的教学经验，理性地分析教学现象，更好地理解复杂的课堂教学生活。教学策略是指为了达到教学目的所采用的手段和谋略。虽然策略是一种心智的运作，但它具有可操作性，能转化为教师的外部行为来促进教学活动。教学理论与教学策略本身是一个不断发展完善的过程，在写作过程中，我们既有对国际上新颖教学理论和教学策略的追踪与借鉴，也有对实际研究案例的介绍和解释，便于读者紧跟化学教学的发展前沿，加深对理论知识的理解与应用。

本书共六章。第一章化学课程理论，主要研究化学课程的设置、编制和改革，在介绍有关课程概念和课程流派的基础上，梳理我国化学课程的改革历程与发展变化；第二章化学教学理论，探讨指导化学教学的理论基础，分析化学教学的特征，研究化学教学的模式、方法及媒体应用；第三章化学教学设计原理，阐述化学教学设计概念，分析化学教学设计的特点和层次，探讨化学教学设计的过程原理，并用案例进行示范，最后对说课设计进行探讨；第四章化学教学策略，深入研究化学基本概念、元素化合物、化学用语、真实情境问题解决等教学策略，引入符号转换、支架式、随机进入等诸多新颖的教学策略；第五章化学学习策略，从化学课程学习的特点和学生学习化学的特点出发，分析学习动机、认知规律与化学学习的关系，探讨按加涅学习结果分类的各类知识的学习策略；第六章化学教学评价策略，介绍深化课改背景下化学教学评价的理念和特征，分析化学学习与测量的类型、方法和质量，探讨对教师课堂教学评价的方法，最后介绍利用微视频技术对学生化学自主实验进行评价这一研究案例。

本书由浙江师范大学教师教育学院蔡亚萍、竺丽英、陈霞、冯晓旭和化学与生命科学学院杨振曦分工协作共同完成，第一章由杨振曦撰写，第二章由陈霞撰写，第三章由竺丽英撰写，第四章由蔡亚萍撰写，第五章由冯晓旭撰写，第六章由蔡亚萍和竺丽英撰写。由于我们水平所限，书中可能存在不足之处，恳请专家和读者批评赐教。

最后要感谢参加本书编写的所有合作者，也要感谢科学出版社责任编辑石悦老师的悉心指导。

蔡亚萍
2016年9月

目　录

第一章　化学课程理论

第一节　课程理论概述

在现代学校教育中，课程是构成教学活动不可缺少的基本条件，也是实施教育过程、评价教育活动的基本依据，无论实施何种教育，都需要以一定的课程为基础，通过课程的教育活动来实现预定的教育目标。所以，课程在任何一个国家的教育教学研究中总是居于中心地位，它不仅是教育改革要首先探究的问题，也是教育实践要首先明晰的问题。

一、课程概念

（一）课程内涵

什么是课程？追溯历史，我国“课程”一词最早出现在唐朝，“维护课程，必君子监之，乃依法制”，但其意思与现代课程意义相差甚远。后至宋代，朱熹有“宽着期限，紧着课程”的论述，即指功课及其进程，与现代课程含义就较为接近了。而在西方，英国教育家斯宾塞（Spencer）于 1859 年在《什么知识最有价值？》一文中最早提出“课程”（curriculum），它是从拉丁语“currere”一词派生出来的，有引导学生继续学习并达到预期培养目标的含义。所以，在英国牛津字典、美国韦伯字典、国际教育字典等英文词典中，课程大多被定义为一门学程或是学校提供的所有学程。

随着课程实践的丰富和课程理论研究的深入，不论是国内还是国外，有关课程的概念都在不断发展，目前，“课程”含义的说法也有多种。概括起来，可分为广义和狭义两种。广义的课程一般指学生在学校获得的所有经验，包括有计划的学科设置、教学实施、教学活动、课外实践及学校环境和氛围的影响等；而狭义的课程则是指教学内容，通常在教科书、课程计划和课程标准中体现。所以，有关课程定义的分歧其实是一种客观存在，每一种课程定义都有其理论背景，很难说哪一种定义更为恰当，我们需要在实践过程中，从多个角度、多个层面去认识和理解课程。

化学课程可以说是对化学教学的目标、内容、活动方式和方法的规划和设计，即化学课程方案、课程标准和教科书中为化学教学而预设的目标、内容和活动。所以，化学课程可看作为达成化学教育目标而设计的所有内容。

（二）课程目标

课程目标是一定教育价值观在课程领域的具体化，是课程设计的依据，也是课程实施的方向，在整个课程运行过程中都起着重要作用。弄清其含义，有利于在实际教育活动中实施课程。通常来说，课程目标是指一定教育阶段的学校课程为促进该阶段学生的身心发展所要达到的程度或结果。也可以说，课程目标就是学生学习完某一课程门类或科目以后希望达到的发展状态和水平的描述性指标。

所以，课程目标的设计直接影响着课程组织、课程内容、教学实施等后继课程要素的设计和操作，也制约着日常的教学行为。课程目标既要体现国家培养目标的总要求，又要根据学生的实际情况、学科发展的现状和社会需求，体现课程的价值取向。

在现行的化学课程标准中，课程目标是以培养和提高学生的科学素养为宗旨，并构建了“知识与技能”、“过程与方法”、“情感、态度与价值观”三个不同维度目标相融合的化学课程目标体系。它表述的是一种公民素养的要求，并且将知识性要求和非知识性要求作为同样重要的目标，关注人的发展，可以说，这是为了适应时代需要而设计的课程目标。近年来，随着社会的发展，人才需求的方向进一步明确，教育目标进一步完善，课程目标必然也被列入深化改革之列。

2014 年 3 月，教育部发布《关于全面深化课程改革落实立德树人根本任务的意见》，指出将组织研究并提出各学段学生发展核心素养体系，明确学生应具备的适应终身发展和社会发展需要的必备品格和关键能力①。2015 年 11 月 29 日，中国教育学会、光明日报、教育部组织了一场“核心素养如何转化为学生素质”的教育沙龙，与会的教育专家指出，核心素养是“在三维目标基础上的发展和深化，核心素养更直指教育的真实目的——育人”。可以说，“从双基到三维目标，再到核心素养，是教育从教书走向育人这一过程的不同阶段”。教育部正在根据核心素养的体系，组织力量“设计不同阶段的课程标准，制定学业质量标准，引导学校基于课程标准设计教学、命题、作业和考试”②。

可以预见，在不久的将来，新的高中化学课程标准即将问世，发展学生的化学核心素养将是化学课程的核心目标。目前，关于化学学科的核心素养的组成部分正是讨论的焦点，已有学者提出化学核心素养以培养学生完美人格和终身学习能力为宗旨，指导学生从更高的视野和境界上自我发展；培养学生的科学精神与社会责任、实验探究与创新意识、证据推理与模型认知、宏观辨识与微观探析、变化观念与平衡思想五个方面的化学核心素养③。

（三）课程结构

课程结构是指在特定的课程价值观指导下形成的学校课程体系中各个要素间的组织排列形式和配比关系。它作为课程的核心，是教育思想和理念付诸实践的桥梁，是课程目标由理想变为现实的媒介。课程结构合理与否，直接关系到课程目标能否有效实现。

当社会发展到一定阶段，已有的课程结构不再适应社会发展的需求时，就需要全面反思这种课程结构，从而在审查社会、学生、学科与生态发展状况的基础上，重新选择课程内容并建构新的课程结构体系，这是时代发展的必然趋势。在这一过程中，需要考

① 中华人民共和国教育部．关于全面深化课程改革落实立德树人根本任务的意见．http://www.moe.edu.cn/publicfiles/business/htmlfiles/moe/s7054/201404/xxgk_167226.html.

② 袁振国，张绪培，崔允漷．教育沙龙：核心素养如何转化为学生素质．光明日报，2015-12-08.

③ 王云生．基础教育阶段学科核心素养及其确定——以化学学科核心素养为例．福建基础教育研究，2016,（2）：7-9.

虑课程内容的选择及组织的问题，还要处理好各种课程类型的平衡问题，从而构建合理的课程结构体系。

我国正在进行的基础教育课程改革，就是针对已有课程结构单一等弊端，进行的课程结构的调整和改革，把中学课程区分为“学习领域”、“科目”和“模块”三个层次。目前，高中课程共分为语言与文学、数学、人文与社会、科学、技术、艺术、体育与健康及综合实践八个领域。科学领域由物理、化学、生物和地理（地学）四个科目组成。其中化学科目由八个课程模块构成：必修两个（化学 1、化学 2）和选修六个（化学与生活、化学与技术、物质结构与性质、化学反应原理、有机化学基础和实验化学）。

（四）课程类型

课程类型，是指一个教育系统或教育机构中具有某一相同属性或共同特征的课程所形成的汇集或种类。随着课程研制实践的发展，人们开发和划分的课程类型琳琅满目，各有优劣，以下 4 种分类是比较具有代表性的。

1. 学科课程与活动课程

学科课程是指由一系列不同类别的学科或学术领域及与之相应的各种间接经验所组成的课程[①]。最常见的就是学校课程表中的各门课业。例如，化学学科课程是以化学学科为基础而设计的课程。这种课程的优点在于：可系统地传授基础知识、基本技能和方法，学生还可以从不同内容的学习中形成良好的科学态度及分析解决问题的能力。目前的化学学科课程正在从“学科为中心”转变为“学习者为中心”，从“系统知识”的学习转向“多元能力”的学习，并且注重结合社会实际和学生认知特点，精心选择化学学科的基本原理和核心概念，已经形成了具有一定逻辑结构的知识体系。

活动课程则是打破学科逻辑组织的界限，教师或学生根据学生自己的兴趣、需要和能力而组织的一系列活动[②]。它弥补了传统学科课程的缺陷，具有实践性、自主性、开放性等特点，强调跨学科综合和“做中学”，希望通过学生实践来发展其操作技能和解决问题的能力。化学小制作、社会调查、家庭实验、咨询访谈、辩论交流等都可归为活动课程范畴。

需要说明的是，“学科”和“活动”并不是绝对对立的。一方面，化学学科课程中也包含大量学生活动，如观察、实验、调查、讨论等，这些活动对学生学习化学而言是必不可少的；另一方面，以时间为主的活动课程虽围绕活动展开，但其实施过程中需有内在的结构和教学程序，必定离不开学科思想和原理的应用。因而，不能简单地将活动课程视为另一种课程，将其从学科课程中剥离开来。

2. 分科课程与综合课程

分科课程是我国最为常见的课程，即学校课表中的语文课、数学课、物理课、化学

---

① 廖哲勋，田慧生. 课程新论. 北京：教育科学出版社，2003：47.

② 施良方. 课程理论：课程的基础、原理与方法. 北京：教育科学出版社，1996：275.

课等。可以说，分科课程就是由一系列自成体系的科目组成的学科课程①。此课程中，传统学科的特点得以继承，学科发展的序列通过概念、原理的组合以相对简约的方式展现出来，形成知识体系。

综合课程则是由诸多不同学科领域构成的、具有独特育人功能的学科课程，其学习内容往往不限于某一学科，而是横跨几门学科。例如，浙江省内，现行初中即开设《科学》课程，内容包含物理、化学、生物、地理等知识。在学科素材选择上，课程更贴近学生的生活经验，联系实际应用，学生对科学的兴趣容易激发。在内容结构上，课程更注重科学概念的统一和科学方法在不同学科中的共同属性。

目前，从国际范围来看，随着理科课程的不断变革，课程的基本理念和设计思路趋于融合，综合课程的特点有所凸现。例如，在美国《新一代科学教育标准》中，课程强调学科核心概念和共通概念，使学生对科学达成整合一致的理解。

3. 必修课程与选修课程

必修课程是指每位学生为达到规定的学业要求而必须学习的课程。通常来说，必修课程是工具性的基础课程，是学习其他知识和发展能力不可缺少的。我国的必修课程基本上都是国家课程，且具有学科课程的特点。例如，普通高中化学课程的必修课程包括“化学 1”、“化学 2”两个模块，这是高中生学习化学的最低要求。

选修课程是指学生根据自己的兴趣爱好和职业倾向等要求而自主选择学习的课程。选修课程通常是针对必修课程的不足而设置的，内容上各有侧重，以适应不同学生发展的需要；活动方式上也有差异，有的侧重理论思维，有的侧重实践技能，有的侧重讨论交流。目前，我国普通高中化学课程选修课程开设有化学与生活、化学与技术、物质结构与性质、化学反应原理、有机化学基础及实验化学六个模块，学生可根据自身需要选择不同的模块。学校还可根据自身特点和学生需求开设校本选修课，如《消费者化学》、《化学与健康》等。也正是因为其范围广、门类多，兼顾学生个性和特长发展，所以选修课程越来越受到欢迎。

4. 基础型课程、拓展型课程与研究型课程

基础型课程的内容体现国家对公民素质的最基本要求，具有统一、共性的特点，一般为必修课程。化学基础型课程涉及核心的化学知识、化学实验活动和实验探索三大方面的内容，通常在高一、高二年级完成。拓展型课程着眼于满足学生不同方向、不同层次的需求以适应社会多样化的需求，体现不同的内涵。研究型课程以学生的自主修习为主，其活动方式主要有实践探究、文献研究、社会调查、作品试制等。目前，在我国上海有按此类形式开设的化学课程。

二、典型课程理论流派

课程理论是课程研究者在不同社会历史条件下对课程问题所做出的各种理解和思考，任何课程理论的产生都有其深刻的历史背景和特殊的教育环境。从某种程度上讲，

① 廖哲勋，田慧生.课程新论. 北京：教育科学出版社，2003：47.

它反映的是课程研究者的世界观、教育观和方法论。所以，课程理论流派可看作课程研究者对课程理论认识的某些趋同反映。从课程的组织核心来看，课程理论有以下几大流派：学生中心课程理论、学科中心课程理论、人本主义课程理论、社会中心课程理论、存在主义课程理论及后现代主义课程理论。

（一）学生中心课程理论

学生中心课程理论又称儿童中心课程理论，是以学生的现实生活及其活动为中心编制课程的理论，因此这种理论也被称为活动中心课程理论。学生中心课程理论的主要倡导者是美国实用主义教育家杜威，故该课程理论也被称为实用主义课程理论。它是以实用主义哲学为主要基础的课程流派，是课程理论发展史上最重要的课程理论，对世界教育的发展有深远的影响。它的主要代表人物是杜威、克伯屈等，主要代表著作有《我的教育信条》、《学校与社会》、《儿童与课程》、《经验与自然》、《经验与教育》、《民主主义与教育》等。

学生中心课程理论的主要观点包括以下几个方面：

（1）经验论。认为教育就是经验的再造和重组。这种再造和重组既增加了经验的意义，又提高了指导后来经验进程的能力。所以，课程就是对学生经验增长有教育价值的经验。

（2）以学生为中心的活动论。主张活动是课程与教学的根本形态，让学生在“做中学”，从经验中学，一切学习都要通过“做”来得到知识，这种知识才是真正的知识。

（3）主动作业论。传统书本式教材的统治地位被经验性、活动性的主动作业所取代。主动作业着眼于学生经验的发展，将社会生活中的典型职业进行分析、归纳而设计的各种活动方式，如理财、烹饪、纺织、木工等。

（4）课程组织的心理顺序论。杜威虽不否认课程组织要考虑教材的逻辑顺序，但他更强调要考虑学生的心理顺序。他主张课程的组织从学生的经验出发，将教材心理学化，在教学过程中将学生的个体经验逐渐转化为知识体系，以达到教材的逻辑水平。

由此可见，学生中心课程理论优点突出，主要表现为：①学习活动中重视学生的心理准备，在课程设计与安排上尽可能满足学生的兴趣，灵活性大，学生学习的主动性和积极性被充分调动起来；②强调实践活动，鼓励学生主动探索，获得直接经验，学生解决实际问题的能力在此过程中提高；③强调围绕现实生活中的各个领域精心设计和实施课程，让学生对世界有更完整的认识。

但是，学生中心课程理论也存在局限性，例如，学生个人经验的重要性被过分夸大，知识本身的内在逻辑联系与顺序却被忽视，这使得课程设置有很大的偶然性和随机性，难以保证课程教学的连续性和系统性。最终学生获得的仅仅是一些零碎片段的知识，缺乏系统的文化知识，学生的知识水平反而降低，教育质量也难以保证。另外，以学生为中心，也容易轻视教育的社会任务。

（二）学科中心课程理论

1. 结构主义课程理论

结构主义课程理论是当代西方的一个重要的课程理论，其创始人和代表人物都是布鲁纳。他于 1959 年在伍兹霍尔会议上的总结报告——《教育过程》使他蜚声世界。布鲁纳主张，任何学科都有一个基本结构，不论教什么学科，务必使学生理解学科的基本结构。所以，结构主义课程理论以学科结构为课程中心，认为人的学习是认知结构不断改进与完善的过程，学科基本结构的学习对学生的认知结构发展最有价值。该理论还强调在学习学科基本结构时，应与学生的认知发展水平相适应。因此，学科课程的编制中，要根据学生的思维发展水平，采用螺旋上升的方式进行。这也成为包括化学在内的诸多学科编制课程时遵循的原则之一。在课程实施上，结构主义课程理论倡导发现式学习，关注学生的直觉思维和独立思考能力培养。

显然，结构主义课程理论不同于学生中心课程理论。结构主义课程理论是在学科课程理论的基础上发展的，更强调学科结构的重要性，主张分科设置课程，要根据学科的联系性、连贯性编制课程。而相对于结构主义课程理论，学生中心课程理论主张适合学生需要和接受能力的课程内容，组织教学要以活动为中心，没有固定的课程标准和教材。

2. 要素主义课程理论

要素主义是 20 世纪 30 年代出现在美国的教育思想流派，又被称传统主义教育、保守主义教育，其代表人物是巴格莱。要素主义课程理论的产生源于对杜威实用主义“学生中心”课程的反思，认为学生通过学生中心的课程学习，难以保证获得基本的知识技能，而课程教育的目标应当是将人类文化要素传授给下一代。巴格莱认为，要促进社会进步就必须传递文化遗产，“使每一代人都拥有足以代表人类文化遗产的最宝贵的各种观念和理想的共同核心”。所以，要素主义课程理论认为：①课程的内容应该是人类文化的“共同要素”，国家和民族的利益应放在首位；②向学生提供经验的最好方法就是学习学科课程；③以学科课程为中心，重点传授系统知识。可见，此课程理论最明显的特征是根据逻辑顺序来组织经验，较少关注心理顺序，它使学科课程从经验化转向理论化，从而确立了学科课程的地位。

3. 永恒主义课程理论

永恒主义课程理论的主要代表人物是哈钦斯。这一流派认为课程涉及的首要问题是，为实现教育目的应如何选择学科，或者说什么知识最有价值。而永恒主义的回答绝对是传统的“永恒学科”所具有的理智训练的价值，远高于实用学科的价值，即“永恒学科”是课程的核心。

从以上三种课程理论来看，三者均强调学科是课程的中心，都可归为学科中心课程理论。这类理论有诸多优点：①这种课程有利于人类文化遗产的传承，也有利于系统科学知识的传授；②强调学生要系统学习知识，这有利于对知识的掌握与应用；③大多数教师习惯这种传统课程；④课程的要素相对简单，易于评价。

但也不难看出，学科中心课程理论有其局限性：①以学科为中心编制课程，各门知识容易被割裂开来，学生学习缺乏对知识的整体认识和联系；②课程编制容易从成人的世界出发，学生的兴趣和需求易被忽视，不利于因材施教，也容易导致理论与实践脱节，学生不能学以致用；③各学科容易出现不必要的重复，增加学生的学习负担。

（三）人本主义课程理论

人本主义课程论强调，除了关注纯粹的智力发展以外，课程还应关注人的情感、理想、兴趣等，还应该发展自尊和自我实现的思想意识，教育的根本价值是满足人的需要和激发人的潜能，教育的根本目的是培养“完整的人”，形成健全人格及充分发展人的潜能。强调教学要以学生为中心，教师是学生学习的促进者，帮助学生理解经常变化的环境和自己，同时为学生的学习提供所需要的各种帮助。人本主义课程理论主张构建平行课程体系，包括学术性课程、体验类课程和自我实现类课程；反对各种测量和考试，注重教师和学生对课程的主观评估。在教学方法上，提倡“非指导性教学”，主张学生通过自我反省和情感体验的活动，在融洽的心理气氛中，自由地表现自我、认识自我，最后达到改变自我、实现自我的终极追求。

（四）社会中心课程理论

社会中心课程理论是从进步主义教育中逐渐分化出来的，又称社会改造主义课程理论。与学科中心课程论和学生中心课程论相比，社会中心课程论产生于20世纪30年代的美国，代表人物有克伯屈、拉格和康茨等；20世纪50年代后，社会中心课程以新的面貌出现再次引起人们关注，此时的代表人物是布拉梅尔德。

社会中心课程理论是为克服学生中心课程理论的片面性而提出的。它强调要关注社会生活和社会问题，而不是学生的兴趣和学习动机。课程的设计应打破传统学科课程的界限，通过分析社会现实问题来进行，并作为课程设计的核心，所以社会中心课程又称核心课程。其真正的价值和创新之处在于强调社会实践活动和问题解决能力。其主要优点为：①重视各门学科的综合学习，便于学生学会解决实际问题的方法；②重视与社会的联系，根据社会需要来设计课程，尽可能为社会服务；③按照这种理论培养的学生，社会适应能力很强。

然而，社会中心课程理论过分夸大教育的作用，认为许多社会问题都是教育造成的，与其他因素无关，事实上，单靠教育是不可能解决所有问题的。其次，它过分强调社会需要，忽视了影响课程设置的其他因素。最后，它忽视了学科的系统性，学生不易掌握系统的学科知识。所以，社会中心课程理论也不是既全面又有效的具有普适性的理论，不能解决课程设置的所有问题，仍有待进一步改革和完善。

（五）存在主义课程理论

存在主义课程理论的主要代表人物是奈勒。它是介于社会、学科、学生三者之间的流派。其主要观点包括以下几个方面：

（1）课程最终要由学生的需要决定。该理论认为，制定课程的首要前提是承认学生本人会为自己的存在负责。在存在主义者看来，不能只为学生制定一种固定不变的课程，应该要考虑学生对知识的态度。因为人的境遇是随时变化的，没有任何东西是固定的、绝对的，所以固定课程未必适合学生的情况和需要，也无助于学生的发展。另外，教材只是学生自我实现和自我发展的手段，学生不应受教材的支配，而应成为教材的主宰。存在主义者还认为，知识与人的主观性密切相关，它是与人的意识和情感一同存在的。如果知识不能引发学生的情感，那对学生来说，就不可能是明确的知识。所以，知识的学习必须具有个人意义，必须与人的需求和实际生活相联系，只有这样，个人才能在时间和空间都合适的条件下按自己对知识的选择和理解来行动。

（2）课程的重点应该是人文学科，相比于其他学科，它表现人的本性及人与世界的关系时更直接、更深刻，也更容易洞察和发展人存在的意义。

（六）后现代主义课程理论

后现代主义课程理论的代表人物主要有车里霍尔姆斯、多尔等，他们的主要观点是：

（1）课程目标的灵活性。后现代主义课程理论支持课程具有适量的不确定性、异常性、模糊性，教学应根据实际情况制订恰当的、适合学生实际的课程目标。

（2）课程是师生进行解构和建构的文本。多尔设定了丰富性、回归性、关联性替代泰勒原理的基本标准，强调课程实施不应只是灌输和解释，课程是师生共同探索新知识的过程，课程的开发者可以是所有课程参与者。

（3）课程内容的综合化。后现代主义课程理论要求消除学科边界，甚至最终取消学科本身，主张通过跨学科的、非线性的和流动鲜活的综合课程把学生置身于现实生活中，学习现实生活世界所需的知识与技能。

以上观点也得到很多学者的认可，成为现代课程改革的理论依据之一。

三、课程设计

课程设计，实际上是人们依据一定的价值取向和课程理念，以特定的方式来组织安排课程的各种要素，从而形成一定的课程结构的过程。也可以说，课程设计包含以下环节：选择课程资源、优化组合课程要素、选择确定目标和内容、最终确定课程的组织形式与结构，其主要产品是课程方案。

课程设计是一项复杂的活动，就需要采取一系列的操作程序或行为流程，在课程领域通常被称为课程设计的模式，即根据课程理论或规律形成的具有相对稳定结构的课程设计操作程序及其策略体系。课程设计模式正好体现课程设计思路，建立起课程理论与课程实践的“桥梁”。总体来看，在课程设计中，系统性较强且具有较大影响的模式主要有目标模式、过程模式、情境模式、自然模式等。

（一）目标模式

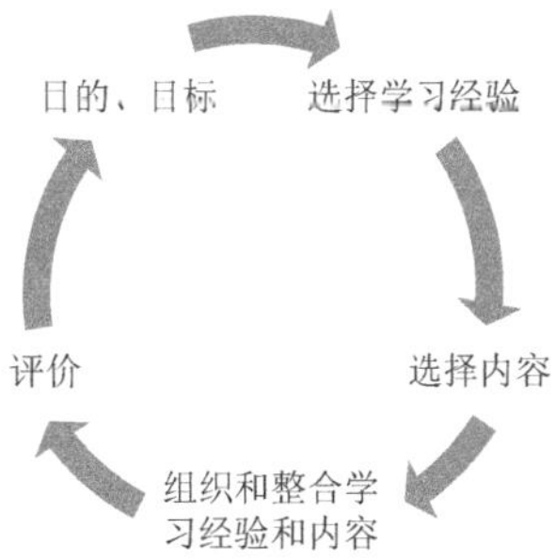

图 1-1 惠勒的课程设计模式

目标模式是指课程设计者以教育目标为起点，进行课程设计工作的一系列程序和策略体系。博比特最早提出目标模式，经泰勒系统化后形成了泰勒模式，后经塔巴、惠勒等学者进一步补充和发展，逐渐形成了这一经典模式（图 1-1），其在课程领域的影响最为深远。其显著特征有：

（1）课程设计的中心是明确而具体的行为目标，其他设计步骤都围绕此行为目标进行。

（2）它强调目标的行为导向，要求有明确而具体的外显性行为目标。

（3）它重视目标的结构性，要求按不同的层次水平将各项目标组成一个完整的日标体系。

（4）它主张目标的价值中立，认为教育是一门科学而不是一门艺术，课程设计仅是一个技术问题。

（5）它以社会为出发点，强调学生对社会生活的适应，因而特别注重教师的作用。

从某种意义上讲，教育目标或课程目标在课程设计中的重要作用是不言而喻的，目标模式强调设定目标，并将其作为课程设计的起始点，这有助于课程设计工作的开展。但目标模式也存在一定的局限性。例如，它片面强调目标的特殊性，忽视了课程结构的整体性，课程设计局限于技术理性的框架之中，导致其缺乏艺术性。

（二）过程模式

课程设计的过程模式没有预先制定目标，但对内容和过程中的各种原理有详细说明，即强调对学习的内容、所采取的方法及活动中的固有标准要有详细说明，而学生的行为和所创造的“最终产品”不会事先被指定出来，而是事后利用在该知识体系中建立起来的标准进行评价。

按过程模式思想进行的课程设计：《人：一门学程》

布鲁纳按照结构主义课程理论所设计的《人：一门学程》（简称 MACS），充分体现了他在课程设计上持有的过程模式思想。MACS 是一种社会科学课程，适用于 9 岁至 13 岁的儿童，制定课程内容的主要依据是对教科书、录音带、影片、海报、参考资料等的研究成果。在教育目标方面，它只提出了三条基本原则：

第一，在人类行为中，什么是人性？

第二，人性是怎样发展起来的？

第三，人性能否获得进一步发展？

该课程设计中，既没有对行为目标、教学目标或作业目标的描述，也没有任何特定的目标和评价工具，它只提供了一些理念和题目，要求教师查阅资料，并根据班级的特点和实践自行修订使用。

在课程内容方面，则以上述三个含糊的主题为核心，根据社会科学和人类学的研究成果，让学生思考与人性相关的问题。其设计的概念主要有：

第一，生命周期；

第二，本能和习得的行为；

第三，适应；

第四，生物学上自然淘汰和选择；

第五，结构与功能；

第六，信息传播和沟通。

这些概念共同构成了 MACS 的学科结构，教师在这个课程中主要是引导学生进行探究和发现。同时，该课程强调学习的过程和方法，而非学习的结果；强调引导学生进行发问、收集资料、建立假设、验证假设与形成结论，并对结论进行交流和反省等。

过程模式具有开放的课程设计思路，认为目标和内容虽然是必要的，但总目标的表述是笼统的，具体目标却不必预先决定，因为教学过程所涉及的因素相当复杂，通常是变动不定的。在这个过程中，儿童的学习能力和判断能力得到提升，成为能适应现代社会生活的有教养的人。因此，教育不是达到目标的手段，而在于促进智慧的发展。过程模式还重视师生合作，强调根据学生实际，灵活地选择和组织课程内容；还重视形成性评价，通过对过程的详细观察与分析研究，确定课程存在的问题及其原因，从而提出改进策略。

（三）情境模式

情境模式又称环境模式或文化分析模式（图 1-2），其代表人物主要有斯基尔贝克、劳顿、索基特等。

情境模式被誉为当代最具影响力的课程设计理论之一，是一种既体现目标模式特征，又包括过程模式风格的综合化的课程设计理论，被视为一种具有操作性、适应性的课程设计模式。它将课程设计置于文化背景和学校教育的具体环境中，以此来确定学生未来发展的目标，使目标既不空泛，又不僵化；既充分考虑了学生当前发展的需要，又力图去满足未来发展的可能。在这个模式中，教师能为学生提供具有当代文化价值、诠释框架和符号系统的学习机会，让学生的经验与当前的教育情境相遇，生成新的经验和知识。

总的来说，情境模式在课程设计中更具有全面性、现实性、合理性和适切性，既克服了目标模式的机械性、固定性的弊端，又弥补了过程模式的无序性及理想化的不足。

（四）自然模式

课程设计的自然模式是斯坦福大学教授沃克在对成功的课程设计进行实证研究后提出的（图 1-3），主要包括三个要素：课程的立场、审议过程和设计过程。它描述了实际的课程设计过程，采用一种弹性化和非线性的方式开展课程设计工作，提出课程设计中存在非理性成分，揭示了现实的课程设计者在观念、价值等方面存在的冲突与矛盾，强调通过审议的途径来解决问题并作出课程决定。这种课程设计的自然模式有利于课程各层次人员共同参与课程设计，因而形成的课程方案更适用于课程实践。

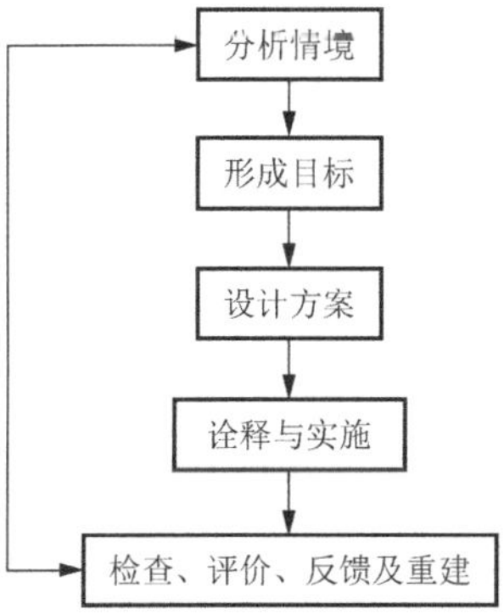

图 1-2 斯基尔贝克的课程设计情境模式

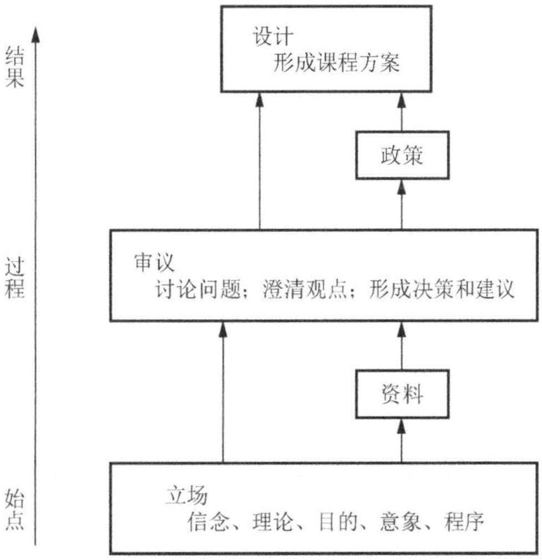

图 1-3 课程设计自然模式的主要成分

四、课程评价

课程评价也是整个课程研制与开发的重要环节，它不仅是课程设计与实施有效性的保证，还是其持续性、科学性发展的不竭动力。同时，对于整个课程改革来说，它发挥着监督、调控、激励、甄别的功能和作用。所以，作为课程研究与建设的一个有机组成部分，课程评价在整个课程系统中占有非常重要的地位。

课程评价是依据一定的标准和课程系统的信息，运用科学的方法对课程产生的效果作出的价值判断。一般而言，课程评价的主体包括课程专家、课程实施者、学生及课程行政管理人员等。最常见的评价方式有质性评价和量化评价，这两种方式出现时期不同，体现了不同的评价理念，适用于不同的评价目标和对象；而且作为具体的评价方法，两者各具特点。因此，只有全面深刻地认识各种方法的特点，评价者才能从不同的视角来看待评价问题，依据不同的目的、对象、评价条件、环境及评价者自身特点，选择恰当的评价方法，从而获得全面、准确的信息。

量化评价与质性评价

课程量化评价是指“力图把复杂的教育现象和课程现象转化为数量，从数量的分析与比较中推断某一评价对象的价值”。换句话说，量化评价就是把复杂的事物通过还原、简化为数字，并运用现代化的测量工具与设备对数据进行分析比较和总结，从而呈现出评价对象的价值与成效。在课程评价的开创时期，也就是20世纪60年代之前，量化评价以其高度的精确化及便捷的可操作性占据了评价领域中的主导地位。

自20世纪70年代以来，质性评价受到越来越多课程学者的关注与重视。质性评价是力图通过自然的调查，全面充分地提示和描述评价对象的各种特质，以彰显其中的意义，促进理解。它重点关注与强调的是学生在丰富、真实、开放的教育活动中所引发的自我表现与自我展示。

——摘自靳玉乐《课程论》374-377

第二节　化学课程的设置

一、我国化学课程改革与发展

（一）清朝晚期（1840～1912年）

我国的化学课程设置始于何时？史学界一般认为是19世纪中叶，即清朝晚期，以1840年鸦片战争为界。1867年（同治六年），京师同文馆增设算术馆，新开课程中包含化学，这是我国最早的化学课程，也被看作我国化学教育的开端。1902年，清政府颁布《钦定中学堂章程》，对学制和化学课程的设置做了规定，将其设置为理化或化学科目，至此，化学在我国教育制度中的课程地位正式确定[①]。接着，在1904年颁布的《奏定中学堂章程》中，大致规定了课程的教学目的、主要内容及周课时。1909年颁布的《学部奏变通中学堂课程分为文科实科折》则进一步对中学的文科和理科按不同要求分别开设化学课程，理科要求较高，化学课程被明确分为化学总论、无机化学、有机化学和化学实验等内容。可见，清朝晚期的化学教育已初步形成基本的课程结构。

（二）民国时期（1912～1949年）

1912年，民国政府成立初期，教育部公布了《中学校课程标准》，规定四年学制及化学课程的要求、教学内容、授课年级和课时数等；后颁布的相关教育文件中又强调实验的重要性，学生实验至少占总学时数的四分之一。1922年起实施中小学“六三三”学制，规定在初中、高中的二年级各开设化学课一学年。而后1923年颁布的《新学制课

① 课程教材研究所. 20世纪中国中小学课程标准教学大纲汇编（化学卷）. 北京：人民教育出版社，2001：1.

程标准纲要》提出初中开设自然课程，其中包含化学内容，高中分类分组设置必修的《科学概论》和化学选修课程，实行学分制。1929年颁布的中学课程暂行标准，规定初中开设综合和分科（植物、动物和理化）两类课程，由学校自选，并一直实施至1932年。之后，化学又作为一门独立学科在初中、高中二年级各开设一学年。直到1948年，新修订的课程标准又将初中物理、化学合并为综合课程。可见，民国时期的化学课程设置已具有多样化，初中有时设综合理科，有时单设化学；高中一般设置分科化学；学校在执行规定的化学课程设置和课时安排基础上，也有一定的灵活性。

（三）新中国成立后（1949～2002年）

新中国成立以后，为了适应社会制度的变化和教育改革的需要，我国中学化学课程的变革主要经历了以下几个时期：

（1）1949～1957年，这一时期主要是学习苏联的经验，改造旧中国的化学教育，建设新中国化学课程和教材。教育部先后颁布了《中学化学教学大纲（草案）》和《中学化学教学大纲（修订草案）》，以苏联的中学教科书为蓝本翻译和编辑了三套化学课本在全国使用，对纠正旧中国化学教材中的弊端、统一全国中学化学的标准、提高教学质量起到了一定的作用。

（2）1960～1965年，这一时期主要是批判照抄外国经验的教条主义，总结自己的经验，摸索本国课程教材建设。1963年，教育部颁布了全日制中学《化学教学大纲（草案）》，组织编写了12年制学校中学化学课本。该大纲和课本，在加强基础知识和基本技能训练、反映化学新成就、联系实际、培养辩证唯物主义观点及调整教材编排体系等方面有了较大改进。

（3）1966～1976年，“文化大革命”时期，原有的教学计划和大纲纷纷取消，化学课程设置处于混乱状态。

（4）1977～2001年，这一时期是课程和教材建设的稳定发展期，课程和教材建设注重借鉴世界各国课程教材改革中正反两方面的经验和教训，注重汲取新中国成立以来编写中学教学大纲和课本的经验和教训。其间，中学化学教学大纲和课本经过多次修订。

1978年，颁布《全日制十年制学校中学化学教学大纲（试行草案）》。

1980年，对上述大纲草案进行修订。

1983年，制定两种要求的教学纲要（草案）。

1985年，制定《调整初中化学教学要求的意见》。

1986年，发布《全日制中学化学教学大纲》。

1988年11月，考虑到初中教育的阶段性和相对独立性，《九年义务教育全日制初级中学教学大纲》出台，九年义务教育化学教材重新编写。这是我国首次将初中化学教学大纲独立出来。

1990年6月，对高中的教学计划作了调整，将高中化学分为必修课和选修课。

1994年，颁布《全日制普通高级中学课程计划》，并根据计划重新编制了高中化学课本，于1996年起开始使用。

1996 年，颁布《全日制普通高中化学教学大纲（供实验用）》，1997 年起，天津、山西和江西三地作为试点。1999 年，为进一步体现培养学生的创新精神和实践能力，在总结课程试点经验的基础上，再次对大纲进行了修订。

2000 年，教育部组织专家再次对义务教育初中化学教学大纲进行了修订，变化较大，主要体现在：①课程目标上，明确提出了情感方面的目标，如激发学生的学习兴趣，培养学生的科学态度、创新精神、实践能力和关心自然、社会的情感等；②教学内容上，适当降低某些知识（如“核外电子排布的初步知识”、“饱和溶液和不饱和溶液”等）的要求，删减了部分难点，突出了化学与社会生活的联系，增加了“涂料”、“食品添加剂”等选学内容；③学习活动方式上，提倡实验探究与专题调研，并提出具体的能力要求。本次修订，为义务教育化学课程标准的研制打下了一定的基础。

从整体上看，我国 20 世纪 80 年代至 90 年代初期的化学课程的变革，主要还是一个量的积累过程。虽多次修改教学大纲，但只是在学科中心课程理论的指导下讨论大纲或教材的改革，是在一定的框架内对知识点进行组合或增减。直至 90 年代后期，我国中学化学课程的改革出现了较好的趋势，课程理念逐步从培养化学精英转向“化学为大众”，在课程模式、课程内容的现代化和现实性方面做了许多探索，这在当时的教学大纲和教材中都有初步体现。

（四）化学新课程改革（2001～2011 年）

1999 年 6 月，中共中央、国务院在改革开放以来的第三次全国教育工作会议上做出了《深化教育改革，全面推进素质教育的决定》（简称《决定》）。根据《决定》精神，《基础教育课程改革纲要（试行）》于 2001 年正式颁布，随后《全日制义务教育化学课程标准（实验稿）》也正式出台，标志着我国化学课程改革开始进入新阶段。接着，化学课程标准研制组又征求多方意见，在对国内外高中化学课程深入调查研究的基础上，经多次讨论、修改，于 2003 年编写出版了《普通高中化学课程标准（实验）》。至此，面向 21 世纪的课程改革全面展开。

本次课程改革在课程结构、课程目标和课程内容等方面都做了全新的尝试。首先，在课程结构改革方面，必修课和选修课的层级结构，使得整个中学化学课程由三个相辅相成、连续深化发展的阶段构成：第一阶段——义务教育化学课程，是中学化学教育的启蒙和基础阶段；第二阶段——普通高中必修课程（模块），是中学化学教育启蒙性和基础性的继续延伸与共同发展阶段；第三阶段——普通高中选修课程（模块），是中学化学教育个性化的拓展和深化阶段。其次，在课程目标方面，针对不同学生，定位不同。高中化学课程采用模块组织内容，共设 8 个模块，分必修和选修两部分，其中必修模块 2 个，选修模块 6 个。高中新课程的多样化和选择性，使“不同学生学习不同化学”的目标得以实现。再次，在课程内容方面，增加了《化学与生活》、《化学与技术》、《实验化学》等多方面的内容，在体现化学学科特点的同时，增强了化学与社会生活的联系，使对化学感兴趣的学生的化学学科素养得到进一步加强，而具有文科倾向的学生也可以根据学习兴趣选择相关内容。随之而来的教材也不再是以前的一纲一本，多个部门组织编写教材，体现地域特点和区域差异，一纲多本，呈现百花齐放的态势。此外，教育部的高考考试大纲、各省的高考方案及新课程的试卷试题都在不同程度上体现了选择性，支持了新课程的课程结构。可以说，这次化学课程的改革体现了一种全新的理念，教材体系也各有特色。

2004 年，宁夏、山东、广东、海南四省（自治区）首批进入试点工作；2005 年江苏省开始高中新课程实验；2006 年，全国进入义务教育新课程实施阶段，高中新课程实验区新加入安徽、浙江、福建、辽宁和天津；2007～2009 年，北京、陕西、湖南、黑龙江、吉林、山西、河南、江西、新疆、云南、河北、湖北和内蒙古依次进入高中化学新课程实验区。2010 年起，全国各省市全部实施高中化学新课程，21 世纪的基础化学教育课程改革正式转入实践课程阶段，从设计者的课程变为教师和学生的课程。目前，根据课程专家学者的调研和一线教师的反馈①，从实施现状来看，义务教育阶段化学课程改革的方向得到充分肯定，化学课程标准的实施效果得到整体认同，科学探究对学生发展的作用得到高度重视，化学与社会发展的关系得到密切关注。高中化学新课程也取得了丰硕的成果，课程理念上充分吸取了 21 世纪国际科学教育改革的经验，而且教师的教学行为也发生了一些变化；化学课程实施的管理和评估机制也逐步科学化。

但是，新课程改革在取得积极进展的同时，化学新课程改革也面临着一些突出问题，主要涉及课程设置与结构、课程内容与教材、课堂教学、考试与评价、课程管理和配套系统等方面②。另外，还有“标准异化”的现象，即化学课程内容的选择性得不到落实，化学课程结构的层级性被淡化，必修化学知识的深广度被拓展，实验和科学探究活动被轻视，教学方式依然以讲授为主，化学课程评价偏离标准，这些问题都影响着化学课程改革的进一步深入③。

（五）化学课程深化改革（2011 年至今）

针对化学新课程改革实践中的问题，加之国际社会对化学教育乃至科学教育的走向也多次研讨，美国相继出台了《K-12 科学教育新框架》和《新一代科学教育标准》，我国也在寻求化学课程深化改革之路。2010 年 7 月，《国家中长期教育改革和发展规划纲要（2010—2020 年）》正式发文，这是我国进入 21 世纪之后的第一个教育规划，是今后一段时期指导我国教育改革和发展的纲领性文件，为课程改革进一步指明了方向。随后的 2011 年，国家颁布的《初中化学课程标准（修订版）》就在课程内容、教学要求、实验要求和评价问题等方面都做了一定的调整或加强。2014 年 3 月，教育部发布《关于全面深化课程改革落实立德树人根本任务的意见》，强调在基础教育阶段，应帮助学生形成适应个人终身发展和社会发展需要的必备品格和解决问题的素养与关键能力，立德树

① 王祖浩. 化学课程标准修订：依据和视角. 基础教育课程，2012,（Z1）：76-81.

② 王磊. 基础化学教育课程改革 10 年进展与反思（下）. 化学教育，2010,（5）：20-24.

③ 王祖浩. 对我国高中化学课程标准实施和修订的审视. 基础教育课程，2013,（Z1）：57-66.

人。学生核心素养的形成需要各学科核心素养的形成。至此，核心素养作为教育目标进入公众视线，融入高中学科课程标准修订中，希望各学科能帮助学生形成核心素养体系，并制定不同学段、不同年级的学业质量标准。相信这些内容在即将颁布的《高中化学课程标准（修订版）》中可以见到。

随着课改的深入和高考制度的不断变革，相对单一的教学形式和课程体系无法满足多元化的学生发展需要。“走班制”作为新型的教育教学系统，也成为课程专家学者研究的重点，如对“走班制下化学课程的分类设计与分层实施”研究。可见，新型教育教学系统下，化学课程改革研究任重道远。

二、国外化学课程改革与发展

国外中学化学课程改革是跟随着国外科学教育的变革而进行的，科学教育观的变化历程大致分为以下四个阶段。

（一）在20世纪60年代以前

特别是从第二次世界大战结束到20世纪50年代末这一段时期中，尽管科学技术已经出现了迅猛发展的势头，但由于社会变革的重心尚在社会结构和社会分工上，还未形成对学校教育变革的根本性冲击，科学教育还主要是以实现自然科学的陶冶价值为目的，其教育目标的内涵也较为宽泛。例如，美国全国科学教育协会在1946年公布的科学教育报告中，就提出了8个方面的科学教育目标：①掌握与功能、事实相关的知识；②形成功能性的概念；③理解与法则相关的科学原理；④具有工具性技能（阅读、实验操作、测定、计算等）；⑤具有解决问题的技能；⑥具有科学态度；⑦感受科学的意义和自然规律的美；⑧激起对职业的关注和对科学的兴趣。

而日本在1951年中学科学教学指导要领中所列出的教育目标更为详尽，达16项：①获得对改善生活起作用的有关科学事实和原理性知识。②理解人与自然的关系，并体会自然界对人及各类生物的力量和它带来的恩惠。③努力实现在获得人体及个人公共卫生基础知识并理解的同时，逐步形成健康的习惯并保持。④观察自然事物和现象，养成从实际中直接获得知识的能力。⑤感受自然的伟大、美及和谐。⑥能分辨自然科学的成就、对社会的贡献及危害，具有把科学用于为人类谋取最大福祉的责任感。⑦提高科学原理与法则应用于日常生活的能力。⑧提高为一定目的而使用原材料和自然力的效果，以及安全使用的能力。⑨理解为什么看待科学要有科学的态度。例如，能依据各种事实作出相应的结论，能舍弃探求事实的偏见，并在充分占有证据后再作判定，得出结论，以加深对事实属性的认识。⑩培养为解决问题而应用科学方法的能力。⑪认识在现代产业及商业生活中，与科学相关的知识与习惯的重要性。⑫形成正确的观察、测定、记录习惯。⑬养成科学而正确使用工具、机械及其他设施的技能和习惯。⑭理解为人类福祉作出贡献的科学家和科学在建构现代文明中的作用。⑮养成尊重科学专家的态度。⑯具备与他人合作解决科学问题的信心。

这些范围广阔、项目众多的“教育目标”反映了那个时代科学教育培养和发展的特点。但人们也意识到这些包罗万象的目标要求也容易造成教学的混乱，反而不能体现出培养的重心。为此，人们开始思索怎样更好地概括科学教育的培养价值，并从不同的方面对科学素养教育的特点、原则、方式进行深入的探讨，逐步形成科学素养教育的价值观及目标体系。

（二）20世纪70年代的科学教育

这一时期的科学教育革新发展有两大重要的背景：一是科学技术的急剧发展带来一系列严峻的社会问题，如环境与生态平衡的问题、能源危机和人口膨胀的问题、社会资源分配与劳动力就业的矛盾等。二是科学技术向社会各领域的广泛渗透造成了科学技术与社会传统文化之间的冲突。这些新的冲击必然会深刻地影响学校科学教育的观念、目标、课程、教学，乃至科学教育理论的发展，促进产生新的科学教育思想。由此也引起了70年代科学素养教育内涵发生新的变化。

1971年，美国NSTA发表关于70年代学校科学教育改革的建议，提出“为了促进科学素养，各门科学课程必须考虑包括合理的思维过程、科学技术的社会发展、从科学引申出来的价值标准在内的各类科学概念及概念体系，还有科学过程之间的平衡。有科学素养的人才能将科学技术成果用于为人类谋利益”的新的科学素养教育观。

（三）20世纪80年代的科学素养教育观

这一时期科学教育革新发展的最重要特点就是在新技术革命浪潮的冲击下，学校教育观念发生了巨变。60年代盛行的培养目标“三要义”：学会如何学习、学会熟练地应用、为自己通过考试而尽量多学习。80年代的新“三要义”：①学会如何去学、培养自我评估，达到学习者自我控制；②学会能熟练地应用并进一步发展，学会弥补变化和控制变化；③将学习作为一种自我实现和参与社会发展方式及对下一代教育的方向转化。科学教育的目标重心也因此发生了新的变化，其一，是培养目标的重心和顺序发生了变化，即由传统“三序”：科学知识→专门技能→科学态度向科学态度→专门技能→科学知识方向的新的“三序”方向转化。其二，是培养目标的范围扩大，如英国科学教育学会（ASE）在1981年发表的报告中就建议学校科学教育的目标应包括6大方面：

（1）通过知识的学习过程理解科学概念、原理及定律；

（2）通过实验活动和实践考察活动，运用科学方法并获得科学的技能与手段；

（3）灵活运用科学知识和科学方法，培养主动学习、解决实际问题和传达信息的能力；

（4）建立认识世界的科学观点；

（5）理解科学技术与社会的关系，认识科学的贡献和历史发展；

（6）理解科学知识与经验在社会认同中的价值。

受这两方面变化的影响，以科学、技术与社会相互作用为核心的STS教育开始成为学校科学教育发展的新方向。科学素养教育的目标重心出现三个新的变化趋向：一是把培养具有“社会适应性”的公民作为科学教育的核心目标之一，并提出要把培养学习者掌握解决生活中的科学实际问题所必需的知识技能、科学方法和科学观念作为基础，强调理解科学的社会意义、应用价值及科学与社会的关系。二是重视体现“通识性”教育的要求，强调把培养学生的科学认知能力、扩展科学视野和综合解决问题的能力作为科学教育目标的基础。三是注重把培养探究素养、掌握科学思考的方法及培养良好的科学品质作为科学教育目标的基本内涵。

（四）当今国际化学课程改革的发展

随着科学教育目标的不断明晰，科学课程乃至化学课程的设计都发生了变化。在过去的100年里，科学的教育目标积累了大量知识，面对纷繁庞杂的科学知识，教育中两大问题凸显：一是科学课程的内容超负荷，有限的课程容量和“无限”的科学知识这一矛盾凸显[①]；二是学生在学习科学课程后，虽掌握了相当数量的科学知识，但头脑中却“没有”科学，即缺乏对科学及科学研究的正确认识。鉴于以上问题，当今国际化学课程的发展主要体现出以下三种动向：

（1）突出核心观念的引领。化学常被认为是知识点繁、多、杂的学科，到底哪些知识应该教给学生？哪些重要的内容可精简为化学课程？或者说，化学学科最重要、最核心的内容有哪些？基于这些问题的思考，国际化学教育界认识到：必须正确理解和评述现代化学，找出问题的关键，即哪些是最重要的、基本的化学观念，突出化学核心观念在化学学科中的重要地位。

（2）重视学科思维方式的形成。在明确了化学核心观念的基础上组织课程，能够有效整合和精简课程，使学生更好地进行化学学习。然而仍有疑问，化学学科仅仅是提供化学知识吗？化学课程仅仅是教给学生具体的化学知识吗？显然不是，从化学学科发展的历史可以看到，化学积累的不仅仅是知识，更积淀了一种强有力的认识世界的方式，即化学思维方式。这是化学学科所特有的思维方法和形式，有较强的可迁移性，还有强大的应用力量，能使学生从化学的视角去认识问题、解决问题，这对学生的未来生活和职业发展都大有裨益。因此，课程目标从“掌握作为一种知识的化学”转移到“理解作为一种思维方式的化学”[②]，已成为当今国际化学课程改革的重要方向。

（3）增进对科学本质的理解。科学本质一直是科学教育的一个永恒话题，它是科学素养的核心要素之一。近年来，随着科学教育的发展和研究的深入，针对学生头脑中没有“科学”这一问题，国际科学教育界越来越意识到科学本质教育的重要性，世界各国纷纷将科学本质作为重要课程目标纳入科学教育标准中。例如，美国《国家科学教育标

① 毕华林. 当前国际化学课程改革的发展动向及启示. 比较教育研究, 2015,（9）：79-84.

② Talanquer V，Pollard J. Let’s teach how wethink instead of what we know. Chemistry EducationResearch and Practice，2010，11（2）：74-83.

准》和《下一代科学教育标准》及英国《国家科学课程标准》中均明确要求学生理解科学的本质，并对不同学段的学生对科学本质的理解要求做了详细描述。所以，增进教师和学生对科学本质的理解，形成正确合理的科学本质观已经成为当今国际科学课程改革的重要目标和发展方向。

第三节 化学课程内容分析

一、义务教育化学课程内容分析

2011 年，《全日制义务教育化学课程标准》（以下简称“2011 年版”）正式颁布，与 2001 年颁布的《全日制义务教育化学课程标准（实验稿）》（以下简称“实验稿”）相比，内容有一定的调整。如果说“实验稿”的问世是为了矫正弊端，提倡新的教育教学理念；那么“2011 年版”则是对“实验稿”的修正与完善，体现了“实验稿”在 10 年实践应用中的总结与反思，也是为了更好地适应深化课程改革的要求。

“实验稿”所确定的化学课程的内容，具体反映在《课程标准》中的“内容标准”中。这一部分包括科学探究、身边的化学物质、物质构成的奥秘、物质的化学变化、化学与社会发展这五个一级主题，每个一级主题又由若干个二级主题或单元构成，共有 18 个二级主题；而“2011 年版”所确定的化学课程内容的具体反映由“内容标准”变为了“课程内容”，在原有的五个一级主题和相应的课程内容基础上，新增了 27 个学习情境素材和三个有关科学探究学习的实例。两版标准内容的具体变化体现如下。

1. 科学探究主题

二级主题	“实验稿”	“2011 年版”	变化分析
（二）发展科学探究能力	进行实验： 2. 能顺利地完成实验操作	进行实验： 2. 能独立地或与他人合作进行实验操作	对学生的要求更加明确，也强调了与他人合作的重要性
	解释与结论： 1. 能依据一定的标准对物质及其变化进行简单分类		因内容与下面重复，删掉
（三）学习基本的实验技能		3. 初步学会用酸碱指示剂、pH 试纸检验溶液的酸碱性	增加了新的内容标准
（四）完成基础的学生实验		1. 粗盐中难溶性杂质的去除 2. 氧气的实验室制取与性质 3. 二氧化碳的实验室制取与性质 4. 金属的物理性质与某些化学性质 5. 燃烧的条件 6. 一定溶质质量分数的氯化钠溶液的配制 7. 溶液酸碱性的检验 8. 酸碱的化学性质	增加了新的二级主题

2. 身边的化学物质主题

二级主题	“实验稿”	“2011 年版”	变化分析
（一）我们周围的空气	（一）地球周围的空气	（二）我们周围的空气	二级主题表述更科学
（二）水与常见的溶液	1. 认识水的组成，知道纯水与矿泉水、硬水与软水等的区别	1. 认识水的组成，知道硬水与软水等的区别	内容简化
	6. 初步学会配制一定溶质质量分数的溶液	7. 认识溶质质量分数的含义，能配制一定溶质质量分数的溶液	学习要求升高，强调对“溶质质量分数”的理解
	7. 了解结晶现象	8. 能举例说明结晶现象	学习要求提高

3. 物质构成的奥秘主题

二级主题	“实验稿”	“2011 年版”	变化分析
（三）金属与金属矿物	1. 了解金属的物理特征，能区分常见的金属和非金属；认识金属材料在生产、生活和社会发展中的重要作用 2. 知道常见的金属与氧气的反应；了解防止金属锈蚀的简单方法	1. 了解金属的物理特征，认识常见金属的主要化学性质，了解防止金属腐蚀的简单方法 4. 认识金属材料在生产、生活和社会发展中的重要作用	内容调整，表述更加明确，删掉了“知道常见金属与氧气的反应”和“能区分常见的金属和非金属”，增加了“认识常见金属的主要化学性质”

4. 物质的化学变化主题

二级主题	“实验稿”	“2011 年版”	变化分析
（一）化学变化的基本特征	3. 认识催化剂的重要作用	3. 知道催化剂对化学反应的重要作用	内容表述更加科学，学习要求有所降低
	4. 初步形成物质是变化的观点	4. 初步形成“在一定条件下物质可以转化”的观点	内容表述更加科学
（二）认识几种化学反应	3. 了解人们如何利用化学反应改善和提高自身的生活质量	3. 知道利用化学变化可以获得新的物质，以适应生活和生产的需要	学习要求降低
		4. 知道无机化合物可以分为氧化物、酸、碱、盐	新增内容标准
（三）认识化学元素	2. 记住一些常见元素的名称和符号	2. 记住并能正确书写一些常见元素的名称和符号	学习要求提高

5. 化学与社会发展主题

二级主题	“实验稿”	“2011 年版”	变化分析
（三）化学物质与健康	2. 了解对生命活动具有重要意义的有机物（如糖、淀粉、油脂、氨基酸、蛋白质、维生素等）	2. 知道一些对生命活动具有重要意义的有机物（如葡萄糖、淀粉、油脂、蛋白质、维生素等）	内容表述更加科学

通过对比不难发现，“2011 年版”的语言表述更加准确明了、规范全面；学习情境材料和探究实验的可操作性更强，更有利于教材编写、教师教学和学习评价，虽然内容并没有实质性变化，但它在继承“实验稿”核心内容的基础上也做出了一些局部的调整、更新、增补和澄清。

二、普通高中化学课程内容分析

（一）普通高中化学课程内容简介

高中化学课程内容主要体现在《普通高中化学课程标准》中的“内容标准”部分，必修课程依据学习时序分成“化学 1”、“化学 2”两个模块，总计 4 学分，每个模块 2 学分。选修模块分成 6 个，每个模块 2 学分，具体模块及主题内容如表 1-1 所示。学生在高中阶段修满 6 分即可达到高中化学课程学习的毕业要求。同时，鼓励对化学感兴趣的学生在修满 6 个学分后，选学更多的课程模块，以拓宽知识面，提高化学素养。建议有理工类专业发展倾向的学生可修至 8 个学分；有志于向化学及其相关专业方向发展的学生可修至 12 个学分。

表 1-1 普通高中化学课程模块及主题

性质	模块	内容主题
必修课程	化学 1	①认识化学；②实验基础；③常见无机物及其应用
	化学 2	①物质结构基础；②化学反应与能量；③化学与可持续发展
选修课程	化学与生活	①化学与健康；②生活中的化学；③化学与环境保护
	化学与技术	①化学与资源的开发利用；②化学与材料的制造、应用；③化学与工农业生产
	物质结构与性质	①原子结构与元素性质；②化学键与物质的性质；③分子间作用力与物质的性质；④研究物质结构的价值
	化学反应原理	①化学反应与能量；②化学反应速率和化学平衡；③溶液中的离子平衡
	有机化学基础	①有机化合物的组成与结构；②烃及其衍生物的性质与应用；③糖类、氨基酸和蛋白质；④合成高分子化合物
	实验化学	①化学实验基础；②化学实验探究

每个内容主题又从“内容标准”、“活动与探究建议”两个维度对学习内容加以说明。以必修 1 主题 3“常见无机物及其应用”为例，如表 1-2 所示。

表 1-2 “常见无机物及其应用”主题的“内容标准”和“活动与探究建议”

内容标准	活动与探究建议
①能根据物质的组成和性质对物质进行分类 ②知道胶体是一种常见的分散系 ③根据生产、生活中的应用实例或通过实验探究，了解钠、铝、铁、铜等金属及其重要化合物的主要性质，能列举合金材料的重要应用 ④知道酸、碱、盐在溶液中能发生电离，通过实验事实认识离子反应及其发生的条件，了解常见离子的检验方法 ⑤根据实验事实了解氧化还原反应的本质是电子的转移，举例说明生产、生活中常见的氧化还原反应 ⑥通过实验了解氯、氮、硫、硅等非金属及其重要化合物的主要性质，认识其在生产中的应用和对生态环境的影响	①尝试按不同的方法对物质进行分类 ②实验：溶液中 Ag^+、碳酸根离子、Cl^-、硫酸根离子等离子的检验 ③实验：氢氧化铁胶体的制备 ④实验：铝盐和铁盐的净水作用 ⑤实验：氯气的漂白性 ⑥查阅资料：日常生活中的含氯化合物 ⑦查阅资料并讨论：减少向大气中排放氮氧化物、二氧化硫的措施 ⑧讨论：自然界碳、氮循环对维持生态平衡的作用 ⑨查阅资料：硅及其化合物在信息技术、材料科学等领域的应用

必修模块是在义务教育的基础上为全体高中生开设的课程，旨在进一步提高学生的科学素养和学习化学的兴趣，促进学生多方面发展，同时也为学生学习相关学科课程和选修其他化学模块课程打下基础。必修课程的设计重视化学基本概念和化学实验，也注重科学探究能力的培养，体现绿色化学思想，突出化学对生活、社会发展和科技进步的重要作用。

选修模块是在必修课程的基础上为满足学生的不同需要而设置的，旨在引导学生运用实验探究、查阅资料、交流讨论等多种方式进一步学习化学，更深刻地理解化学与生活、社会发展和科技进步的关系，为具有不同潜能和特长的学生将来的发展打下良好基础。

（二）普通高中化学课程内容特点

1. 课程内容体现基础性、时代性和多元性

必修模块不仅强调掌握必需的经典知识及灵活运用的能力，提升所有学生的共同基础，又在过程与方法、情感态度与价值观方面对高中生提出了具体要求，为每位学生进一步学好化学，持续地、有个性地发展打好基础。选修模块在提高学生科学素养的总目标下各有侧重，又为每一位学生的发展奠定不同的基础。

在课程内容的选择上，既有反映现代化学发展的内容，也有充分体现化学与人类生活、技术发展密切相关的内容。化学学科的社会价值、思想观念等对社会文明化进程的影响和对人文内涵的展现，是通过不同的课程模块、课程内容和学习活动的安排得以体现的，课程还注重培养学生的社会责任感和参与意识，体现了课程内容的时代性。

课程为适应社会对多样化人才的需求、满足不同学生的发展需要，不仅设计多样的、可供不同学生选择的内容，还从三个不同维度要求所选内容支持学生科学素养的发展，体现了课程内容的多元性。

2. 课程内容的层次性

整个中学化学课程是三个阶段、三个层次、两种类型的发展统一体，第一阶段（初中化学）是入门，第二阶段（必修）是发展，第三阶段（选修）是个性化的深入和提高，详见表 1-3。

表 1-3　中学化学课程的三个阶段

义务教育阶段	高中必修阶段	高中选修阶段
科学探究 身边的化学物质 物质构成的奥秘 化学变化 化学与社会发展	认识化学科学 化学实验基础 常见无机物及其应用 物质结构基础 化学反应 化学与可持续发展	化学与生活 化学与技术 化学反应原理 物质结构与性质 有机化学基础 实验化学

这里以元素周期表、物质性质为例来看，初中、高中必修、高中选修三个阶段的发展层级是怎样的，详见图 1-4、图 1-5。

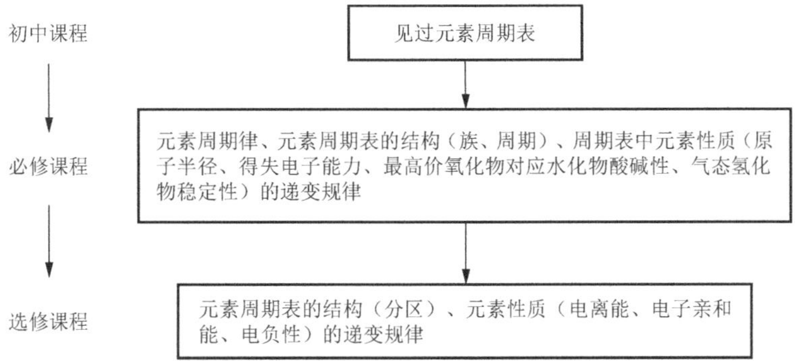

图 1-4　元素周期表相关知识的层级发展

每一名高中生都必须经历这三个层次的发展阶段，前两个阶段强调的是共同的全面发展，第三个阶段突出的是多样化、富于选择性和个性化的深入发展。

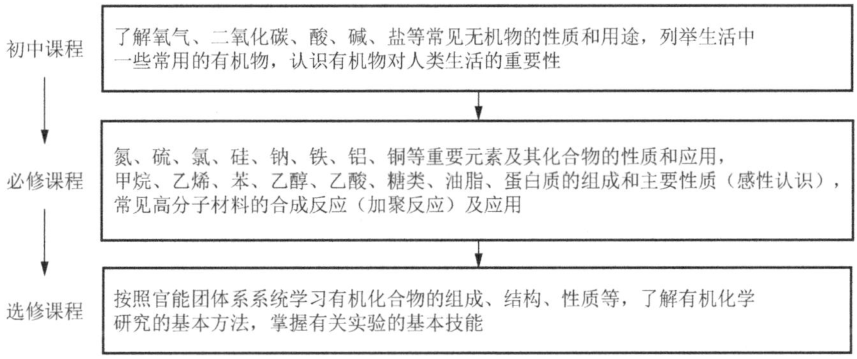

图 1-5　物质性质相关知识的层级发展

3. 课程内容的独特性

不同模块的课程内容对同一知识点具有不同的要求和处理，以不同模块中“糖类和蛋白质”内容的要求和处理为例进行分析，具体表现见表 1-4。

表 1-4　不同模块“糖类和蛋白质”的不同要求

学习阶段	学习要求
必修 2	知道糖类、蛋白质的组成和主要性质，认识其在日常生活中的应用
化学与生活	认识食品中对人体健康有重要意义的常见有机物 说明氨基酸、蛋白质的结构和性质特点，能列举人体必需的氨基酸
有机化学基础——主题 3 糖类、氨基酸和蛋白质	认识糖类的组成和性质特点，能举例说明糖类在食品加工和生物质能源开发上的应用 了解蛋白质的组成、结构和性质，认识人工合成多肽、蛋白质、核酸等的意义，体会化学科学在生命科学发展中所起的重要作用

可见，同一主题的内容在必修和选修模块存在梯度，在不同选修模块侧重点不同。

第四节　化学教科书

一、化学教科书的编排体系

教科书的编排体系是指它所包含的教学内容和各部分内容之间的联系。教科书是实现教学目的的一个载体和媒介，也就是说，教科书是学生学习化学知识、化学基本技能，进行科学方法和情感态度教育的主要载体。因此，化学教学的目标应当体现在教科书的内容中，通过这些内容的教学达到课程标准所规定的教学要求和教学目的。

一本教科书是否便教易学，是否能充分发挥它的功能，在很大程度上取决于它的编排体系。教学经验证明，一本便教易学的教科书关键是要把握好编排体系的“序”。这个“序”称为“程序”或“顺序”。在以往的一段时间里，教科书主要讲了知识的逻辑顺序，注重学科知识内部逻辑体系的构建，以便教师系统地向学生讲授，突出教科书的“教本”作用。但是，这样做的结果是学生对于部分在课堂上没有听懂的内容，课后读教科书也无法理解。即使有学生勉强听懂，这种教科书的编排体系也难以体现教学生“学会学习”这种终身教育的思想，没有学生自己亲身体验的学习，也难以使学生形成学习的强烈动机和求知欲望。因此，时代的发展、教学理论和实践都要求对这样的教科书进行改革。改革的目的是使学生有兴趣，便于自学，好教好学，充分发挥教与学双方的积极性，教科书必须真正成为既是“教本”，又是“学本”。要做到这一点，教科书只考虑知识内容方面的顺序是不够的，还必须遵从学生学习认识顺序和心理发展顺序。只有这样，“三序”（化学知识的逻辑顺序、学生的认识顺序和心理发展顺序）结合，才能构建好教科书编排体系，这也是教科书编排的基本原则。

二、化学教科书的内容结构

教科书的内容结构是指根据教学目标和学科逻辑体系，结合学生的发展特征，选择符合学生实际需要并按规律组织起来的知识、技能等内容及其相互关系。教科书的内容结构与教科书的功能是相互作用的，结构影响功能发挥，功能的改变也决定了结构的变化。因此，教科书内容的结构是教科书的“骨骼”，是支撑教科书存在的基础。教科书内容结构的好坏直接制约着教科书的质量，影响着教育改革的成败。

中学化学教科书内容一般主要由五部分知识构成，包括化学事实性知识、化学理论性知识、化学技能性知识、化学策略性知识和化学情意类知识。

现在，化学教科书的编写一般主张把最基本的化学概念和原理之间的逻辑关系作为主线，其他四种知识作为辅线，以主线为核心，辅线围绕主线引出的方式进行，整体上形成一个具有结构性的化学知识网络体系，以此加强不同类型化学知识间的纵横联系。同时，教科书的内容结构还需合理组织知识网络体系中主线、辅线及其结点间的关系。具体包含以下两方面：

（1）化学理论性知识，即教科书网络体系中的主线部分，需考虑学生的心理发展顺序，以螺旋上升的方式呈现。例如，在低年级教科书中概念和理论的描述性定义要以具体、直观的方式呈现，可结合生活、生产实际叙述。随着课程的深入和学生认知发展，再从较高层次呈现这些概念和理论。

（2）化学理论性知识与事实性知识的穿插编排。作为化学事实性知识的学习指导，化学理论性知识在教科书中有着重要地位。按理来说，化学教科书应先呈现理论性知识，再呈现与之相应的化学事实性知识。可是，教学实践发现，直接呈现理论性知识，学生感到空洞、抽象，难以学习。因此，事实性知识与理论性知识应尽可能穿插编排、有机结合。

三、化学教材与化学教科书

教材是使学生达到课程标准所规定的质量要求的主要内容载体，是教师教学与学生学习的主要工具。化学教材是将化学课程理念和内容根据一定的逻辑体系和呈现形式展开并具体化、系统化的材料。

对广大教师和学生而言，最为熟悉的教材就是教科书，所以，人们常把教材和教科书当作一回事，并没有严格区分。而实际上，教材不只是教科书，它是依据课程标准开发设计的各种教学材料，是师生开展教学活动的重要课程内容资源。所以，教材可以有多种媒体形式，如书面文字教材、视听教材、多媒体教材等，而教科书只是其中的一种书面文字教材。

在我国，义务教育阶段化学课程标准实验教材共有 5 个版本通过了教育部中小学教材审查并进入实验区使用。这些教材分别由上海教育出版社、人民教育出版社、山东教育出版社、科学出版社联合广东教育出版社、湖南教育出版社出版。高中化学课程标准实验教材有 3 个版本通过了教育部中小学教材审查并进入实验区使用，分别由人民教育出版社、山东科学技术出版社及江苏教育出版社出版。

第五节 化学课程资源

一、化学课程资源的分类

课程资源是实现课程目标的基础，任何课程要想获得理想的结果，都需要有资源作保障。没有课程资源的支撑，课程的实施也是空谈。目前，学术界对课程资源主要作以下几种分类。

1. 文字资源和信息化资源

按照物理特性和呈现方式的不同，化学课程资源可分为文字资源和信息化资源。

随着文字的产生、纸张和印刷术的发明，文字记录着人们的思想，保存着人类的文化，延续着人类的文明；随着学校课程的产生，文字资源就是课程资源的核心，以教材为主的印刷品传递着人类的智慧。所以，直到今天，文字资源仍然是最重要的课程资源。

随着人类文明的进步和社会的飞速发展，以计算机网络为代表的信息化资源开始出现，它以信息容量大、智能化、虚拟化、网络化和多媒体等特点成为了其他课程资源无法替代的巨大资源宝库，已是化学课程资源开发利用、交流分享的重要平台。

2. 校内课程资源和校外课程资源

按照课程资源的空间分布不同，化学课程资源可分为校内课程资源和校外课程资源①。

校内课程资源是学校范围之内的课程资源，包括校内的各种硬件与设施资源，如图书馆、实验室、多功能教室、信息中心、校内工厂等；还包括各种知识资源、人力资源和活动资源。校内各种人力资源可综合作用形成校内人文资源，如校内各种学生团体、校风校纪、校容校貌、师生关系等；教学活动资源，如各种兴趣小组、座谈讨论等。校内课程资源是实现化学课程目标，促进学生全面发展的最基本也是最便利的资源。

校外课程资源包括学生家庭、社区乃至整个社会中各种可用于化学教育教学活动的设施和条件及丰富的自然资源。其中，各地市的博物馆、图书馆、科技馆、青少年活动中心、化工厂、污水处理厂等都是宝贵的资源。学校是整个社会的组成单元之一，课程教学就不可能孤立在社会大环境之外，所以，校外课程资源正好弥补校内课程资源的不足，校外课程资源的开发与利用也为转变教育教学方式、适应新课程提供了有力的支持和保证。

3. 素材性课程资源和条件性课程资源

按照课程资源的功能特点不同，可以把化学课程资源分为素材性课程资源和条件性课程资源。

素材性课程资源的特点是作用于课程，并且能够成为课程的素材和来源，是学生学习和收获的对象，包括知识、技能、经验、活动方式方法、情感态度与价值观等方方面面的因素。最常见的素材性课程资源有化学教科书、教辅资料、报纸杂志、音像资料等。

条件性课程资源的特点是作用于课程却不是形成课程本身的直接来源，但它在很大程度上制约着课程实施范围和水平，通常包括与课程相关的各种人力、物力、财力、场地、时间、媒介、设备、设施和环境及对课程的认识状况等因素。

4. 显性课程资源和隐性课程资源

按照课程的存在方式不同，化学课程资源还可以分为显性课程资源和隐性课程资源。

显性课程资源是指可以直接运用于化学教育教学活动的课程资源，如化学教科书、教学参考书、教学课件、教案、教辅资料、化学实验室等。这种资源看得见、摸得着，是一种实实在在的物质存在，可以直接成为教学内容或教学手段，容易开发和利用。

隐性课程资源是显性课程资源以外隐蔽的、潜在的课程资源，如校风校纪、师生关系、家庭关系、教师人格魅力、教学风格、课堂气氛等，它们均以间接、隐蔽的方式对教育教学活动产生影响。虽然不会直接构成教育教学内容，但它们对教育教学活动的质

---

① 钟启泉，崔允漷，张华.《基础教育课程改革纲要（试行）》解读.上海：华东师范大学出版社，2001：403.

量有持久的、潜移默化的影响。所以，开发与利用隐性课程资源需要付出更为艰辛的努力。

需要说明的是，对化学课程资源的各种分类不是绝对的，没有截然的界限。不论何种分类，课程资源包含的内容是广泛的、开放的，需要课程开发者和实施者有效地开发和利用。

二、化学课程资源开发和利用的策略

充分开发和利用化学课程资源，有利于丰富化学课程内容，促进学生主动学习。在化学课程改革的实践中，学校、教师都应努力开发和利用各种化学课程资源。

1. 树立全新的化学课程资源观

在过去，教师把教材当作唯一的核心课程资源，但在信息资源发达的今天，教材早已不是唯一的课程资源，网络资源也成为一种重要资源，改变了以往的资源结构。随着化学课程改革的推进，教师变成化学课程实施的组织者和促进者，也是课程资源开发的主体。所以教师必须树立全新的课程资源意识。

课程的实施关键在于教师，教师对课程资源的选择、开发和利用起着决定性作用。首先，教师要围绕化学课程改革的重点，结合本地本校特点，多方面发掘和利用各种有效的课程资源，这样学生学习的内容也变得丰富多彩了。教师成为学生利用课程资源的引导者、开发者，同时，教师本身也是重要的课程资源。其次，学生是最重要的课程资源。学生已有的生活经验、知识基础可以成为教师开展教学时为学生搭建的“脚手架”，我们常说的教学设计时要注意分析学情，就是最好的例证。最后，教师可发挥群体合力，发掘深层资源，如集体备课。

2. 注重生成性资源

生成性资源是指课堂教学现场伴随着教学过程而产生的能推动教学进程的各种教学条件和因素。例如，在教学过程中，教师可根据学生的各种状态和表现合理把握教学内容的难易程度，及时变换教学策略。和其他课程资源相比，课堂的生成性资源有瞬时存在性、潜伏性、针对性等特点。

化学课堂教学中蕴含着丰富的生成性资源。例如，学生的问题、学生的感受、化学实验的失败、教师的失误等，它们不再是教学的“绊脚石”，而是教学的“生长点”，是最生动、最真实、最有价值的生成性资源。只有当这些宝贵的课程资源得到教师的足够重视，充分的挖掘和利用，与课本知识一起进入教学过程，课程资源才更有针对性和实效性，其资源领域也大大拓展，化学课程则更加充满生机和活力。

3. 开发利用好实验室资源

(1) 开放现有实验室，发挥现有仪器设备的作用。

化学是一门以实验为基础的学科，要想让实验成为化学学习的重要环节，实验室这一课程资源必须充分利用，开放实验室，让学生走进去，就是很好的办法。再者，化学课程中的科学探究大多是实验探究，化学课程改革也提出让学生以实验室的活动为手段，自己去设计实验、选择仪器、收集实验数据、归纳总结规律。实验室中的各种仪器、设备、模型都是宝贵的课程资源，为此，向学生开放现有实验室，让他们有更多的机会进行探究活动，甚至不局限于教科书中的实验探究，有利于学生学习化学。

（2）充分利用网络虚拟实验平台，丰富化学实验资源。

虚拟实验教学系统是面向教师和学生的虚拟实验室，通过网络化计算机运用虚拟现实技术模拟真实实验。该系统通常分为虚拟实验平台和虚拟实验教学管理平台两个部分。虚拟实验平台模拟真实的实验台，允许教师或学生根据平台上提供的器材自由搭建典型实验或实验案例，典型实验通常由教师设计，要求学生在此基础上进行实验；另外，学生也可以在平台上自主设计实验，动手操作，有利于其设计能力和创新意识的培养。这也是虚拟实验平台区别于一般实验教学课件的重要特征。

当然，化学课程资源的利用和开发不仅限于此，还有待在今后的工作中不断实践交流、学习总结。

主要参考文献

毕华林. 2015. 当前国际化学课程改革的发展动向及启示. 比较教育研究，（9）：79-84.
菲利普. 2008. 化学：概念与应用. 王祖浩等，译. 杭州：浙江教育出版社.
靳玉乐. 2012. 课程论. 北京：人民教育出版社.
课程教材研究所. 2001. 20世纪中国中小学课程标准教学大纲汇编（化学卷）. 北京：人民教育出版社.
莱斯克，威代诺. 1990. 2000年：人类发展与教育变革. 张春光等，译. 沈阳：辽宁大学出版社.
廖哲勋，田慧生. 2003. 课程新论. 北京：教育科学出版社.
森川久雄. 1980. 科学教育要论（日文版）. 东京：东洋馆出版社.
施良方. 1996. 课程理论：课程的基础、原理与方法. 北京：教育科学出版社.
王磊. 2010. 基础化学教育课程改革10年进展与反思（下）. 化学教育，（5）：20-24.
王祖浩. 2012. 化学课程标准修订：依据和视角. 基础教育课程，（Z1）：76-81.
王祖浩. 2013. 对我国高中化学课程标准实施和修订的审视. 基础教育课程，（21）：57-66.
张佳宁，蔡亚萍. 2016. 走班制下化学课程的分类设计与分层实施. 化学教育，（9）：16-19.
中华人民共和国教育部. 2001. 全日制义务教育化学课程标准（实验稿）. 北京：北京师范大学出版社.
中华人民共和国教育部. 2003. 普通高中化学课程标准（实验）. 北京：人民教育出版社.
中华人民共和国教育部. 2011. 全日制义务教育化学课程标准（修订稿）. 北京：北京师范大学出版社.

第二章　化学教学理论

“理论”是指人们关于事物知识的理解和论述。教学理论是指研究教学情景中教师促进学生学习的行为，提供教师如何影响学、怎样教才有效的规律，以指导课堂教学实践的理论。因此，研究化学教学理论，对于中学化学教学有重要的现实意义。以现代学习理论和教学理论为基础，研究化学教学过程、教学模式、教学策略、教学方法和化学教学媒体。

第一节　指导化学教学的基础理论

教学理论旨在阐述最有效地获得知识与技能的方法的规则，是在某种意义上约定俗成的通例。而学习理论是教育心理学的一门分支学科，它是研究人类学习的本质及形成机制的心理学理论。因此，教学理论主要是研究“如何教”的问题；学习理论主要是描述与说明“学习是如何发生的，其过程与结果如何”的问题[①]。

一、学习理论

学习理论是心理学中最古老、最核心也是发展最成熟的领域之一。学习理论的研究是试图解释学习是怎样发生的，它有哪些规律，它是怎样的一个过程，如何才能进行有效的学习等问题。但由于个人的观点、学科背景、研究方法不同，因而形成了不同的学习理论流派。下面将介绍三大学习理论，分别是行为主义学习理论、认知主义学习理论和建构主义学习理论。

（一）行为主义学习理论

行为主义是由美国著名心理学家华生（Waston）创立的，行为主义学习理论是在对动物学习进行实验研究的基础上，通过揭示动物学习过程中一些外显的行为变化，从而推断人类的学习过程和规律，并据此总结出来的学习理论。在行为主义看来，学习就是 S-R 的联结，其中 S 表示来自外界的刺激，R 表示个体接受刺激后的行为反应，学习的过程就是获得这些联结或建立联系，学习的条件是不断地得到强化。

行为主义学习理论主要代表有华生的刺激-反应说、斯金纳（Skinner）的操作学习理论等。

---

① 闵卫国，傅淳. 教育心理学. 昆明：云南人民出版社，2004：236.

1. 华生的刺激-反应说

华生认为，学习过程是把条件刺激与条件反应组织起来，形成联系的过程，即行为习惯形成的过程。在华生看来，不仅动物的学习在于形成习惯，人类的学习也在于形成习惯。人的各种行为不外是“肢体的习惯”、“言语的习惯”和“肺腑的习惯”，这些都是通过条件反射建立 S-R 联结而形成的。华生根据经典性条件反射理论做了著名的婴儿恐惧形成实验，即让一个 11 个月的婴儿首先接受小白鼠的刺激，随后婴儿马上发出害怕的声音，反复多次，让婴儿对小白鼠的害怕更加剧烈，结果最后婴儿对任何有皮毛的物体都感到害怕，根据这个实验结果，华生认为，学习的实质就是经典性条件反射的建立，即形成刺激与反应的联结（S-R），学习的过程就是条件反射形成的过程，即形成 S-R 的过程。

2. 斯金纳的操作学习理论

斯金纳是美国著名的新行为主义的代表人物，他把行为分为两种：一种是应答性行为；另一种是操作性行为。应答性行为由刺激所控制，是被动的；而操作性行为是自发的，无法确定反应的出现是由何种刺激所引起，它代表着有机体对环境的主动适应，是心理学研究的主要对象。

斯金纳认为，应答性行为所导致的是反应性条件反射，而操作性行为所导致的则是操作性条件反射，斯金纳为研究操作性条件反射理论，设计和发明了“斯金纳箱”，即把已知小白鼠放在箱子里，小白鼠偶然地碰到实验者故意设置的杠杆时，食物就会落下，经过多次尝试和强化，小白鼠就建立了按压杠杆的操作性条件反射，而其他行为如乱窜乱跑则因缺乏强化不能保留下来。因此斯金纳认为，操作性条件反射的建立依赖于两个因素：操作和强化。在教学中，行为主义学习理论把“强化”看作教学的核心，认为对学生的行为要给予表彰和鼓励，还要尽量少采取惩罚的消极强化手段，只有强化正确的“反应”，消退错误的“反应”，才能取得预期的效果。例如，教师问学生：“常温下，金属钠在空气中缓慢氧化生成了什么物质？”如果学生回答生成氧化钠，教师再给予肯定，那么学习就发生了。在这里，教师的问题就相当于刺激，学生正确的回答就是反应，而教师的肯定与表扬则是强化。因此，教师在教学中除了应该考虑如何在刺激和反应之间形成联系，更应该注意并使刺激与反应之间的联系得到强化与维持①。

（二）认知主义学习理论

20 世纪 50～60 年代，认知心理学兴起，认知心理学家开始应用信息加工的观点来探讨学习的过程和规律。他们认为学习是通过有机体进行积极主动的内部信息加工过程形成的新的完形或认知结构。认知学习理论从早期的格式塔学派提出的“顿悟-完形”学习理论，到后期的布鲁纳的“认知-发现”学习理论、奥苏伯尔的“认知-同化”学习理论、加涅的信息加工学习理论，逐步与教学理论相结合，变得更加完善。

---

① 吴庆麟. 教育心理学——献给教师的书. 上海：华东师范大学出版社，2003：100-200.

1. 格式塔的顿悟-完形学习理论

格式塔学派产生于20世纪初的德国，主要代表人物有韦特海墨、考夫卡、苛勒。

格式塔的顿悟-完形学习理论建立在对黑猩猩的学习进行研究的基础上，经过对黑猩猩的实验研究（最著名的是“叠箱实验”：实验者将香蕉挂在天花板上，黑猩猩够不着，但是它通过观察发现周围的纸箱可以用，于是将几个纸箱叠起来，站在纸箱上就可以够得着香蕉；接竿实验：黑猩猩被关在笼子里，笼子外面放着香蕉，香蕉的旁边放着一根长竹竿，笼子里面放着一根短竹竿，黑猩猩仅用短竹竿或长竹竿是够不着香蕉的，但是用短竹竿能够得着长竹竿，经过一番思考后，黑猩猩能够把长竹竿划过来，再把两根竹竿接起来，从而够到香蕉）。苛勒认为，黑猩猩之所以能够解决如此复杂的问题，是因为当黑猩猩遇到问题时，它会审视周围的事物，并对刺激情境进行组织，形成一个整体结构（完形）。当它突然理解纸箱或竹竿与香蕉之间的关系时，就会产生顿悟，从而找到解决问题的办法。因此苛勒认为，学习是通过对学习情境中事物关系的理解构成一种完形而实现的。

格式塔的顿悟-完形学习理论强调学习过程是有机体内部进行复杂的认知活动（组织活动）而实现顿悟的过程，而不是尝试-错误的过程；它强调学习是从问题情境的整体出发去知觉、学习、记忆，而不是刺激-反应的联结。

2. 布鲁纳的认知-发现学习理论

布鲁纳（Bruner），美国教育心理学家。布鲁纳认为，学习就是认知结构的组织和重新组织。而知识学习就是在学生的头脑中形成各学科的知识结构，布鲁纳又称之为“编码系统”，它是一系列相互关联的、非具体性的类目，是人用以感知外界的分类模式，是新信息借以加工的依据。这个编码系统不但能接受外界信息和组织信息，还能在所得信息之上产生富有创造性的行为。各学科的知识结构是学生学习要掌握的主要内容，因此使学生掌握各门学科的基本结构也是知识教学的主要目的。

布鲁纳一方面强调知识的习得过程是一种积极的过程，另一方面他又积极倡导知识的发现学习。发现学习，就是指学生通过自己独立阅读书籍和资料，通过独立地思考而获得对于学习者来说是新知识的过程。发现学习对于学习者来说有以下优点：①有利于激发学生的智慧潜力；②有利于激发学生的内在学习动机；③有助于学生学会发现新的试探方式。但是，布鲁纳认为，发现学习对学习者本身的素质具有一定的要求，如学习者要具备善于发现学习和比较有逻辑的认知能力。

3. 加涅的信息加工学习理论

加涅与布鲁纳、奥苏伯尔等认知学习理论家一样，认为学习即通过新旧知识的相互作用对认知结构进行组织或重新组织的过程。然而，加涅用学习和记忆的信息加工模式更详细地解释了学习的结构和过程（图2-1）。

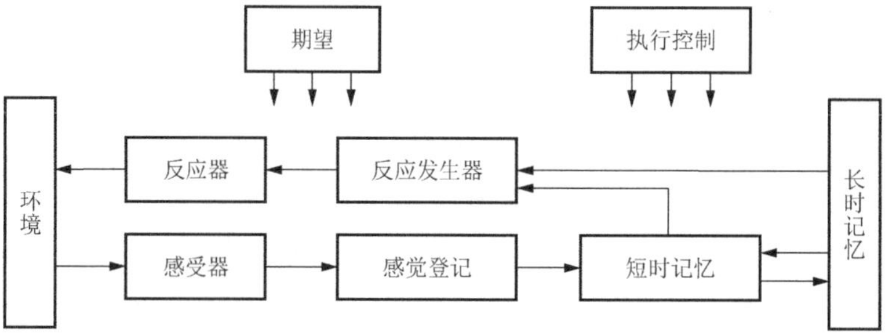

图 2-1　加涅信息加工模式

该信息加工模式主要包含两大部分：一部分是信息流，即信息从输入进入感觉登记、短时记忆、长时记忆进行加工，再从相反的历程检索和提取信息；另一部分是控制结构，包含期望和执行控制。期望是指学生期望达到的目标，即学习的动机，正因为学生具有学习动机，教师的反馈才有强化作用。执行控制决定哪些信息从感觉登记进入短时记忆、如何进行编码、采用何种提取策略等。期望和执行控制在信息加工过程中起着极为重要的作用①。

根据这个模式，加涅将学习过程分为下述 8 个阶段，如图 2-2 所示。

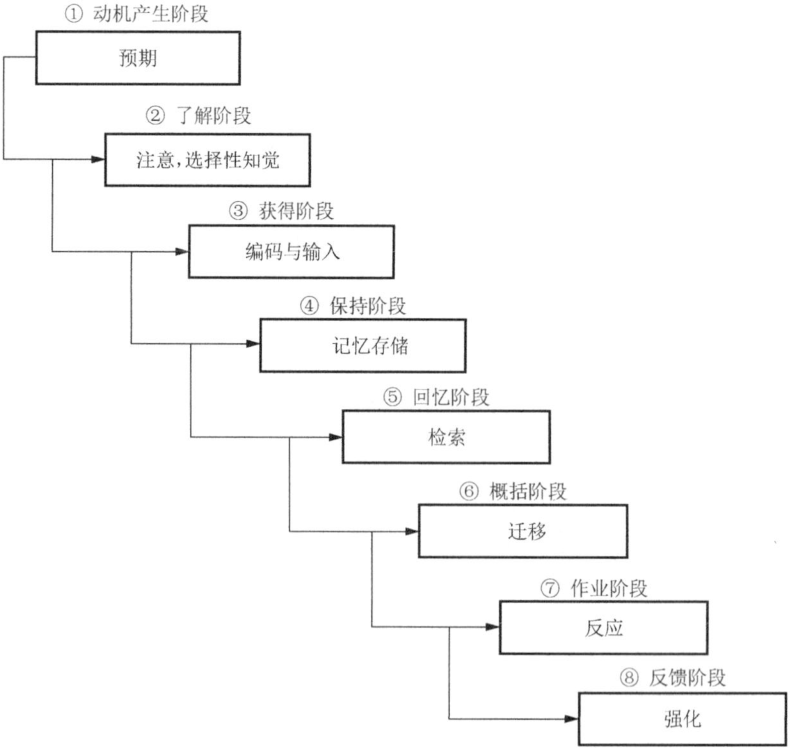

图 2-2　加涅的学习过程分类

① 刘万伦，田学红. 发展与教育心理学. 北京：高等教育出版社. 2011：200.

（三）建构主义学习理论

建构主义把学习看成建构过程，是以新旧知识经验的相互作用来解释知识建构的机制。早在皮亚杰与维果斯基的理论中就已包含了建构的思想。美国心理学家威特罗克（Wittrock）可以看成是建构主义学习理论的一个代表。现如今的建构主义者主张世界是客观存在的，但对世界的理解及对世界所赋予的意义，则是由个人自己决定的。建构主义学习理论认为，学习是学生通过新旧经验的双向作用建构自己的经验体系的过程，它的基本观点分为知识观、学习观、学生观和教师观[①]。

1. 建构主义的知识观

建构主义者强调，知识只是人们对客观世界的一种假设，并且这个假设会随着人们认识的深入，不断修正；而在具体的问题情境中，需要人们利用原有的知识经验对它进行加工和改造。再加上知识并不是以实体形式存在的，所以对于知识的理解，必须由学生自己独立建构，因此知识不是由教师传授给学生的，而是学生处于一定的问题或真实的情境中，在他人帮助或自己独立通过意义建构的方式主动得到的。

2. 建构主义的学习观

学习是在一定的社会文化背景下，学生在别人的帮助下或通过自己的独立活动而实现的自己对世界认识的意义建构的过程。所以，“情境”、“协作”、“会话”和“意义建构”是学习环境中的四大要素。其中情境是意义建构的基本条件，教师与学生之间、学生与学生之间的协作和会话是意义建构的具体过程，而意义建构则是建构主义学习的最终目的。所有建构的意义是指事物的性质、规律及事物之间的内在联系。在学习过程中帮助学生建构意义，即帮助学生对当前学习内容所反映事物的性质、规律及事物与其他事物之间的内在联系达到深刻的理解。

3. 建构主义的学生观

建构主义学生观具有以下几个观点：

（1）强调学生的经验。建构主义理论认为，知识是主体个人经验的合理化。因而在学习过程中，学生之前的知识经验是非常重要的。而且学生不是空着脑袋进入教室的，由于生活经验的一定积累，他们已经形成一些观念，所以当问题摆在他们面前时，他们能用自己的认知能力对问题进行解释。所以建构主义认为，教学要把学生现有的知识经验作为新知识的生长点，努力尝试引导学生从原有的知识经验中生成新的知识经验。

（2）注重以学生为中心。既然知识是学生主动建构的，因此学生就必须主动地参与到学习过程中，并且要根据自己已有的经验来建构新知识的意义。所以教学不是知识的传递，而是知识的处理和转换。教师并非简单的知识呈现者，所以更应重视学生自己对各种现象的理解，并依此为切入点，引导学生丰富或合理调整自己的理解。

① 彭小虎，王国峰，朱丹. 儿童发展与教育心理学. 上海：华东师范大学出版社，2014：159.

（3）尊重学生个人意见。既然知识只是个人经验的合理化。因此，建构主义理论主张不以正确和错误来区分人们不同的知识概念。

4. 建构主义的教师观

建构主义提倡在教师指导下的以学生为中心的学习，教师是意义建构的帮助者、促进者，而非知识的纯提供者和灌输者。

教师要成为学生建构意义的帮助者，就要求教师在教学中从以下几个方面发挥作用：首先，教师要想方设法激发学生的学习兴趣，让学生产生想要学习的学习动机；其次，教师需要通过创设合适的情境及向学生提供新旧知识之间的联系，让学生能够根据已有知识经验和信息提示自主地建构知识的意义；最后，教师为了能够让学生的意义建构变得有效，则应该在尽可能的条件下，组织合作学习，让学生在合作学习的过程中使得新学习的知识能够得到正确的意义建构。

二、教学理论

教学理论是在长期的教学实践中，通过不断对教学经验进行总结，并以教育基本理论、心理发展理论和学习理论作为重要基础，逐渐形成和发展起来的一种新的理论①。一般来说，教学理论是指研究教学的现象、问题，解释教学的一般规律的原理、方法测量及技术的系统理论。一般教学理论与化学教学理论有着密切联系。20世纪后半叶，各种教学理论蓬勃发展，其中不少理论产生了较大的影响，它们也对化学教学产生了较大的影响，称为化学教学的理论基础。

（一）斯金纳的程序教学理论

斯金纳根据行为主义原理，认为教学的目的就是提供特定的刺激，以便引起学生特定的反应，因此，教学目标越具体、越精确越好。在斯金纳的程序教学理论指导下的教学过程包括以下五个阶段：

（1）具体说明最终的行为表现。确定并明确目标行为，具体说明想要得到的行为结果，制订测量和记录行为的计划。

（2）评估行为。观察并记录行为的频率，如有必要，记录行为的性质和当时的情景。

（3）安排相倚关系。作出有关环境安排的决定，选择强化物和强化安排方式，确定最后的塑造行为的计划。

（4）实施方案。安排环境并告知学生具体要求，维持强化和塑造行为的安排方式。

（5）评价方案。测量所得到的行为反应，重现原来的条件、测量行为，然后回到相倚安排中。

程序教学的设计需要按照教材内部的逻辑程序，既为了保证学生在学习中把错误率

---

① 闵卫国，傅淳. 教育心理学. 昆明：云南人民出版社，2004：234.

减少到最低范围之内，同时，又要合理地设计教材，使每个问题都能体现教材的价值。如斯金纳的一种教学程序（程序教学法），其流程如图 2-3 所示。

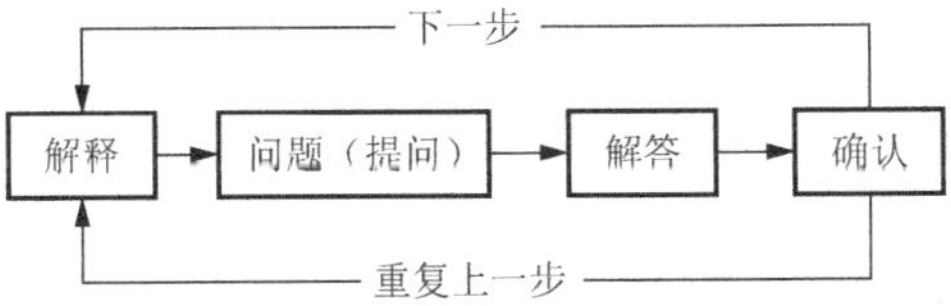

图 2-3　斯金纳的教学程序流程图

程序教学有四个要素，分别是小步骤进行、呈现明显的反应、及时反馈和自定学习步调。

（二）布鲁姆的掌握学习教学理论

布鲁姆（Bloom），美国教育家和心理学家。他的教学理论以新的教学评价理论和学生观为基础，吸取其他教学理论的合理之处，形成了自己的特色。布鲁姆发现，家庭和学校环境是决定儿童学习优劣的主要因素，根据他对影响学生学习因素进行的研究，认为只要提供适当的学习条件，大多数学生在学习能力、学习速率和积极的学习兴趣、态度等方面的差异可以减少到很小的程度。以此为基础，他提出要"为掌握而学，为掌握而教"，并且设计了同一对一个别教学方法等效的群体教学方法。

布鲁姆的掌握教学理论是新传统主义教育流派的一种。掌握学习教学法的思想是教师能够在普通班级的集体教学中，教材分单元、按教学目标进行教学，随之进行形成性测验，通过反馈，针对学生学习中存在的问题进行矫正，然后进行一次平行性的形成性测验，以确定学生掌握学习内容的程度并再次进行针对性的诊断和指导学习。经过以上程序，单元教学的任务已经完成，教师便可接着进行新单元的教学。按此往复，后续知识的学习总是建立在牢固掌握前面知识的基础上，直至学完全学期教材。最后评定掌握等级。这样，通过班级集体教学和个别化反馈矫正相结合的教学过程，既发挥了传统课堂教学的优势，又照顾了学生的个别差异，使绝大多数学生均能获得优良的学习成绩，达到教学质量的大面积提高。掌握学习理论强调在教学中不断地、及时地进行反馈与矫正，通过经常的形成性测验不断获得及时的教学反馈信息，并据此为学生提供可供选择和补充的教学手段和材料。同时，教师要确保学生学习的"适当条件"，即必须使学生在学习前就具备必要的认知和情感条件，并使教学适合学生的实际需要。

（三）加涅的规划教学理论

加涅（Gagne）的教学论思想是以他自己的学习理论为基础的。学习理论主要涉及学习的过程、结果和条件等方面。加涅认为无论简单还是复杂的学习，一般都包括 8 个阶段，分别为动机阶段、领会阶段、获得阶段、保持阶段、回忆阶段、概括阶段、操作阶段和反馈阶段。每个阶段都可以看作是学习者中枢神经系统把信息从一种形式转换到另一种形式，直到在一种操作中得到反应的内部过程。内部学习过程受到外部环境刺激的影响，这种环境通常是教师、教科书或其他资源通过语言的传递形成的。规划、设计、选择和监督这些外部环境的安排，以达到激活必要学习过程目的，是教学管理者的任务。加涅认为，教学是复杂的，并且受到一些特殊情境的限制，所以一定要事先规划。教师在教学中最重要的工作就是使学生的学习得到帮助。

（四）罗杰斯的非指导性教学理论

罗杰斯（Rogers），美国心理学家，人本主义代表人物之一。他认为，人具有非常有益的先天“潜能”，教育要为学生的“潜能”的发展提供一个宽松、和睦的心理环境，这种“潜能”只能在学生“内驱力”的本能驱动下自发地形成。人无时无刻不处在动态变化之中，教育不可能按照一组预定的程序、利用外部的要求向学生施教，不能限定学生如何想、如何做，而必须顺其内心心理体验变化的自然。“非指导性”所提倡的准则就是“以学生为中心”或“以学生的经验为中心”。

非指导性教学思想，强调人的“自我”意识，强调直觉能力和创造能力。在教学过程中，教师的角色是促进者，而不是权威者；学生处于自己的思想、热情和感觉中，努力研究自己，重建自己人格，而不是记诵和重复权威的思想，然后在考试中还给教师；教学并非是纯粹的情感过程，而是包含了大量的、对人格发展有作用的理智内容；教学要为学生提供日益增多的自我指导机会。

（五）巴班斯基的教学最优化理论

巴班斯基，苏联教育学家。他提出的“教学最优化”思想以马克思主义哲学和当代科学方法论为指导，以教育实验为基础，改造和吸收了教学教育理论的精华和苏联 20 世纪 60～70 年代教育革新的成果，形成了独树一帜的教育学派。教学最优化是根据培养目标及教学任务，从学生及教师的实际情况出发，按照教学规律和原则的要求制定最好、最合适的教学方案，然后能够随机应变地执行这个方案，以期望用不超过既定的时间和精力实现最大的效果。

巴班斯基认为，教学最优化只有在教师思考的基础上才是可能的，最优化思想与教学的教条主义是针锋相对的。掌握教学最优化思想将会促进教师创造个性的发展，增长他们的才干和提高教育工作的艺术。具体来讲，教学最优化的要求主要有：首先是教师能够在一定的条件下，用更少的时间达到最好的效果；其次，教师应该能够精挑细选教学内容，让教学内容达到最优化；再次，教师在组织教学时，需要将班级、小组、个人以一定的方式结合起来，以让教学形式能够达到最好的状态；最后，教师要在特定的时间、内容下，遵循最优化原则，选择最合适的教学方法。

（六）加德纳的多元智能理论

加德纳（Gardner），美国教育心理学家。他对智能提出了新的定义：①在实际生活中解决所面临的实际问题的能力；②提出并解决问题的能力；③对自己所属文化提供有价值的创造和服务的能力。

在1983年出版的《智能结构：多元智能理论》一书中，加德纳提出人的智能是多元的，分别为言语/语言智能、逻辑/数理智能。到1999年，加德纳又提出人类还有其他几种智能：视觉/空间关系智能、音乐/节奏智能、身体/运动智能、人际交往智能、自我反省智能、自然观察者智能和存在智能。每个人都具有上述智能的潜能，因此人们可以根据各自擅长的领域去发展这些智能。由于智能总是以组合的方式来运作的，每个人都是多元智能的个体，而不是只拥有单一的、用纸笔测验可以测出的解答问题能力的个体。

第二节　化学教学的特征与原则

在全面理解教学的基础上，化学教学就是教师根据课程目标和学科的教学特点，有目的、有计划、有组织地引导学生，学生积极主动地进行科学探究活动，并形成基本观念，掌握基础知识和技能、发展能力、端正态度、探究方法，形成科学世界观及其个性全面发展的过程。中学化学教学特征和原则是化学教学论研究中的基本理论问题，是进行化学教学实践活动的理论依据。只有正确认识和理解其特征和原则，才能真正把握化学教学的特点和规律，从而有效地提高化学教学的质量，实现化学教学的目的和任务。

一、化学教学的特征

学科教学因有着独特的学科特色，而有着独特的教学特征，因此化学教学有着与众不同的特征。

（一）以实验为基础

化学是一门以实验为基础的科学，化学实验不仅是进行化学科学研究的重要方法，也是化学教学的有效手段。在化学教学过程中，学生对知识的感知、理解、巩固和应用，都与实验密切相关。化学实验可以给学生提供生动而又直观的认识，进而使学生形成鲜明的感性认识；化学实验教学可以训练学生实验的基本方法和基本技能，培养学生观察、思考及科学探究的能力；化学实验教学还能培养学生实事求是、严肃认真的科学态度，提高学生分析及解决问题的能力。因此，在化学教学中，教师应该注意让学生亲自做实验，在实验中观察各种现象，体验通过实验进行探究规律的化学活动；结合化学实验事实及化学实验过程，让学生自主认识化学概念和理论是如何形成的；结合典型的化学历史事实，让学生了解化学科学的发展过程，感受科学家的探究过程；让学生尝试利用已学知识分析实验现象背后隐藏的原因，进而解决问题。

（二）具有独特的词汇系统——化学用语

化学用语是国际化学界统一规定用来表示物质的组成、结构和变化规律的化学文字和科学缩写。化学用语是化学学科的专门语言，是学习和交流化学科学知识的有力工具，是人们理解物质化学变化最简捷的符号表达系统。化学用语的教学不同于一般学科知识的教学，有其自身特点和规律，化学用语的熟练掌握在一定程度上决定了学生能否顺利地遨游于化学知识的海洋。因此，教师应该重视化学用语的教学，让学生灵活运用化学用语。

（三）以化学基础理论为线索

化学事实与化学基础理论是中学化学教学的基本内容，在学习化学事实时，应以基础理论作为线索。在学习化学基础理论时，要密切联系化学事实，即以化学基础理论为线索，尤其是以物质结构理论为主线，把化学事实联系起来，使学生通过化学事实掌握物质的基本属性，从而深化对物质的组成、结构及其变化规律的认识，掌握系统的、结构化的化学知识。

（四）注重抽象思维和逻辑思维能力的培养

化学基本概念和化学基础理论是化学教学的重要内容。对于这两部分内容的化学教学，一般是通过化学现象和化学事实的感知，形成感性认识，而后经过对感性材料的思维加工，上升到理性认识。而当学生掌握了一定的化学知识和技能后，就要分析、解决具体的问题。显然，在整个化学教学过程中，要使学生的认识由感性上升到理性，抽象思维至关重要；再由理想回到实践，学生则需要运用推理、判断等逻辑思维方法。因此在化学的概念和理论教学中，要注意对学生思维能力的培养。

（五）蕴含着丰富的辩证唯物主义观点教育

化学虽然是一门自然科学，但其所涉及的化学事实和化学基本理论蕴含着丰富的辩证唯物主义思想。因此，在某些化学知识的教学中，可以渗透着唯物主义观点的教育。例如，物质的宏观组成和微观构成，揭示了客观世界的物质性；物质在分子、原子、离子层次上的变化揭示了物质运动的永恒性；元素周期律及反应条件对于产物的影响，揭示了量变引起质变的规律；诸如氧化与还原、化合与分解、中和与水解、溶解与沉淀、平衡与不平衡等变化，揭示了对立统一法则；物质发生变化的原因和条件、化学平衡的移动、有关物质之间的相互转化、化学知识之间的内在联系，揭示了客观事物之间相互联系和相互制约的观点。

二、化学教学的原则

化学教学原则应该是教学论所提出的教学原则的具体化，因此化学教学原则应该立足于化学教学的本质特点，反映化学教学的内在规律。因此，化学教学原则就应该是依据化学的教学目的和任务，遵循化学教学过程规律而制定的能够反映化学教学本质特点对教学的基本要求。

因此，化学教学有以下四条教学原则。

（一）实验引导和启迪思维相统一

以实验为基础是化学学科的特点。因此，化学教学离不开化学实验，组织好各种实验，能够充分发挥实验对学生认知、情感、意志、行为和态度、方法等的激励与引导作用。因此，化学教学中，教师应该注意使实验引导与启迪思维相结合。

启迪思维与实验引导往往是同步进行、不可分割的。首先，化学教学中的实验包括学生亲自动手做的实验、教师的演示实验、实验录像、实验图片和教师所描述的实验史实。教师应该有目的地选择其中一种方式，但最终目的是要为学生提供具体、可信的事实，活跃学生的思想，开阔学生的思考方向。其次，教师必须教会学生怎样进行观察及观察什么。化学实验现象是琳琅满目、丰富多彩的，常常会引起学生情绪亢奋，这导致的结果是学生很可能仅记住最让他印象深刻的现象。因此，教师在实验教学中，应该向学生指出：观察实验现象要仔细、全面、客观，并及时进行记录。与此同时，教师应该抓住实验过程中典型的现象（如沉淀、气体、颜色、燃烧等），并学会在合适的时机穿插一些启发性强的问题，设疑激疑，促进学生积极思考。例如，在进行钠与水的实验时，教师可以在恰当的时间点抛出问题：①钠容易被小刀切开，说明了什么？②为什么钠投入水中不下沉，而是浮在水面上？③钠为什么熔成了球状？④滴有酚酞的水逐渐变成红色，说明产生了什么物质？这几个问题实际上是通过实验现象的先后顺序提出的，这几个问题一方面可以使学生全面地观察实验现象，并产生积极的思考，另一方面也间接地向学生说明观察实验现象应该是有先后顺序的。最后，教师必须引导学生如何对实验现象进行分析。学生在全面记录实验现象后，有时会止步不前，这是因为他们不知道路在何方，或者不知道怎么走路了，或者不知道路的终点在哪里。教师首先要给学生指路，告诉学生这些实验现象可能与什么有关，然后要教会学生怎么走路，告诉学生怎么思考，最后告诉学生路的终点，让学生有目的地、大胆地走向终点。在这个过程中，教师应提醒学生考虑问题应该纵观全局，不错过任何一些信息的提示。例如，氨气的喷泉实验中，美丽的、粉红色的喷泉就是学生要走的路，为什么会形成喷泉、喷泉的水为什么会变成红色就是学生走路的方法，大胆概括、全面分析、总结结论就是路的终点。

（二）归纳共性与分析特性相结合

繁杂难记的化学学科知识，常常让很多学生怯而止步，而实际上，教师在教学的过程中能够有意识地以化学理论为指导，帮助学生理清化学知识之间的内在联系及规律，学生就能够更加容易地建构化学知识。但是并非所有化学知识都有着相对应的理论给予支撑，因此，需要教师引导学生用归纳的方法，让学生尝试抓住典型，并且进行分析，然后在分析得出的个性中归纳出物质的通性。例如，可以从铁和铜两种金属入手获得金属的通性；通过重点解释有机物的代表性物质的结构和特征反应，帮助学生概括出同一类有机物的化学性质等。

但是物质往往在有着同类别物质的共性外，还有着不同于同类物质的特性，因此在学习化学物质时，不仅需要考虑共性，还要考虑共性背后的特性。例如，二氧化硫有着酸性氧化物的通性，它还有着氧化性和强还原性。又如，浓硫酸除了有着酸的通性之外，还有着不同于盐酸的强氧化性等。所以，只有掌握了共性之外的特性，才可以全面理解和认识物质的性质。

事实表明，共性往往是学生容易掌握的，而特性往往被学生所忽视。例如，学生在判断锌和浓硫酸的反应产物时，只考虑硫酸的酸性，并没有考虑浓硫酸的强氧化性。所以，在化学教学中归纳共性的同时，注意揭示特性，往往能收到事半功倍的效果。

（三）形式训练与情境思维相结合

化学教学归根结底是要教会学生如何解决化学问题。这就要求教师一方面要加强形式训练，培养学生解决一些形式化的化学问题的基本功，掌握常用或通用的解决问题模式或方法；另一方面要善于创设一些非常规的化学问题情境，培养学生思维的灵活性与变通性，体现创造能力的情境思维机智。

现实的化学教学中，一些教师认为解决化学问题等同解题，然后热衷于定套路、讲例题、做习题的传统模式，让学生用固定的思路和相同的公式重复解题。随之而来的问题是，学生变得思维迟钝，一遇到稍有变化的问题，就会无从下手。从近年高考化学题目的形式、内容可以发现，问题往往在一个特定的背景下出现，而这些背景有的与生活有关、有的与社会现象有关、有的与工业生产有关，而问题变得需要从多方面着手才能解决。情境思维是近年来针对形式训练的不足提出来的。当问题情境对学生而言是完全陌生时，学生就不能在形式化经验中找到问题解决的方法。此时，学生就需要通过阅读及组合加工，以自学方式重新查找并发现信息，从中找出规律，结合情境进行类比，最后解决问题。这一过程称为情境思维。

在日常教学中，教师应该注意多创设丰富的有关社会、生活、生产的教学情境，并注意在情境中提出一些非常规的化学问题，启发学生积极思考，并且引导学生从多方面着手进行分析和解决。用于形式训练的题目则应该是基于各种背景下的比较灵活的题目，这样才能训练学生解决问题的能力。

（四）知识结构与认知结构相统一

知识结构就是基础知识的合理组合。将化学基本概念、元素化合物知识、化学基础理论等如何用简约和概括的形式反映出来，如无机物的分类和化学反应、物质结构和元素周期律、有机化合物的官能团分类体系等，都是基础知识的合理组合方式。这种组合方式，是本学科内的最基本、最普遍的原理和规律，反映了各种相关知识之间的内在联系，也体现了化学学科基础知识的逻辑顺序。因此，教师一方面要善于做知识小结，不断揭示知识的内在联系，适时地把知识结构揭示给学生并引导学生学会总结知识。例如，高中化学金属钠的性质的教学中，其课堂小结可以是对钠的物理性质、化学性质、用途和制取的归纳和总结，但若仅限于此，课堂小结还不到位。因为在钠的教学中，学生第一次接触到一种新物质——过氧化钠（Na_2O_2），对过氧化钠有关知识的掌握也是重点，小结如图 2-4 所示。另一方面，教师要熟知化学知识结构，这就需要教师了解教材的知识结构，只有教师对教材充分了解，把握其中内在联系，才能在实际教学中有效指导学生进行学习。例如，对氧化还原反应的理解和掌握，初中是从得氧失氧角度分别对氧化反应和还原反应进行定义的，到高中（以苏教版为例），首先出现在物质的分类与转化中，从化合价是否变化的角度认识氧化还原反应，然后单独安排一节内容从电子转移角度认识氧化还原反应。

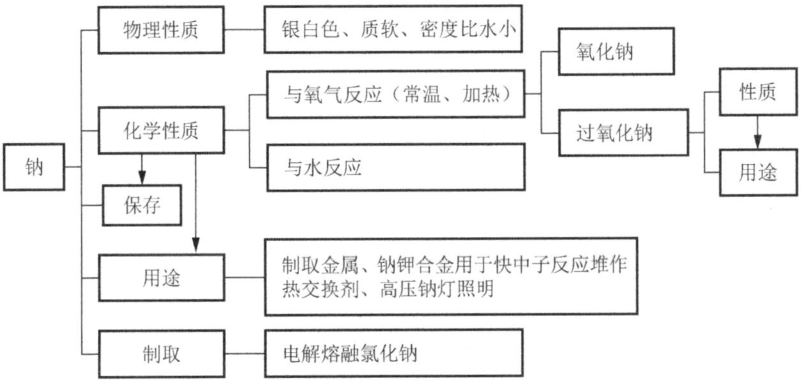

图 2-4　金属钠及其化合物的知识结构

认知结构是指反映事物间稳定联系和关系的内部认识系统。在教学中，教师必须充分考虑学生的认知结构，呈现一些能够被同化或顺应的知识，而不是学生从未接触过的知识或看起来比较有逻辑顺序的内容但不符合学生认知顺序的知识。例如，在必修一溴碘的提取的学习中，对于溴碘及其化合物的性质就不应该通过类比氯及其化合物的性质得到，因为此时的学生并没有具备完善的类比能力，也没有学过元素周期律，并不知道卤族元素的相似性。又如，在化学用语的教学中，教师要按照由简单到复杂，由表及里的形式逐步地引入和教学，以与学生年龄特征和认知结构相适应。此外，教师还应该考虑知识内容的呈现方法。例如，初中化学的概念教学和化学用语教学中，可以从学生的认知方面采取分散记忆、联想记忆、多练识记等方法。

第三节　化学教学模式

教学模式就是在一定的教学思想下，围绕教学活动中的某一主题，形成相对稳定的、系统化和理论的教学范型（流程）。化学教学模式应该是在化学学科的教学思想指导下，围绕着化学教学活动中的某一主题，为达到教学目标和任务，运用一定教学策略而形成的用于化学教学实践的比较固定的教学范型。

这里主要介绍几种在化学教学中常用的教学模式。

一、建构主义教学模式

建构主义学习理论认为，学习过程应该是学生积极地自主建构知识的过程。目前，在建构主义学习理论影响下形成的教学模式主要有抛锚式教学模式、随机进入教学模式、支架式教学模式。

（一）抛锚式教学模式

抛锚式教学模式是由温比尔特认知与技术小组在约翰·布朗斯福特的领导下开发的。抛锚式教学的主要目的是“让学生处于一个真实的问题情境中，产生学习的需要，通过镶嵌式教学及与小组成员的合作交流，凭借自身的自主学习，体验从发现目标到达成目标的整个过程”[①]。

抛锚式教学中的学习和教学活动应围绕某一“锚”来设计，并且课程设计应该允许学习者对教学内容进行探索。

抛锚式教学的主要环节有：

（1）设计真实“宏观情境”的“锚”。

（2）围绕“锚”组织教学。

（3）学生自主学习与合作学习及解决问题的过程；鼓励学生自己发现解决问题的方法：收集信息、确定完成任务的子目标、利用并评价有关信息与材料、提出解决问题的假设等。

（4）“消除”具体的“锚”，即发展他们的知识迁移能力，使学生能够解决新情境（类似）的问题。这是抛锚式教学及其他建构主义教学应该注意的问题。

（5）效果评价。抛锚式教学不仅是为了让学生能够解决“锚”中的问题，而且要通过教学使学生能够自主地完成学习目标，自主地解决复杂背景中的真实问题，提高与他人合作、交流、相互评价和自我反思的能力。

抛锚式教学中，教师应从信息提供者转变为“教练”和学生的“学习伙伴”。首先，教师应鼓励学生在探究支撑物时去识别自己的问题、目的和课题。其次，教师应该了解在使用抛锚式教学背景中学生生成的问题范围，所以教师应事先经历一遍问题解决过程。最后，教师应该努力坚持不让学生过于直接地解决问题，尝试向学生提供指导，以便让学生重组问题，并将问题置于一个全新的、更为有效的问题解决的进程中。

以“常见的物质的检验”中抛锚式教学模式的应用为例：

（1）设计真实“宏观情境”的“锚”：如何设计实验鉴别混合溶液中存在的Na^+、K^+、SO_4^{2-}、Cl^-、NH_4^+？

---

① 姜文闵，韩宗礼．简明教育词典．西安：陕西人民教育出版社，1998：65.

（2）围绕“锚”组织教学：学生设计实验首先需要知道Na^+、K^+、SO_4^{2-}、Cl^-、NH_4^+的检验方法。考虑到初中学生已经熟知SO_4^{2-}、Cl^-的检验方法，但不能完整并且熟练地说出检验方法，教师提供探究实验，让学生自主探究，让学生自主归纳总结出SO_4^{2-}、Cl^-的检验方法，并且给予陈述检验方法的方法指导。对于NH_4^+的检验，则是首先提问让学生回顾知识，然后教师演示实验，发现问题，并且完善铵根离子的检验，即取待测液于试管中，滴加浓的氢氧化钠（强碱）溶液，并用酒精灯加热，若产生能使湿润的红色石蕊试纸变蓝的气体，则证明有铵根离子的存在。而对于Na^+、K^+的检验，由于学生并没有接触过焰色反应，教师则应该演示焰色反应的实验，让学生自己发现不同金属元素在灼烧时显现出不同的颜色，然后引导学生说出钠元素和钾元素灼烧时的颜色，并强调焰色反应的实验操作。

（3）学生自主学习与合作学习及解决问题的过程：根据（2）教师组织的教学活动，学生开展实验探究，合作学习及自主学习分析归纳出五种离子的检验方法。

（4）“消除”具体的“锚”。学生在学习常见离子的检验方法后，虽然能够独立陈述出五种离子的检验方法，但并不能够将这些检验方法置于实际的问题解决中，故教师需要设计问题情境，让学生学会知识的迁移。如何检验混合溶液中存在的Na^+、K^+、SO_4^{2-}、Cl^-、NH_4^+？请设计实验逐一鉴别出来。接着让学生小组合作，交流讨论设计出检验方案。

（5）效果评价。教师收集学生方案放于投影仪展示，让其他学生对方案进行评价，判断方案的合理与否。并总结，设计实验进行离子检验时，遵循不引入干扰离子的原则，否则影响实验的检测结果。

（二）随机进入教学模式

随机进入化学教学的理论依据是美国学者斯皮罗等提出的“认知弹性理论”（cognitive flexibility theory），认知弹性是指学生可以随意通过不同渠道、不同方法学习同样的教学内容，从而获得对同一事物或同一问题的不同角度的认识与理解。该理论的目的即为提高学生对知识的理解和迁移能力，它强调教师既要提供给学生理解知识所需的基础，又要给学生相对自由宽阔的知识建构空间。随机访问教学，是指在教学中避免抽象地谈概念的一般应用，而是要把概念具体到一定的实例中，并与具体情境联系起来。随机进入化学教学由以下五个环节组成。

1. 创设情境

创设当前学习主题所依托的情境，激发学生的学习兴趣和探索动机，引起学生的认知冲突，唤起求知欲望，使学生明确认知目标，启发学生发现和提出问题，为引导学生随机进入化学教学做好准备①。创设化学教学情境的常用方式有以图片、实物模型带入真实情景，利用现代教育技术如录像带、投影仪、VCD 等手段创设问题情景，利用课

① 陈建荣. 化学课“情景教学”的问题与反思. 化学教学，2007，(6)：18-20.

堂小实验创设问题情境，介绍化学史创设问题情境等。

2. 随机进入学习

学生根据教师当前提供的不同侧面相关联的问题情境，结合自身所选择的角度和方式，置身于认知弹性超文本环境随机进入学习。在此过程中，教师要把学习的主动权和监控权逐步交给学生，发展他们的自主学习能力和反思判断能力。例如，教师在开展“金属钠的性质”内容的教学时，给学生演示观察钠在水中反应的实验现象，引导开展随机进入教学，学生从物质的状态、能量、性质等不同方面，以不同途径、不同方式进入主题内容，自主地获得不同的结论：“钠放入水里浮在水面，说明钠的密度比水小”、“钠与水反应立即熔化成光亮的小球，说明反应放热，钠的熔点低”、“钠球在水面四处游动，说明有气体产生并推动钠球游动”、“钠球很快与水反应并消失，可以看出反应非常剧烈”等，从而促使学生的高级学习产生连贯性与类推性，有助于学生对同一概念的多维度理解，达到对金属钠的性质内容较全面而又深入的掌握。

3. 思维发展训练

在复杂的学习情境中，教师要把握学生的思维特点，引导学生从不同角度对同一个问题进行逐步深化的推理假设，培养他们的发散思维能力，使学生借助原有的认知结构，形成问题的不同解决思路和答案。同时教师应适时创设师生互动空间，对学生的认知活动做出必要的控制、反馈和调节。例如，在有关炼铁的教学中，可以引导学生从以下不同角度切入思考。①历史角度：人类早在6000年前就开始利用铁，2000年前人类发明了从矿石里冶炼铁的方法，那么人类最早利用的单质铁与现代生活中的铁制品的来源相同吗？②化学分析的角度：生铁中含有哪些元素？不同的元素质量分数对铁的硬度、熔点等物理性质、化学性质有什么影响？③地矿、冶金的角度：工业上冶炼铁的原料是什么？冶炼场地、工具、设备是什么，有什么要求，冶炼过程所需的温度、化学反应原理是什么？④环保的角度：工业上冶炼铁的最终副产物是什么，该如何处理？⑤艺术审美的角度：生铁硬而脆，可铸不可锻吗？学生通过对问题的不同看法和了解，全面而深刻地掌握炼铁的有关化学方程式，及其在高温下用还原剂（CO）从铁矿石中把铁还原出来的原理等有关方面的知识。

4. 小组协作学习

根据美国心理学家加德纳的多元智能理论观点，每个学生都有自己的智力强项，如在化学学习中，有的学生擅长记忆概念原理知识。有的具有较强的观察分析推理能力。有的偏向于自我认知探索反省能力。有的则在动手实验操作方面突出等，可谓各有所长。小组协作学习，可以让每个学生有机会各施其能，扬长避短，体验多元思维，让每一位学生的个人学习成果与小组成员交流共享，在各自的小组中做出贡献，形成一个相互尊重、相互促进的学习共同体（learning community）。例如，为了保证小组成员异质互补，教学中可以采取混合编组形式将 5～8 名各具特色的学生组织起来编为一组，并给每组一个口号或标志，激发小组成员对所在小组的归属感，增强小组凝聚力。学习中，让组内成员各承担一部分学习任务，并在组内选出一名组长负责学习活动分工、维持良好的学习氛围、汇报学习结果等任务。

5. 学习效果评价

学习效果评价包括自我评价、小组评价和教师评价三种评价方式。评价内容包括学习态度、与队友合作意识、讨论交流表达能力、任务完成情况、对小组所做出的贡献。评价等级设置：A-典范、B-较好、C-一般、D-合格。开展多渠道和多样化的评价方式，一方面可以使教师反思教学过程和效果，从而采取措施提高教学质量；另一方面让学习者在评价中看到自己的进步和不足，以此促进学生的自我监督、调节和提高。

与传统的化学教学模式相比，随机进入化学教学更符合我国化学新课程教学的要求。这种教学强调以学生为中心，把学生作为知识的主动建构者，将掌握基础知识和基本技能作为学生发展的支撑点，培养学生的科学素养和探究能力。

（三）支架式教学模式

20 世纪 30 年代，苏联心理学家维果茨基（Lev Vygotsky，1896～1934）创造性地提出了最近发展区概念，即“儿童的实际发展水平与可能达到的发展水平存在一定的差距。儿童的实际发展水平就是儿童在独立解决问题时所达到的或可能达到的，最高发展水平则是在他人指导或合作的情况下解决问题时所达到的”。对最近发展区的不同解读孕育了不同形态的教学模式，如支架式教学模式。

支架式教学模式主要由以下五个环节组成：

（1）进入情境。将学生引入一定的问题情境。

（2）搭脚手架。围绕学习主题，按“最近发展区”的要求建立一系列的概念框架。

（3）独立探索。在学生进行独立探索之前，教师首先要进行启发，引导学生自己分析，在探索过程中提供合适的帮助，让学生能够逐渐提升自己。

（4）协作学习。按学生的学习能力、化学学习的基础、兴趣爱好、性格特征等方面异质分组进行小组协商、讨论。通过讨论与交流，使合作成员之间的不同意见达成一致，然后在共享合作小组的成果的基础上达到对该概念比较全面正确的理解，完成对所学知识的意义建构。

（5）效果评价。对学习效果的评价包括学生个人的自我评价和学习小组对个人的学习评价。其中评价内容包括学生的自主学习能力、每个学生的贡献及知识意义建构的程度。

要为学生设计和提供适时适当的脚手架，必须对教学任务进行详细的分析，尤其对学生的学情即实际的发展水平和潜在的发展水平作出准确的分析评估，对学生在学习过程中可能在什么细节会碰到哪些困难要有充分的预测，这是搭脚手架的依据。

现以《氯气的性质》一课进行说明。

1. 学习任务分析

学生在初中自然科学已经学习过氧气、氢气、碳、水、一氧化碳和二氧化碳等一些元素化合物知识，但对氯气及其化合物知识比较陌生。而且这一节课标要求了解从海水中获取氯气的基本原理和方法，理解实验室用浓盐酸和二氧化锰制取氯气的原理，初步掌握氯气的重要性质，认识氯及其化合物在生产和生活中的重要应用。

2. 学习能力分析

学生具有初步观察能力、归纳能力、推理能力、分析比较能力、动手实验能力。

3. 创设情境，搭脚手架

"氯气的生产原理"可通过创设问题情景→学生发现和提出问题→教师引导学生设计解决问题的方案→学生实施探究方案→总结归纳、形成结论的思路组织教学。

1）创设问题情景

给学生讲一则故事：1771～1774 年，舍勒对软锰矿（二氧化锰）与盐酸的反应进行研究，确定软锰矿是一种新金属的氧化物。在研究这种矿物时，他发现软锰矿不溶于稀硫酸和稀硝酸，却能溶于盐酸，并立即冒出一种令人窒息的黄绿色气体，和加热王水时所产生的气体相像，使人"肺部极为难受"，他用这种气体做了许多实验，发现它微溶于水;使水略微带有酸味并且有漂白作用，能使蓝色试纸几乎变白，又能漂白有色花朵和绿叶，在其中昆虫会立刻死去；能腐蚀金属；火也立即熄灭。接着给学生放一段氯碱工业生产车间录像，学生看到食盐晾晒、精制、离子交换膜法电解食盐水装置等。

2）学生发现和提出问题

通过上述的听和看，学生用 3 分钟左右的时间交流讨论并能发现和提出问题：①舍勒发现了怎样的一种气体？这种气体能与哪些物质发生反应？人类如何从海水中获得这种气体？②工厂以氯化钠为原料生产这种气体，还能得到什么产品？③生产这种气体应注意哪些问题？④既然这种气体吸入体内使肺部极为难受，工业上为何还要生产，人类应用这种气体能生产哪些产品？

3）教师引导学生设计解决问题的方案

教师通过复习电解水的实验（图 2-5），搭"支架"。①电解水用什么电（直流、交流）？②A、B 两管中分别产生什么气体？③你知道与电源正、负两极相连的铂丝分别称为什么极吗？学生复习回忆后，提出用电解饱和食盐水法模仿化工生产，并设计实验方案（图 2-6）。

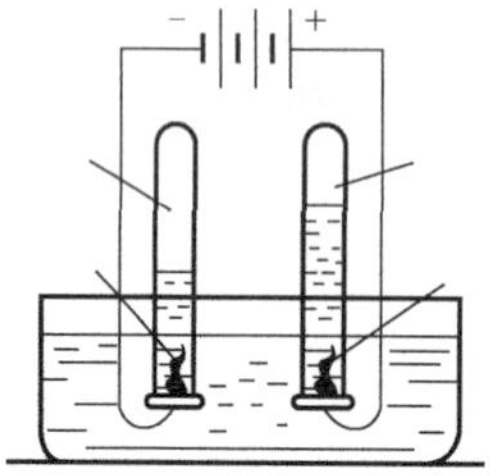

图 2-5　电解水装置图

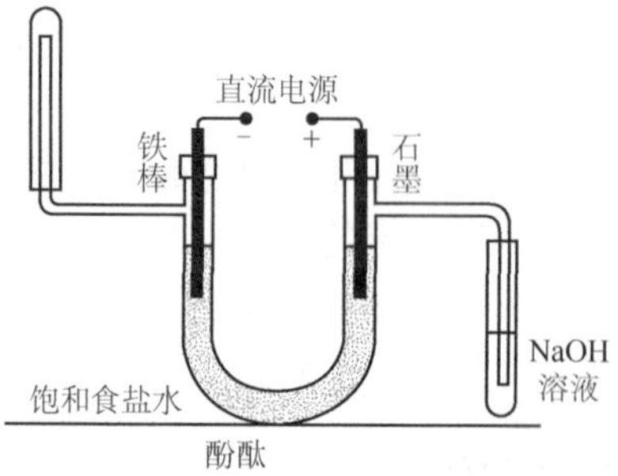

图 2-6　电解饱和食盐水装置图

4）学生实施探究方案

通过实验学生不难发现阴极铁棒有无色气体产生，并通过验证为氢气；当滴入酚酞时又变红，说明有碱生成；阳极石墨棒附近有黄绿色气体生成，而且能使湿润的淀粉碘化钾试纸变蓝，经过查资料认为是氯气，可以推测发生反应的化学方程式为

$$2NaCl+2H_2O — 2NaOH+Cl_2\uparrow+H_2\uparrow$$

5）总结归纳、形成结论

在直流电源工作时，电子从电源的负极流出，电解前，电解质首先电离，产生自由移动的离子，通电后，阳离子向阴极移动，阴离子向阳极移动。阳离子在阴极得到电子，发生还原反应，阴离子在阳极失去电子，发生氧化反应。

这样通过教师搭建“支架”和学生攀爬“支架”激发学生潜在发展水平，教给学生能借助已有的知识去获取知识。

二、启发式教学模式

启发式教学模式是一种以启发教学思想为指导，凸显学生主体性，促进学生积极思考，提高学生学习能力的教学策略体系。启发式教学思想发端于我国古代伟大的教育家孔子。早在 2500 年前，孔子就指出“不愤不启，不悱不发。举一隅不以三隅反，则不复也”，说的就是教师要待机施教，学生不到苦思冥想而想不出来时，不要去开导和启发他。用今天的教育观点来说，即启发式教学体现“外因通过内因作用”的哲学思想，强调的是提高学习者的主体意识、主体认知能力的重要性。

刘知新提出了启发式教学模式的基本程序①：

(1) 提出学习的课题。使学生了解学习目标、激励学习动机；让学生知道学习什么，做哪些准备等。

(2) 探索解疑，认识学习主题。借助提问题、做实验或提供有关信息和数据，激发学生生疑、议论、研讨、解疑，逐步认识学习的主题。

(3) 整理归纳，订正完整。组织、引导学生从探讨中得出科学结论，经过教师的启发讲解，让学生进一步明确有关命题的含义。

(4) 运用练习，迁移发展。结合即时练习，使学生运用习得的知识和技能，解决新问题，认识有关结论的价值及应用；通过口头、文字或形体（操作）的联系活动，使学生达到认识的深化及情意的发展。

三、探究教学模式

探究教学的基本模式是指探究活动展开的时间流程及其结构。

(一) 杜威的“做中学”教学模式

杜威“做中学”教学模式以杜威的教育思想为理论基础。杜威认为，人与自然及社

① 刘知新. 化学教学系统论. 南宁：广西教育出版社，1996：245.

会的交互作用中获得的经验就是知识，只有当人真正与环境相互作用时，人才获得真知，因此他在教学中强调“做中学”。杜威认为“思维起于疑难”，即人们绝不是为思维而思维，而是在适应生活的情境中发现疑难，从而引起思维。

杜威的“做中学”教学模式由以下五个环节组成：

（1）真实情境。教师给学生一种和实际生活有联系的情境。情境一定要尽量真实，贴近生活，尽量模拟社会。同时，要给予一些暗示，使儿童在暗示中有兴趣去了解某个问题，以便获得为实现生活所需的经验。

（2）确定问题。当情境与学生过去已获得的经验不一致而发生冲突时，就形成了疑难情境，由此产生了疑惑，即一个亟需解决的问题，此时要让学生产生强烈的解决问题的欲望，处于欲罢不能的境地。

（3）提出假设。教师要为学生提供一些解决问题的必要资料，以让学生能够据此提出合理的假设。

（4）推理。根据假设进一步考究事实，整理和列出解决问题的方案、办法。

（5）验证。按照确定的方案，验证解决问题的想法，看它是否有效。

现以《煤的综合利用　苯》一课为例，进行说明：

教师首先讲述苯的发现历史，然后讲述法拉第对苯的探究实验及探究发现：苯略带杏仁味，放在冰水中冷却到零度时，就会结晶变成固体，微溶于水，易溶于油、醚和醇中；接着让学生根据教师提供的信息对苯的物理性质进行总结；再提供法拉第探究苯的分子组成的实验，让学生根据实验结果进行相关计算，自主得出苯的分子式；然后让学生根据苯的分子组成写出苯的可能结构，并让学生初步对写出来的可能结构进行评价，排除一些不稳定的结构。再让学生进行讨论，设计实验，验证自己的猜想是否正确，最后开展探究实验：①苯与溴水反应；②苯与酸性高锰酸钾的反应，使得学生根据实验结果对自己对苯的结构的猜测给予否定；③得出苯的分子结构；④继续探究实验，对苯的化学性质进行学习。

（二）布鲁纳的发现教学模式

发现教学模式以布鲁纳教学思想为基础，布鲁纳认为“认识是一个过程而不是一件产品”。认识主体在认识过程中必须具有积极的意义，而非消极、被动地去认识，若学生要将知识转化为自己的知识，必须亲自去“发现”。布鲁纳认为，教学过程就是在教师引导下学生的发现过程。而学生要利用教师或教材提供的信息资料，主动地进行思考、探究和发现事物。

发现教学模式主要的教学环节如下：

（1）提出问题。这里所说的问题，可以从学科本身引出，也可以从社会生活中引出，可以是教师提出，也可以是学生自己提出的。在问题引出时，教师可以运用多种方法，包括讲解、演示实验或图例，尽可能精彩生动，以造成吸引学生的悬念，激发学生的好奇心，让学生有跃跃欲试的心态。

（2）提出假设。将确定的问题分解成几个具体的小问题，并充分利用给定的材料，提出解决问题的各种假设。假设是科学发现的基础，因而提出假设是一个关键的步骤。

在课堂教学中，一要充分调动学生的直觉思维，允许有各种猜测想象；二要指导学生明确其中的因果关系，并以此为契机强调逻辑推理。

（3）分析、整理。让学生收集和整理有关资料，并进行去伪存真的加工，从中引出应有的结论，即根据学生的“自我发现”，提取一般的原理或概念。

（4）评价、验证。将已抽象化的原理或概念应用到新的情境中，解释新的现象，并依此来证实结论，最后使问题得到解决。

四、非指导性教学模式

“非指导性教学模式”是以罗杰斯的人本主义心理观和学习观为基础的。罗杰斯的人本主义心理观可概述为三个方面：情感和认知的整体观，以“自我”为核心构件的个性观，强调人类直觉与创造性地“超感”观。它强调知、情合一，强调人的“自我”意识，强调直觉能力和创造能力。非指导性教学模式强调以学生的经验为中心，提倡让学生自发地、主动地学习。

罗杰斯指出，非指导性教学具有一个时间上的序列，他把这种序列分为三个阶段：

（1）创设情景。教师创设一种彼此可接受气氛，让学生得以无拘无束地交流自己的想法。

（2）提出问题。教师对学生提出的各种问题进行接纳和澄清，让学生进行小组讨论而决定共同感兴趣的问题，进而确定教学目标。若学生提出的问题含糊不清，教师则负责将它引导到小组共同的问题上。

（3）提供资源，共同探索。在学生确定好教学目标后，教师提供可利用的学习资源，鼓励学生主动表达积极的情感，并且乐于倾听他人意见，认真参与小组讨论，共同探索问题。

第四节　化学教学方法

化学教学方法是指化学教师和学生在教学过程中，为达到教学目的和完成教学任务，在教学原则指导下采用的一系列活动方式、步骤、手段和技术的总称。

一、教学方法的分类和特点

（一）教学方法的分类

对于教学方法的认识，大家各不相同，因而在现有的教学法期刊或书籍中常把不同类型、不同层次的教学方法混淆在一起。

对众多教学方法进行科学合理的分类，建立起教学方法的次序和系统，有助于理解各种教学方法的功能及特点，掌握它们各自使用的范围和条件，从而能够在教学实践中有效地优选与应用各种教学方法，提高化学教学质量。但由于教学方法本身具有多样性和复杂性的特点，分类标准和依据也是多种多样的。

孙宏安在 1994 年第四期《教育科学》杂志上提出教学方法由教学条件到教学目的可以分为三个层次：实现教学目的的总的方法，包括实现教学目的的所有环节；在课程确定之后采用的教学方法；课堂教学的具体方法。

本书则主要介绍课堂教学常用的基本方法。

（二）教学方法的特点

学习和研究教学方法，必须理解其内涵、了解其特征、把握其方向，一般认为教学方法具有如下几个基本特点。

（1）耦合性。每一种教学方法都是师生相互作用、共同活动的途径，是由教师教和学生学耦合而成的，具有双边性。

（2）科学性。教学方法的科学性是指任何教学方法的确立和选择必须遵循一定的教学规律和学生身心发展规律，以科学的方法论作指导，以教育学、心理学理论为基础。另外，教学方法体系本身也具有科学性。

（3）多样性。教学方法多种多样，不同的教学内容、教学目的、教学条件需要不同的教学方法。不同的教育工作者根据其教学实践、教学观念提出的教学方法也不同。

（4）综合性。一般来说，每堂课的教学都需采用多种教学方法，实践证明，只有综合地应用多种教学方法，才能全面地完成教学任务，达成良好的教学效果。

（5）继承性。当代的教学方法不是从零开始的，而是在借鉴和吸收古今中外过去的教育思想和教学方法的基础上兴盛起来的，具有历史继承性。

（6）发展性。教学方法和世间一切事物一样都是发展变化的，它将随着时代的进步、教育观念的更新、实践经验的丰富而逐步发展。

（7）艺术性。教师不能把某种教学方法当作不变的数学公式在教学实践中完全套用，而应根据具体的条件，灵活地、艺术地应用各种教学方法，并对其进行适当的再创造。

二、常用的化学教学方法

（一）讲授法

讲授法是以化学教学内容的某种主题为中心，有组织有系统地运用口头语言向学生传授知识、促进学生智力发展的方法。讲授法在实际教学中很难截然分开，其他各种方法都要与它结合使用。

根据教材内容和学生认知发展水平的不同，讲授法的运用可分为讲述法、讲解法和讲演法三种形式。①讲述法。教师运用口头语言向学生讲述化学史实，描述物质的性质、反应的现象，介绍重要物质在国民经济及日常生活中的应用等教学内容，从而使学生具备丰富的化学事实、现象的感性认识，为进一步经过逻辑推理上升到化学的基本概念和理论做好准备。②讲解法。教师运用口头语言，通过分析、综合、归纳、演绎、比较、类比等逻辑方法，向学生解释和论证化学现象的本质，解释化学概念及原理，使学生理解化学现象的本质，掌握化学概念和原理。讲述法和讲解法在各个年级均可使用，是讲授法教学的主要形式。③讲演法。教师运用口头语言，不仅描述化学事实，而且加以深入分析和论证，从而得出科学结论。讲演法所需时间较长，要求学生做比较详细的笔记，适用于高年级。

运用讲授法，教师必须掌握下列基本条件：①教师要熟悉并掌握化学课程标准及教材内容，保证讲授内容的系统性、科学性和思想性。②讲授要条理清楚，层次分明，重点突出。注意把教师的语言逻辑与学生理解问题的认识顺序相结合，使学生在重难点、疑难等关键问题上能够得到透彻理解，获得正确而扎实的化学基础。③教师课堂语言水平的要求是既要有书面语言的准确，又要有口头语言的通俗易懂；既要深入浅出、生动形象、富有感染力，又要注意语音语调的变化，抑扬顿挫，适当运用体态语言，使教学语言富有感染力，激发学生学习的情绪；同时讲究说话态度和方式，给学生以积极影响，以增强学生的自尊心和自信心。④讲授法中最重要的条件是要贯彻启发式教学思想，以激起学生的求知欲，激发学生积极思维，因此教师要善于运用引导语、商讨语、设问句创设问题情境，激发学生学习动机，使学生主动地与教师的语言逻辑、思维路线合拍。

（二）谈话法

谈话法是教师在学生已有知识经验的基础上，依据化学教学目的和教材内容重、难点提出问题，引导学生经过积极思考，随所提问题得到正确的结论，从而获得知识、发展智力的一种教学方法。其主要特点是师生在信息双向交流的过程中，根据反馈信息及时调整和改善教与学的活动；同时，在回答问题时，学生要运用已有化学知识和经验进行积极思考，弄清问题，获取知识，因而这一过程既是学生融会贯通地掌握知识的过程，又是发展学生思维能力和表达能力的过程。

运用谈话法进行化学教学应该具备以下几个基本条件，才能获得较好的教学效果：①学生必须具备一定的化学基础知识和实际经验，否则师生之间的谈话就很难进行。②教师要做好充分的准备，在备课时就应拟出提问的提纲，对谈话所需要的时间、学生顺利回答所需要的帮助等都要做好充分的准备。③教师提问的内容和方式对谈话法能否取得预期效果起着重要作用。要把问题集中在重点内容和关键性问题上，所提问题要明确、具体，难易适度且富有启发性。对于难度较大的问题，可以设计成一组有逻辑联系的几个小问题，这样既可以降低问题的难度，又可树立学生思考和回答问题的自信。④教师的提问应面向全班学生，并留出一定的思考时间，让全体学生都积极思考，然后针对问题的性质和难易程度，选择知识能力水平相适应的学生回答。⑤教师要做好总结工作，对学生的回答做出科学而中肯的评价，并纠正学生答案中及思维方法上的缺陷，得出正确的结论，使学生获得系统的知识并掌握正确的思维方法。

（三）讨论法

讨论法是在教师指导下，学生围绕化学教学内容中的某一中心问题发表自己的意见，进行相互学习的一种教学方法。这种方法的主要特点是以学生自己的活动为主，全班或小组的每一个学生都有自由发表见解的机会。学生既要准备自己的发言，又要积极听取他人的发言，教师则以“导演”的身份组织学生的讨论。与讲授法、谈话法相比，讨论法是集体成员间的多向信息交流，能更好地发挥学生学习的积极主动性，通过集思广益，加深对知识的理解，培养并提高学生的独立思考能力、阅读能力和语言表达能力。

运用讨论法进行化学教学应具备以下几个基本条件，才能取得较好的教学效果：①学生要具备一定的基础知识和独立思考的能力，所以讨论法一般在高年级运用较多，而且讨论法通常是与其他教学方法配合使用的。②讨论法一般在讲授、谈话、参观、实验的过程中或这些活动之后，教师组织学生就其中的某一中心问题或疑难问题进行讨论。在讨论过程中教师应注意引导学生讨论的方向，鼓励学生能够主动发言，各抒己见。③教师要注意在讨论结束时做好总结工作，使得讨论的知识内容系统化、科学化。

（四）阅读指导法

阅读指导法是教师指导学生通过阅读化学教材和参考书独立获取知识、发展智力的一种教学方法，是培养学生自学能力的一种好方法。

阅读能力是自学能力的基础。由于阅读是由多种心理因素组成的复杂智力活动，包含感觉、直觉、思维、记忆和语言等，所以阅读能力是观察、思维、记忆和语言能力之综合。有经验的教师很多都是从指导阅读、培养学生的阅读能力上抓起的。因此，让学生认识到认真阅读的重要性，培养他们浓厚的阅读兴趣与良好的阅读习惯，教给他们正确的阅读方法乃提高学生阅读质量的关键：引导学生课前阅读化学教材的方法。①指导学生了解本章节所需要讨论的问题，阅读教材，在不懂的地方做上记号，以使上课变得有目标。②指导学生进行课堂阅读的方法。对不同层次的学生提出不同的阅读要求。③指导学生课后阅读的方法。课后要及时地结合教师在课堂上所讲的内容阅读有关课文，然后完成作业。阅读时要让学生进行分析和思考，划出重点、理出脉络，列成提纲或综合表解，形成自己的知识结构，做到举一反三，灵活运用。④指导学生阅读不同类型的教学内容方法。教师要指导学生学会有区别地阅读不同类型教材的方法，以提高自己阅读的速度和质量。例如，在阅读与元素化合物知识有关的内容时，让学生学会联系实验现象，掌握化学变化的规律，学会根据物质的结构与性质、制法、用途的内在联系掌握元素化合物知识，学会从分析物质的结构入手，比较不同物质性质的异同，归纳共性，突出个性，形成系统化、结构化的知识。又如，在阅读化学基本概念和理论等比较抽象的有关内容时，要让学生学会联系产生这些概念、理论的化学反应现象、化学事实，运用逻辑推理的各种方法进行思考，掌握概念或理论的本质内涵，然后，学会运用这些概念理论解释一些化学现象或问题，从而加深对化学概念或理论的理解和掌握。⑤指导学生阅读参考书。在正常教学班中，学生存在着差异性，而教学目标的深度是根据学生的实际情况设定的，因而势必会出现学习能力较好的学生“吃不饱”的现象。因此，中学生可以尝试看一些参考书，一方面可巩固、加深课内的学习，扩大知识面，另一方面则可以进一步提高阅读能力，培养阅读兴趣。首先，教会学生选择能扩大知识面而又适合他们认识水平的参考书。其次，教给学生独立阅读参考书的方法，要有明确的目的，按一定计划专心致志地阅读。在阅读过程中要善于抓住重点和中心，并坚持写读书笔记以加深理解和记忆。

（五）演示法

演示法是指化学教师向学生展示实物、标本、模型、挂图等而进行教学的一种方法。运用演示法，要注意以下几点：

（1）在演示之前，教师需要做好充分准备，如做准备实验、检查教具或电化教学器械性能等。

（2）在演示过程中，要引导学生观察事物主要特征及事物之间的联系，学会观察方法，提高观察能力。

（3）演示实验的操作要规范，现象要明显。展示的实物标本、模型等要能反映事物的本质特征。挂图、图形要正确、醒目、层次分明。幻灯、电影要展示客观事物发展变化的过程，使事物由静态变为动态，使抽象的理论具体化。

（4）演示法要和讲授法、谈话法、讨论法相结合。在观察演示的基础上，通过教师不失时机讲授，师生之间问答或学生之间讨论，让学生由对事物外部表象的感性认识上升到内在理性认识，形成概念，抓住事物本质。

（六）实验法

实验法是学生在教师的指导下，用一定的化学仪器、设备、药品、材料进行独立的实验操作活动，并通过观察与思维活动获取知识或验证知识，培养实验操作技能和技巧的教学方法。实验法的主要形式有学生实验、边讲边实验和设计实验等。

实验法是体现化学学科特征、组织学生参加化学实践活动的基本方法，也是激发学生学习化学的兴趣，培养实验操作能力的基本途径，应该给予特别的重视。

（七）练习法

练习法是指在教师的指导下，学生把已学过的化学知识技能运用于解决化学问题活动中，巩固及深化已学过的知识技能，培养学生能力的一种方法。在化学教学中，一些重要的化学基本概念、基础理论、化学计算和化学实验操作等，均需要有计划地加强联系，才能达到巩固知识、训练技能、发展智能和培养能力的目的。练习不仅有助于培养学生把所学知识运用于新问题情境的迁移能力、分析问题及解决问题的能力，而且可以发展学生的创造能力和工作才干，培养对工作认真负责和勇于克服困难的良好品质。

在化学教学中的练习分为口头练习、书面练习和操作练习三种主要的形式。①口头练习。在口头练习中，教师所提问题应富有启发性，不提问那些“是”与“不是”的问题，此外也应该注意训练学生的口头表达能力，要求学生清晰、准确地回答问题。②书面练习。书面练习的应用比较广泛，为了提高课堂书面练习的效果，通常采用选择题、填空题、计算题等一些书写量较少的题目。为了训练学生组织问题、论述问题和文字表达能力，可以适当布置学生写化学小论文。③操作练习。操作练习主要是让学生动手做化学实验或组装化学模型等，其目的是培养学生实验操作能力。

在化学教学中，练习法通常与讲授法相结合，体现出“讲练结合”的特点。虽然反复训练可以促使学生的认识得以深化，但是练习内容必须精心设计和组织，决不能搞成“题海战术”，以免给学生造成过重的课业负担，影响学生的身心健康和个性的全面发展。

（八）参观法

参观法是指教师根据教学目的，组织学生到化工厂、博物馆或大自然中的野外场所去观察研究实际事物的现象和过程，以获取实际知识的教学方法。运用参观法应注意以下几个方面：

（1）教师需要从分析课程标准和教学内容过程中，确定参观目的及要求，选好参观地点，做好联系工作，制订出参观的计划，包括参观的具体要求、观察的终点和步骤程序、参观时的注意事项等。

（2）做好参观前的准备工作。如向学生公布参观计划，介绍参观的步骤，指导学生复习有关的理论知识，提醒做好参观记录等，让学生做好知识准备和思想准备。

（3）做好参观时的组织指导工作。在参观时要让学生遵守纪律，认真听取讲解人员的讲解，并随时做好记录，保证学生安全、有序地参观。

（4）做好参观后的总结工作。参观后教师需要组织学生整理记录的材料并及时提供帮助，接着在课堂上进行讨论，总结参观后的收获和体会。在讨论的基础上写出书面总结或在班级墙报上交流刊出、巩固效果、扩大影响等。

三、化学教学方法的选择和优化

俗话说“教无定法，贵在得法”。选择教学方法时要根据特定的教学任务、教学内容、师生特点、物质条件等，对各种方法进行比较分析，选择最合适的方法体系或多种教学方法的合理组合。

在选择化学教学方法时要遵循以下基本要求。

（一）要符合学科特征

符合学科特征是选择教学方法的最基本要求，把握学科的基本特征，如对于化学以实验为基础的特点，化学教学中可以有意识地运用实验法。

除此之外，教学内容也有不同的特点，如对理论性强的基本原理内容，可以采用讲授和启发的方式，并将类比、归纳、演绎等逻辑方法穿插其中；对一些有关元素化合物的事实性知识，可通过实验演示、实物模型展示等直观手段，并配以表格归纳、比较、联系等形式强化记忆；对化学实验课的教学内容，则是讲授法、演示法、练习法、讨论法等方法的组合运用。对化学计算的要求较高，因此需要系统地讲解，加以逻辑方法、问题解决方法、练习法等。

（二）要考虑教学目标

化学教学方法服务于实现化学教学目标。化学教学目标对化学基础知识技能、学生的能力记忆态度各方面都有一个总的要求。但是，只有把化学教学目标分解成由一个单元、一个课时的具体要求而构成的可操作的化学教学目标，才能选择和应用相应的教学方法。教学目标包括知识与技能、过程与方法、情感态度与价值观等各个方面，每一方面的目标都应该有与之相关的教学方法（关于教学目标和教学方法的关系如表 2-1 所示）。

表 2-1 教学目标与教学方法的关系

教学目标 教学方法	记忆事实	记忆概念	记忆程序	记忆原理	运用概念	运用程序	运用原理	发现概念	发现程序	发现原理
讲授	一般	最好	不定	最好	最好	不定	较好	较好	不定	较好
演示	最好	不定	不定	不定	不定	最好	不定	不定	最好	不定
谈话	一般	最好	较好	最好	最好	不定	较好	较好	不定	较好
讨论	较好	一般	一般	较好	最好	较好	最好	不定	一般	较好
练习	不定	较好	最好	最好	较好	最好	较好	一般	不定	一般
实验	最好	一般	较好	不定	一般	最好	较好	较好	不定	最好

（三）要考虑学生实际

根据学生的年龄特征、知识基础、认知能力发展的实际水平确定教学方法是化学教学的重要原则，因为学生身心发展的实际状况和水平决定了他们对某种教学方法的适应能力。教师可以通过心理学和教育学对青少年智力发展的研究成果了解学生身心发展的实际状况与水平。例如，初中阶段的学生化学知识基础比较薄弱，实验操作技能较差，经验型的抽象思维能力占优势，自我评价的能力也较差。因此，在化学教学中要充分运用演示法和实验法，给学生提供丰富感性经验，提高学生的实验操作技能；教师由浅入深系统讲授与学生操作联系仍然是化学教学的主导方法。进入高中以后，学生的逻辑思维发展趋于初步定型或成熟，基本上达到了理论型抽象思维的水平，他们能够比较自觉地运用理论指导来分析和综合各种事实材料，用批判的眼光审视周围事物，此时就可以更多地采用讨论法、演示法、实验法。此外，对于整体化学成绩较低、人多数学生缺乏学习化学兴趣的班级，应减缓教学进程，从提高学习兴趣与激发学习动力入手制订教学方法改革的整体计划，然后在不加重负担的前提下，力求通过多种方法交替运用，提高化学教学质量。

（四）要考虑教师自身教学风格

教师的业务水平、实际经验、个性特点等都是教学成功与否的关键因素。有些教学方法虽好，但是具体到某一个教师身上，若不能发挥他自身的优势，往往很难取得好的效果。例如，具备口才优势的化学教师，擅长用生动形象、逻辑清晰的语言传递化学教学信息，可以讲授法和谈话法为主，同时配合练习法、演示法、实验法等其他教学方法；精于化学实验的教师，可以用演示法、实验法充分发挥自己的特长，与此同时进行必要的讲授，并与练习法等其他教学方法相结合。个性特点不同的教师在选择教学方法时优先考虑的重点是不同的，应扬长避短，发挥个人的优势，选择与自身特点相适应的教学方法。因此，教师应该努力通过各种途径培养自身所需要的素质条件以掌握某些先进的教学方法，促进自身业务能力水平的提高和教学风格的形成。

（五）要考虑学习的物质条件

任何一种教学方法都需要一定的物质条件来支持，甚至直接取决于教学设备条件的优劣，如化学教学所需要的药品、实验仪器、幻灯机、投影器、教学电影机、录音机、计算机等。超越了现有教学设备、教学手段等物质条件的水平，选择和应用不相适宜的教学方法，必然导致教学方法原有价值的减少。因此，教师应该从学校实际条件出发，而不能一味地追求教学方法的新颖性和先进性；同时又要充分发挥自己的能动性和创造性，为自己选择的教学方法创造各种条件，如自制直观教具、实验器材及其代用品，改进部分化学实验等。

（六）要遵守学校统一的教学进度安排

不同的化学教学方法完成相同的教学任务所需要的时间往往不同。因此，教学方法的选用在一定程度上受到教学进度和课时的制约。例如，讲授法和演示法所用的教学实践时间较短，而相对自由的谈话法、讨论法所需要的时间较长。应该对具体课题内容、教学目标层次、教学进度和可以使用的教学时间进行综合考虑，选择与之相适应的教学方法。

（七）要把多种教学方法优化组合灵活运用

各种教学方法的特点各不相同，而且优缺点也各不同，所以各自的使用范围存在差异。例如，讲授法可以在较短的时间内传授大量的系统知识，并促进学生抽象思维的发展，但不利于学生的主动性、独立性、积极性、实践性发挥，也不利于学生技能技巧的发展；而探究法、研究性学习等，虽有利于发挥学生主体作用，并对发展学生的潜能、培养学生独立学习能力起积极作用，但也要受到很多因素的制约，如学生的思维能力、已有的知识经验、教学内容的难度及实验室条件等（各种教学方法的使用范围如表 2-2 所示[①]）。所以说，教学方法“只有更好，没有最好”。因此，需要将各种方法优化组合，

---

① 刘知新，王祖浩. 化学教学系统论. 南宁：广西教育出版社，1996：124.

互为补充，按照一定的顺序组合成具体的教学方式，才能发挥整体综合效应。这样既有利于全面发展学生的认知能力，又可以调动学生的学习积极性，全面提高化学教学质量。

表 2-2 各种教学方法的使用范围和条件比较

教学方法	讲授法	直观法	操作法	重复法	探究法	归纳法	演绎法	自学法
1.解决的教学任务	形成理论和事实性知识	发展观察力，提高对所学问题的注意	发展实际操作的技能和技巧	形成知识、技能和技巧	发展思维的独立性，培养研究技能和创造性态度	发展概括能力和进行归纳推理的能力	发展演绎推理能力和分析现象的能力	发展学习活动中的独立性，形成学习技巧
2.使用的教学内容	教材内容以理论性、信息性为主	教材内容可用直观形式表达	课题内容包括实际联系、进行实验和从事劳动	内容太复杂或很简单	内容具有中等的复杂程度（或深度）	内容在教材中是用归纳方式阐述的，或用这种方式更合理	内容在教材中是用演绎方式阐述的，或用这种方式更合理	教材适合于独立学习
3.适合的学生特征	学生有掌握语言信息的准备	直观教具能为该班学生所接受	学生有完成实际操作方面作业的准备	学生对该课题进行问题研究还无准备	学生对课题进行问题研究已有准备	学生能够进行归纳推理，但对演绎推理感到困难	学生能够进行演绎推理	学生有独立学习该课题的准备
4.教师的条件	教师掌握口述法胜于其他方法	教师拥有必要的、直观的教具，或能够自制教具	教师具备组织实际操作练习的物质设备和教学材料	教师没有时间用研究问题的方法组织教学	教师有时间用研究问题的方法组织教学，并且很好地掌握了探索教学法	教师已较好地掌握了归纳法	教师已较好地掌握了演绎法	教师已具备组织学生独立学习所需的教学材料和时间

化学教学方法是化学教师发挥聪明才智、进行创造性劳动的重要领域，是化学教学改革的活跃因素。化学教师如果能够面向不同层次的学生选择不同的但又适合他们的教学方法，则能取得较好的教学效果。

第五节 化学教学媒体

教学媒体是教学内容的载体，是教学内容的表现形式，是师生之间传递信息的工具，如书本、板书、投影仪及计算机软件、教师口头语言、图表、图像及动画等。

一、教学媒体分类

由于分类标准不同，形成了多种媒体分类方法。例如，按信息传播过程中信息流动的方向，可以分为单向传播媒体（影视、广播、幻灯、投影灯）和双向传播媒体（计算机等）；按印刷与否，可以分为印刷媒体与非印刷媒体。下面将介绍以下两种常用的分类方法。

（一）按照媒体对受信者感官的刺激及交互性分类

1. 听觉媒体

听觉媒体是指呈现听觉信息的媒体，如广播、录音、听力实验室、唱片等。

2. 视觉媒体

视觉媒体是指呈现视觉信息的媒体，如粉笔、黑板、印刷品、图片、幻灯、投影等。

3. 视听觉媒体

视听觉媒体是指呈现视听觉信息的媒体，如电影、电视、录像、激光影碟等。

4. 交互媒体

交互媒体是指使用者视、听、触觉可同时参与，可进行交互操作的媒体，如教学模拟机、教学游戏机、双向有线电视等。

5. 多媒体教学系统

多媒体教学系统是指媒体以系统的形式作用于使用者，如多媒体学习包、多媒体计算机、多媒体远程教学系统等。

（二）按照时代特点或科学技术手段分类

1. 传统教学媒体

传统教学媒体是在现代教学媒体出现之前广泛使用的教科书、黑板、粉笔、标本、模型、图表、实物和教具等。

2. 现代教学媒体

现代教学媒体是以应用电光、电声、电控等现代技术为特征的教学媒体，又称电化教学媒体。现代教学媒体由硬件和软件两部分构成，常用的硬件有幻灯、投影仪、录像放映机、激光放像机（VCD、DVD）、计算机等。软件包括幻灯片、投影片、录像带、激光视盘（VCD 片、DVD 片）、计算机课件等。

二、传统教学媒体及其在化学课堂的应用

传统化学教学媒体是指在现代化学教学媒体出现之前广泛使用的实物、实验器材和装置、模型、图表及语言、教科书、板书等。

（一）教学语言

教学语言在这里是指教师在课堂教学过程中所使用的有声语言，包括导入语、提问答问语、讲解分析语、过渡语、小结语、结课语等。

教学语言是课堂教学中很传统但也是最常用、最重要的传递教学信息的载体。即使在现代教学媒体非常发达的情况下，教学语言仍然是最重要的教学媒体。因为它是直接面对真实、多变的教学场景而要灵活运用的教学媒体。

教师的教学语言是和学生沟通、互动、传授知识的工具，也是教学基本功之一。“准确、生动、简练”的六字要求是最低也是最基本的要求，教学媒体的设计中务必要注意这一点。

（二）板书

板书是在教学过程中教师利用黑板、白板、磁性板等教学板，以精炼的文字和符号传递信息的行为方式。板书是一种重要的教学手段，是课堂教学的有机组成部分。好的板书能帮助学生理解教学内容，抓住重点，突破难点，掌握关键，增强教学效果；能帮助学生掌握教学思路，提高逻辑思维能力；能加强教学的直观性，唤起学生的注意力，增强学生的记忆力、理解力，有利于锻炼学生的笔记能力、表达能力；有利于学生课后复习和理解、巩固新课内容。

板书的布局就形式而言，常见的有中心板、二分板、三分板、四分板等形式。即将黑板分成中心板块和边缘板块或是两个、三个、四个板块来使用。从内容上讲，有正板书、副板书之分。正板书是教学内容的标题、提纲或要点，一般要求是书写工整、规范，不随意擦掉，结课时还要用。副板书是补充正板书的文字、数据、图形或提示等。副板书可随用随写随擦。

（三）标本

标本指经过挑选或加工，外观品质符合教学要求的化学实物。中学化学教学中常用的化学标本有矿石标本、重要化工产品标本、冶金产品标本、化学试剂的样品和物质的晶体标本等。一般把在空气中不易变质的较大块固体实物标本直接镶嵌在有玻璃盖的盒子里，小颗粒或粉末状的实物标本则装在特制的玻璃瓶里。把空气中易变质的实物标本密封在特制的玻璃瓶或安瓿里，便于教学时供学生观察和研究之用。

标本能使学生对化学实验的外观特征获得深刻的印象，从而提高教学质量，因此在教学中应多想办法制作教学使用的标本，例如，有的教师制作的碘标本，是把适量碘密封在安瓿里，既能够满足每位学生观察碘的某些物理性质，又使每位学生都能感受碘的升华实验。

（四）模型

化学模型是指以化学实物为原型，经加工模拟制作的仿制品，是对化学实物三维表现的构造示意品。有些实物不易得到，或因体积需要缩小或放大，都可制作模型。常见的化学模型有：①化工生产的典型设备，如炼铁高炉模型、热交换模型、氨氧化炉模型、氨合成塔内部构造示意模型和食盐水电解模型等；②化工生产流程，如接触法制硫酸简单流程模型、石油分馏示意模型、合成氨的简要流程模型等；③物质结构模型，如电子云示意模型、分子结构示意模型、晶体结构示意模型、分子的球棍模型和比例模型等。

模型能使学生认清学习对象，理解它的内部结构，特别是学生难于理解的微观粒子的内部结构。因此，根据客观的实际条件和为满足教学的需要，可以有计划地组织学生课外动手自制模型，常用的材料是聚苯乙烯泡沫塑料，这种泡沫塑料加工容易，小块材料可用锋利小刀切割，大块材料可用通电电热丝进行切割。黏合剂可用苯或甲苯，但要注意不能涂刷太多，以免溶蚀。

（五）图表

图表是指化学教学中所用的各种图和表。图是事物的形象描摹或理论关系的生动描述。常用的图有：①化学实验图，如化学实验仪器装置图、化学实验基本操作图、化学实验现象图和化学反应过程示意图等；②化工生产图，主要是典型设备构造示意图和工艺流程图，如炼铁高炉构造示意图、接触法制硫酸的简单流程图等；③物质结构图，如电子云示意图、原子结构示意图、分子结构示意图和晶体结构示意图；④物质相互关系图，如元素单质及其化合物间相互转化关系图、元素原子半径的周期性变化示意图等；⑤各种曲线图，如溶解度曲线等。

除此之外，在教学中还用到各种图片、照片和图画等。这些直观图像能对任务、环境和事物提供生动的描述，具有清晰醒目，有助于说明教材内容的特点，能加深学生的想象，增进学生了解，有利于培养学生的观察能力、形象思维能力、想象能力和科学的研究方法等。

化学用表是由线条、文字符号和数字组成的。常用的有元素周期表、物质溶解性表、各类物质性质比较表和各类数据表等。这些用表可以把复杂的教材转化成简明的要点或数据，简要地向学生揭示事物之间的关系，使学生一目了然，容易理解，便于记忆。

三、现代教学媒体及其在化学课堂的应用

（一）常见的现代化学教学媒体简介

现代化学教学媒体是以应用电光、电声、电控等现代技术为特征的教学媒体，所以又称为技术媒体、电技术媒体或电化教学媒体。

1. 实物投影仪

实物投影仪可以将文字、图片、幻灯片、投影片及三维实物教具的画面清晰、逼真地重现，满足学生学习的需要。它一般用于以下两个方面：

1）平面物体的展示

展示物为平面物体，如讲稿、幻灯片、投影片、透明片、照相底片、学生的练习、作业等，可以直接放在面板上展示，通过调节，获得清晰的、大小合适的图像。

2）立体物体和实验过程的演示

当使用较轻的立体物体或实验设备时，可在展示平台进行展示和演示。若要展示的物体和实验设备较重及化学实验试剂具有腐蚀性时，可以使实物展示台的镜头移到展示台基座的左侧，进行立体物体、实验演示的展示。若在进行有反应过程的实验时，可以把某瞬间的状态锁定在画面上，以便进行讲解，也可通过切换按钮来播放 VCD、DVD 等内容。

2. 电视和录像机

电视可以呈现声画同步、形象逼真的影像，可以对节目进行复制、转录，可随放随停，特别是它摄像方便，简便易行，所以是目前最广泛使用的电教媒体之一。通过闭路电视系统可以使一位化学教师同时进行几个班的教学，优秀教师进行大规模示范课也可用这种方式进行。

录像机是记录与重放电视图像的一种电子设备，利用摄像机和录像机，可把一些较为复杂、有危险、时间长的实验编排成录像，于课堂播放，而且可以长期使用。例如，一些容易发生错误的实验、基本操作，可以摄制正确、错误两方面操作，在课堂上进行对比强化；对于一些常识介绍，工农业上、生活中的化学知识，可选择录像或 VCD 辅助教学。例如，在进行接触法制硫酸、催化氧化制硝酸、炼铁、石油的裂解、酸雨等教学中，可选择录像或 VCD 在课堂上演示，有助于开阔学生的视野，扩大学生的知识面，激发学生的求知欲。

3. 计算机

计算机一般用于辅助教学，称为计算机辅助教学（CAI），计算机辅助教学在化学教学中主要应用于以下几个方面：

1）微观物质的模拟

微观物质的结构及其运动是人用肉眼不能观察到的，而通过语言描述比较困难，运用计算机模拟，可以转变为肉眼能观察到的直观现象，晶体结构、较复杂的分子结构、有机物的同分异构，化学反应中分子的离解、原子的结合及核外电子的运动等，借助于计算机的三维动画功能，可以对它们进行任意组合、旋转、拆分、着色、堆积、改变观察角度等操作。这样有助于突出教学重点、突破难点，有利于学生对物质结构的理解和空间想象能力的培养，方便学生由现象到本质进行科学抽象，整理得出结论。

2）化学实验的模拟

由于化学实验硬件条件的限制和化学试剂昂贵等因素，难以作为演示实验或学生实验，如黄金溶于王水、温室效应、酸雨形成等；有危险或错误实验操作引起危险系数高的实验，如稀释浓硫酸的正确操作和错误操作；实验所需时间较长的，如硫酸铜晶体的制备等都可以通过生动、逼真的计算机模拟来揭示变化的本质；模拟实验也可与某些实物实验结合，通过局部放大模拟或微观变化宏观展现来解决实物实验的不足。

3）化工生产过程的模拟

主要是结合教科书绘制各种化工生产的流程图或模拟化工生产的实验和反应器中的反应现象等，如氨的催化氧化、接触法制硫酸等。

4）程序化与个别化教学

在教学中把课堂教学的板书、录像、立体、练习、动画等内容事先编制成课件，使计算机程序化。教师在上课时运行程序，可以控制上课的进程，发挥主导性作用，启发学生的思维。另外，根据计算机人机对话的特点，学生可以对计算机提出学习问题或需要学习的内容，计算机按照程序会向学生呈现一段新教学信息，然后计算机向学生进行提问，学生在计算机上即时作答。如果回答正确，计算机将作出积极的评价，向学生呈现下一步的学习材料；如果学生回答错误，通过设计好的分支程序，根据情况为学生提供不同分支的补习内容。所设计的计算机程序的分支越多，预想的情况越丰富，就越能适应个别化教学。

4. 多媒体与计算机网络

多媒体网络教育是把计算机技术、多媒体技术、网络技术和现代教学有机结合起来的一种辅助教学手段。利用计算机多媒体网络辅助化学教学，能把文字、声音、图像、动画等传播媒体集于一体，并赋予教学信息传播的交互功能，计算机网络则能跨越时空共享教学资源，使教师和学生能随时随地地获取各种化学知识，提高教学资源的利用率。例如，在进行化学概念和原理的教学中，可以进行动画模拟，设计一个 Flash 动画，化抽象为具体，让学生能够直观地对概念进行意义建构；又如，在学习有机化学模块中，为让学生能够充分认识甲烷、乙烯、乙炔的结构，可以运用化学制图软件演示这些分子的空间结构，深化学生对抽象知识的理解。

此外，随着网络技术的迅速发展，信息可以自由地进行传播，使得教育资源能够在不同地域进行传播，这也使得发达地区和落后地区之间的教育基础和教学水平的差距逐渐变小。

5. 电子白板

电子白板是融合现代电子技术、通信技术、软件技术等多种高科技手段而研发的高科技产品。通过电磁感应原理，可以与计算机和多媒体结合，展现了传统的板书教学和多媒体技术的有效整合，实现了整个课堂的有效记录。从而便于学生的自学和教师的教学反思。

交互式电子白板类似于数码触摸屏，通过感触笔的电磁感应等技术，将使用者的操作流程转化为数字信息。通过计算机主机用投影仪投射到电子白板上，使用者只要通过对白板的控制就能实现对计算机的操作。在电子白板上，可以运行计算机上的各种程序；可以实现书写、图形绘制、重难点勾画、动画、音视频的播放等多种演示互动功能。

2010 年颁布的《国家中长期教育改革和发展规划纲要（2010～2020 年）》（简称《规划纲要》）中指出“提高教师应用信息技术水平，更新教学观念，改进教学方法，提高教学效果，增强运用信息技术分析解决问题的能力，加快全民信息技术的普及和应用”。在化学教学过程中，交互式电子白板的应用是贯彻落实《规划纲要》和改进教学方法、提高教学效果的具体措施和载体。例如，在使用多媒体书写化学离子方程式的过程非常不便，容易出现下标数字和上标电子数的错误。利用电子白板的手写功能可以克服这个缺点。利用电子笔可以直接在白板上书写，手写的离子方程式在多媒体上能够同步交互，实现习题和讲解的同步、同时、同处。又如，在习题的讲解过程中，学生和教师手里都有相应的题目，按照传统的方法，使用多媒体放映时，不能在其上书写，只能对相应的重点进行勾画。若利用黑板，教师在抄写题目的过程中，则需要花费比较长的时间；若黑板和多媒体同时使用，就出现了题目和讲解分离的情况，使学生在回顾知识时不能准确地找到题目和讲解的内容。而交互式电子白板能够很好地做到两者的统一。在备课的过程中，教师可以充分利用电子白板，先把离子的题目呈现在白板上；在讲解的过程中，可以使用电子笔在白板上书写重点、离子和相关知识点，从而达到举一反三的目的。

电子白板书写的板书可以保存于存储盘中，为后续的教学活动提供便利，也为后续教师教学反思提供支撑材料。此外，合理地利用电子白板能够提高学生上课效率，教师能够在多媒体课件上将关键知识点做重点勾画，使得学生能够充分明白本节课的重难点。电子白板还为教师和学生提供了强大的教学资源数据库，使得教师设计教学的时间大大减少，在一定程度上提高了教学效率。

（二）现代教学媒体在化学教学中的功能

现代教学媒体作为一种教学手段，主要功能为辅助教学，对教学任务的落实和学生能力的培养等有明显的促进作用。就现代教学媒体辅助化学教学而言，具有以下几个功能。

1. 增进学习效率

人们的学习和对知识的掌握是通过多种感官（眼、耳、鼻、舌、身）把外界信息传输给大脑中枢而形成的。这些感官的功能各异，其中眼最灵，耳次之。在学习中，眼、耳、脑的功能发挥得越好，学习效率就越高。现代教学媒体，可通过色彩鲜明、活泼有趣的音像画面、动画声音等，延伸眼、耳、脑等感官的学习功能，从而增进学习的效率。

2. 使抽象的、微观的知识形象化、具体化

化学是在原子、分子水平上研究物质的组成、结构、性质及其变化规律的科学。化

学概念及原理（如分子、原子、气体摩尔体积等概念，化学平衡原理等）大多数较为抽象，物质的微观结构既看不见，又摸不着，且化学变化又是在原子基础上重新组合的结果。现代教学媒体可以通过动画模拟，把抽象的概念具体化，把微观的知识形象化，把不容易观察的现象清晰化，增强感性认识，把课堂内容具体、形象、生动地展现在学生面前，使学生更好地理解、掌握知识。

3. 模拟化学实验

中学化学有一些实验是比较复杂、有危险、要求高、难以操作的。对于这些实验，不适合或无法在课堂上演示，教师可利用现代教学媒体，把这些实验的操作过程形象、具体地展示出来，使学生一目了然，避免实验的危险性、难以操作等。

4. 扩大信息量

通过现代教学媒体，特别是计算机和计算机网络，可以让学生在课堂外自己查阅资料，在有限的课堂时间内获得更多的感兴趣的知识，扩充他们的信息量，对学习起到很好的补充与拓宽作用。

5. 激发学生学习兴趣

现代教学媒体由于其生动形象的真实感和表现力，有利于激发学生学习兴趣和内部动机，引起注意，使学生在比较轻松的情境中进行学习。

（三）现代教学媒体应用于化学教学应注意的问题

现代教学媒体在教学中的作用是不容置疑的，它的强劲优势在于为学生获取知识、发展智力、提高能力开辟了更广阔的道路。但是现代教学媒体在教学中只是起“辅助”作用，所以在应用时，教师应注意以下几点。

1. 不宜代替教师

不同的学生有不同的特点，不能用同一种模式千篇一律地教学生，提倡因材施教，而且课堂教学效果的好坏与教师的上课艺术、师生间的情感交流有直接关系。如果教学媒体取代教师、黑板、粉笔，教师坐在讲台上只负责“播放”，那么师生之间的交往互动、情感分享及很多生成性课堂资源就会被忽略。计算机毕竟不是人脑，计算机不具备人所具有的感情，因此计算机不能像人一样具体问题具体分析，也不能根据学生实际情况及时调整教学方法和教学手段，故任何一种计算机都不能代替人。在教学媒体教学中，切记不能以机代人，计算机只起辅助作用，起主导作用的永远应该是教师。

2. 不宜代替全部实验

在化学教学中，实验是学生学习化学理论、掌握实验操作技能、培养严谨的科学态度必不可少的过程。课堂上的实验，凡是能做的，都应由教师演示或学生亲自操作，尽可能不用计算机模拟，这样可增加教学直观性，学生可以看到真实的实验现象，以提高学生的观察能力和分析、推理能力，并且教师正确的示范作用，有利于学生掌握实验的基本操作。计算机模拟实验，虽具有经济、不污染、不腐蚀、不爆炸等优点，但那只是模拟实验过程和现象，缺少真实性，所以计算机模拟实验不能代替教师的演示或学生实验，学生的实验操作技能是计算机培养不出来的。只有当实验难做、毒性大、危险、干扰多、正确的实验现象难以观察，才能用计算机模拟实验。

3. 注意内容的科学性

在教学媒体的教学设计中，必须考虑媒体所表现的教学内容是否准确、科学，这是有效进行教学的前提。在传统教学中，非常重视语言表达的准确性，但对现代教学媒体中模拟表达的科学性却不太注意。在运用多媒体进行教学时，既需要形象地表达某一个知识内容，在视觉上给予学生美的享受，以吸引学生的注意，激发他们学习化学的热情和兴趣，把深奥的问题简单化，又要注意媒体设计的艺术性、协调性及教学内容的科学性，不能出现知识性的错误。

4. 多种媒体的有机结合

课堂教学传递信息方式是多种多样的，如教师语言、教科书、黑板板书、挂图、标本、实验、实物投影仪、电视、计算机等，都有各自的特点、功能和局限性，一种媒体的局限性往往又可由其他媒体的优越性来补充。任何好的课件，都无法预测课堂变化，也无法调节课堂秩序，它必须是多种教学媒体（包括传统教学媒体和现代教学媒体）的有机结合，才能收到最佳效果。所以，在使用多媒体辅助教学时，要具体问题具体分析，尽可能将多种教学手段结合，发挥各自最优势的方面。

四、化学课堂教学媒体的选择

教学媒体的选择，是指在一定的教学要求和条件下，选出一种或一组适宜可行的教学媒体。不仅可为一节课的教学选择教学媒体，而且可为一个教学单元、一门课程的教学选择教学媒体。

实践证明，一种化学教学媒体既具有自己的功能，又有其局限性，这就决定了它可能只适合某些教学情境。对某一特定的学习任务和具有某种特征的学生来说，只有选择适宜有效的一种或多种教学媒体，才可能取得最佳的学习效果。选择教学媒体既要考虑制约教学媒体选择的因素，也要考虑教学媒体选择的原则。

（一）制约教学媒体选择的因素

教学媒体的选择一般受到下列因素的制约。

1. 教学目标

选择教学媒体旨在更好地完成教学任务，实现教学目标。当教学任务和教学目标不同时，对教学媒体的选择要求也就不同。对认知类的教学目标可选择印刷材料、图片、动画等教学媒体开展教学，即可收到良好的教学效果；而对于技能训练类的目标，应选用事物、仪器设备等教学媒体让学生进行训练。例如，要求学生掌握“分液”操作，那么要选择的媒体就应该是分液漏斗等相应的实验仪器，让学生亲自动手，并在学生的操作过程中加以指导，及时提供关于操作正误的准确反馈，以帮助学生掌握相应的技能；而对于情感态度、价值观类的目标，则可以选用表现手法多样、艺术性和感染力强的媒体，如用电视录像、电影、多媒体课件、影碟等教学媒体来呈现榜样及其行为选择的信息，这样的教学有可能对学生产生强大的吸引力和情感上的震撼力，有利于教学目标的实现。

2. 教师因素

教师是教学媒体的设计者、使用者，因此教师的专业素养、教学能力、管理能力、对各种教学媒体的特征和使用方法的熟练程度等因素都影响其对媒体的选择和运用。尤其是教师对教学媒体的熟练程度直接影响其对教学媒体的选择，如没有使用过计算机的教师一般不可能运用计算机来辅助教学，而化学实验技能较差的教师也常常以“讲解实验”、“计算机模拟实验”来代替动手操作、演示。国外关于教学媒体的对比研究表明“如果教师受到运用媒体的专门训练，媒体就可能得到更为有效的运用”。

3. 学习者因素

选择媒体必须考虑学生的特点。学生的年龄特征、知识背景、认知风格、学习态度等因素将会影响媒体的选用。例如，对于刚刚接触化学的初中生，应尽量借助直观性较强的媒体，如图片、模型、动画、实验，以使学生理解比较抽象的化学概念、符号。随着化学知识储备量的增加，学生对化学书面资料的阅读理解能力不断增强，一些学生能够使用阅读这一有效方法进行学习，那么此时可以适当增加印刷媒体，以满足学生的需要。此外，学生群体规模也是教师选择媒体时应该考虑的因素之一。个别辅导、小班化教学、大型讲座等不同规模的教学则应该选择不同的媒体。

4. 物质因素

物质因素一般是指硬件设施是否完备，用来制作媒体的资源是否丰富。在经济落后的地区，一些学校缺乏最基本的演示实验所用的仪器、药品，更不用说提供实验室、仪器、药品来让学生做实验了。这样的条件无疑严重限制了有关教学媒体的选择。与此相反，一些条件好的学校，它们的硬件设施比较完备，教师选择教学媒体的余地则比较大。

除了上述各因素以外，时间因素、经济因素等也不同程度地影响教学媒体的选择。时间因素主要是指教学所允许的制作和使用媒体的时间。只有在教学所允许的时间内能够制作和使用的媒体才能够被选用。经济因素主要包括购置硬件、软件，制作、维修及人员培训等各方面的费用。

（二）化学教学媒体的选择原则

由制约教学媒体选择的因素，并结合化学学科教学的特征，在选择和应用各种媒体时应遵循以下原则。

1. 目标性原则

目标性原则要求媒体的使用目标和教学目标一致，教学媒体的使用能够促进教学目标的达成，提高教学效果。“依据教学媒体对促进教学目标或教学目的的完成所具有的潜在能力来进行选择”。

2. 科学性原则

科学性原则要求媒体所表达的内容正确无误、逻辑严谨。进行模拟仿真时，图像、色彩、动画等要反映事物的客观面目，而不能一味追求表现效果，导致学生对教学内容的误解或不准确的理解。

3. 实用性原则

实用性原则要求教学媒体的选择和设计应该从教室、学生、物质因素等方面的实际情况出发，教师必须熟悉媒体的内容、技术操作和特性，注重媒体的使用效果，切忌华而不实。如果课堂内容用传统的教学模式或媒体就能取得良好的效果，那么就可以用传统的模式或媒体。如果传统媒体不能有效地突破教学难点，不能引起学生的兴趣，收不到较为理想的教学效果，则可以设计或选用相应的现代教学媒体。

4. 实验优先原则

实验优先原则意指化学实验在媒体的选择中应优先被考虑。对学生无危险，可以操作的实验都采取学生实验的形式开展，如果操作有困难的实验，则以演示实验的形式开展。“以实验为基础”是化学学科的基本特征。现行化学课程标准如下描述化学实验，“化学实验是进行科学探究的重要方式，学生具备基本的化学实验技能是学习化学和进行探究活动的基础和保证”。“化学实验对全面提高学生的科学素养有着极为重要的作用。化学实验有助于激发学生学习化学的兴趣，创设生动活泼的教学情景，帮助学生理解和掌握化学知识和技能，启迪学生的科学思维，训练学生的科学方法，培养学生的科学态度和价值观”。化学实验的重要性由此可见一斑。在实验过程中，其他媒体能够起到一定的辅助作用，力图利用实物摄影来放大微型或偏小的实验仪器，特别是对于一些可能引起污染或减少药品的使用量，此种情况下，为了便于多人观察实验现象，可以借助投影仪。

一般来说，具备以下情形之一的实验可以考虑以其他的教学媒体来模拟：比较危险，污染比较严重，缺少仪器或试剂，实际实验操作中学生不能清楚地观察到实验现象，用普通方法不易操作和实现的化学实验。除上述情形外，应该尽量安排实际的化学实验。

5. 教学最优化原则

教学最优化原则是指把选用教学媒体的过程放在整体教学设计中，充分考虑教学的各种因素，协调教学媒体与教学的其他方面的关系，使教学媒体的功效服从于整体教学设计，以取得最佳教学效果。为了达到教学最优化，教师需要综合考虑各种因素，选择合适的媒体，在合适的前提下，使选择的媒体最大程度地发挥其功能。例如，为了帮助学生更好地理解石油裂化的过程和特点，使学生对该反应的微观化学过程有直观的认识，利用“洪图”多媒体制作软件，将石油裂化的过程用动画形式表示出来，直观明了地向学生展示肉眼看不见的微观变化过程，说明裂化的原理及产物，自然而然地突破教学难点。又如，学生在学习石油分馏的工业流程时，教材给出了一副示意图，但缺乏层次性，学生理解起来比较困难，将该图制作成动画，随着教师的讲解依次展示工业装置和分馏产品，给学生鲜明的视觉信息，使得教学顺利地实现教学目标[①]。

总之，选择化学教学媒体要以一定的教学目标为依据，在保证媒体表达的内容具有科学性的前提下，根据实用性原则、实验优先原则来选择、设计、组合教学媒体，以取得最优化的教学效果。

（三）多种教学媒体组合优化课堂教学

采用多种媒体技术，能够有效地提高教学信息传输效率。每种教学媒体都有其最适宜使用的场合，每种教学媒体也都有其局限性，这种局限性可以被其他教学媒体弥补（几种化学教学媒体的比较见表2-3）。因此，需要对采用的媒体进行优化组合。在对各种媒体的使用分别进行设计时，往往只考虑局部的优化，难以恰当地处置好整体优化组合问题，所以各种媒体的整体优化组合只能在完成对所有媒体使用的设计后进行。

表2-3　几种化学教学媒体的比较

媒体		实物	实验	模型	图表	投影	录像	计算机
表现力	空间形象	好	好	好	简单	简单	好	不一定
	时间变化	差	不一定	差	差	差	好	好
	运动变化	差	好	差	差	差	好	好
实用性	提供事实材料	好	好	中	中	中	好	好
	凸现感知重点	差	不一定	中/好	中	中	好	好
	帮助微观想象	差	差	中	中	中	好	好
	促进理解、思维	差	不一定	中	中	中	好	好
	技能示范、训练	差	好	差	中	中	中/好	好
交互性		无	有	无	无	无	无	好
作用面		小	小	中	中	大	大	小
使用、控制方便性		好	不一定	好	好	中	好	好
制作时间和成本		不一定	不一定	小/中	小	中	大	大

教学媒体的优化组合包含两方面的含义：一是重新审视教学媒体的选择，以使采用的教学媒体是最适宜的；二是协调各种教学媒体的使用，做出适当调整使各种教学媒体相互配合，防止相互干扰。

选择媒体时，需要考虑具体媒体对学习目标、教学方法、学生的发展水平及认知风格是否适宜，还要考虑使用条件是否具备，考虑具体的使用场合，考虑它们对其他媒体的支持和干扰情况，考虑媒体间的空间组合、时间组合、内容组合、过程组合和师生活动方式，考虑表达信息的分配，考虑信息的冗余度是否适宜等，要在动态中进行调试，

① 梁凯. 石油和石油产品概述的说课. 北京工业大学附中，http://www.pep.com.cn.

以求达到最佳组合状态。

选择与使用多种教学媒体需要注意创新。但是，不应该简单地以是否使用现代教学媒体、在课堂教学中使用现代教学媒体的次数及时间长短来评价一节课。使用何种教学媒体，是否需要使用现代教学媒体都应该视教学的实际情况而确定。

主要参考文献

陈素余，蔡亚萍. 2008. 论随机进入化学教学. 化学教学，（7）：17-19.
慧英. 2011. 浅谈中学化学教学中教学方法的优化组合. 新课程学习（社会综合），（1）：205.
江合佩. 2012. 新课程背景下高中化学实验教学的实践与反思. 化学教与学，（4）：59-62.
刘万伦，田学红. 2011. 发展与教育心理学. 北京：高等教育出版社.
闵卫国，傅淳. 2004. 教育心理学. 昆明：云南人民出版社.
彭小虎，王国峰，朱丹. 2014. 儿童发展与教育心理学. 上海：华东师范大学出版社.
乔金锁. 2015. 化学教育专业学生对化学科学知识学习特点认识的调查研究. 化学教育，36（12）：63-66.
施良方. 2006. 学习论. 北京：人民教育出版社.
王川，刘勇，李树伟，等. 2012. 浅议在中学化学教学中增加定量型实验的意义. 化学教育，33（4）：66-68.
王后雄. 2008. 试析高中化学新课程教科书实验的教学功能. 天津师范大学学报（基础教育版），9（1）：43-47.
张德伟，蔡亚萍. 2011. 交互式电子白板在化学教学中的应用. 中学化学，（8）：1-3.
赵志星. 2011. “掌握学习”教学法在体育教学中的研究. 太原大学教育学院学报，29（1）：112-114.

第三章　化学教学设计原理

第一节　化学教学设计概述

教学设计是教学工作的关键环节，是联系化学教学理论与实践的桥梁和纽带，对落实中学化学课程目标、提升学生的科学素养具有至关重要的作用。作为一名中学化学教师，掌握教学设计的基本理论和方法，进行科学、规范的教学设计是顺利开展教学工作的基础和前提，也是教师专业发展的基本条件和保障。

一、化学教学设计的概念

教学设计是20世纪40年代后逐渐形成、发展起来的，也称教学系统设计。根据研究者关注的视角和取向不同，教学设计有多种概念界说，就其本质而言，它是现代教育技术学的一门分支学科，是一个用系统方法分析教学问题、确定教学目标、建立解决教学问题的方案、试行解决方案、评价试行结果并对方案进行修改的过程，以优化教学效果为目的，以学习理论、教学理论和传播学理论为基础[①]。该定义从教育技术学的角度阐释了教学设计的含义，比较全面和宏观，而在化学实际教学中，教学设计是在课前，化学教师根据教学目标、教学内容、所教学生的水平及教学现实条件等，运用教学设计的一般原理和基本方法，对化学教学方案作出的一种预期和规划，在传统意义上，通常将其称为“备课”。

二、化学教学设计的特点

到目前为止，教学设计的发展经历了直感设计、经验设计、实验（辅助）设计和系统设计四个阶段，设计意识由朦胧到清晰，设计理念由自发到自觉，具体操作由经验到规范，有效提高了教学设计的水平，具有理论性、系统性、差异性和应用性四个特点。

首先，化学教学设计是依据现代教学理论、学习理论和传播学理论，对教学过程各要素进行科学、合理的优化安排，理论性较强。其次，化学教学设计运用系统论的方法，从教学系统的整体功能出发，综合考虑了教师、学生、目标、内容、方法、媒体等各组成部分的协调发展。再次，教师在进行教学设计时，以学生为出发点，充分考虑学生的个性差异，同一教学内容针对不同的教学对象，会形成不同的设计方案，因此，具有明显的差异性。最后，教学设计以优化教学效果为目的，使教学更有方向性和有序性，应用性体现明显。

---

① 乌美娜. 教学设计. 北京：高等教育出版社，1994：11.

三、化学教学设计的层次

教学系统是有层次的，大到一门课程，小至一个课时，甚至一个教学片段。根据化学教学系统不同层次的要求和作用，教学设计可以分为课程、学段（或学期、学年）、单元（或课题）和课时教学设计四个层次[①]。

课程教学设计是对一门“课程”的总体规划，是课程教学的蓝图。通常根据课程标准或课程纲要确定教学目的，组织安排课程内容，构思其宏观策略和方法，设计课程评价的方式，并由此形成课程教学大纲。高中化学新课程改革实施模块化的教学，倡导选修课程的开发和设计，教师经常需要结合学校的特色，进行校本课程教学设计。

学段（或学期、学年）教学设计是化学教师在一个学段（或学期、学年）开始之前，基于上一阶段的学习，对化学教学工作提出的阶段性规划和预想。通常需要考虑本学段（或学期、学年）教学工作与前后学段之间的联系，分析学生的实际情况，进一步确定本学段（或学期、学年）教学工作的内容任务、重点难点、教学进度和评价方式，制订相应的实验和活动计划，编制完成学段（或学期、学年）教学计划。

单元（或课题）教学设计是对一个单元（或课题）的教学工作做出的较为详尽的规划方案，是在课程教学设计和学段（或学期、学年）教学设计的基础上提出的，在内容上，比以上两者更为详细、具体，也更具可操作性。其主要内容包括确定单元（或课题）的教学目的、要求及具体教学内容，分析内容特点、在教材中的地位和作用，明确教学重难点，拟定教学进度及评价方案，设计教学方法、手段及学生活动和所需的教学用品，最后形成单元（或课题）教学计划。

课时教学设计是以课时为单位的教学设计，是教师结合自身的特点，综合考虑学生的水平、学校的校情、化学教学任务等，对教学顺序、方法、媒体、师生活动等一系列因素进行整体设计和思考的过程，是教师进行课堂教学的重要依据，比以上三种教学设计更为具体。主要包括以下工作：在分析课程标准、学习任务、学生及实际条件的基础上，确定课时教学目标及教学重难点，构思教学策略、方法，选择教学媒体，设计评价和调控方案，最后编写课时教学方案（简称教案）。对一线教师而言，课时教学设计是教学中使用最多的形式，平时所说的“教学设计”一般指的就是课时教学设计。

在教学设计中，除了进行整体的设计外，有时还会根据不同的需要，对某些重要环节或关键片段做局部的优化，如课堂导入设计、结课设计、实验设计、教学媒体设计等。教师在教学设计时，既要注意研究整体的系统设计，又要注意把握局部的具体设计，使两者相互配合，互为补充，最终达到有机的统一。

第二节　化学教学设计的过程

从完整的角度看，化学教学设计由分析、设计和评价三个部分组成，但对中学化学教师而言，平时的课堂教学设计一般只包含分析和设计两个部分，即在先进的教育教学

① 王克勤. 化学教学论. 北京：科学出版社，2006：117-118.

理念指导下，通过对学习需求、学习任务、学习者、学习背景等要素的前期分析，确定教学目标，选择教学方法和手段，设计教师和学生的活动，优化教学媒体，布置练习作业等，最终形成课堂教学的蓝本——教学设计方案。

一、教学理念确定

教学理念是教师从事教学活动的信念，是他（她）对教学活动所持有的基本观点和一般看法，决定着课程实施的方向和效果。在教学设计的初期，设计者首先要认真学习、钻研各种教育教学理论，结合基础教育课程改革中学化学教学的实际，形成先进的教学理念，指导教学设计的整个过程。基础教育化学课程改革的基本理念主要有①：

（1）面向全体学生，以人为本，注重学生的全面发展。

（2）提高学生的科学素养和人文精神。

（3）以科学探究为突破口，促进学生学习方式的转变。

（4）注意贴近学生的生活，联系社会实际。

（5）提供多样化的学习评价方式，促进学生发展。

（6）努力培养学生终身学习的愿望和能力，让学生乐于学习，学会学习，增长发展潜能。

需要注意的是，有些教师在教学设计时虽然遵循了一定的理念和思想，但在形成的教学设计方案中却没有单列这一内容，而是将其蕴含于具体的教学过程中。

二、学习需要分析

学习需要分析是教学设计的起点，也是教学目标确定的依据，通常发生在以系统为中心或以产品为中心的教学设计中，而在课堂教学设计中，一般不单独列出这一步骤。特别是课程改革之前，我国高中实行统一的化学课程与教材，教学目标已由教育部组织学科专家统一编写，教师只需按照教学大纲和教材的要求执行即可，没有必要对学习需要进行分析。

随着新课程改革的实行，高中化学课程由“一纲一本”向“一纲多本”转变，实行国家、地方、学校的三级课程管理体制，特别是在深化基础教育课程改革的过程中，不少省份开始探索高考科目的组成和比例的变化，如浙江省从 2017 年起，化学将纳入高考选考的范畴，为此，不少学校开始结合校情实际，为本校学生“量身定制”，探索开发针对性、特色化的校本选修课程，这就意味着教师必须承担课程开发的一部分任务，学习需要分析也将成为未来教师的一项基本职责。

三、学习任务分析

学习任务分析是教学资源分析的重要阶段，使教学内容得以具体化和明确化，为教学目标的制订和教学策略的设计提供依据，在整个教学设计过程中起着承上启下的作用。

① 王克勤. 化学教学论. 北京：科学出版社，2006：109-111.

(一)任务分析的相关概念

任务分析源于第二次世界大战期间的军事和工业人员培训，心理学家米勒最早提出了这个术语，加涅也积极予以提倡。任务分析在不同的领域有不同的定义和名称，教育领域中的任务分析是对学习者从起点行为转化到终点行为所需要的知识、技能或能力及其上下左右关系的分析，是目标分析的一套专门技术①。迪克和凯瑞在《教学系统化设计》中把这一工作称为教学分析，并定义为“应用于教学目标的一套程序，结果是确定执行目标的一些相关步骤和学习者达到目标所需的下位技能”②。而国内的一些教学设计著作中，有学者用内容分析来表示这一过程，并指出“教学内容分析是对教学目标规定的终点能力，对学习者起点能力转化为终点能力的从属知识、技能或能力及其上下左右的关系进行详细剖析的过程”③。可见，任务分析、教学分析和内容分析本质上是相同的。

(二)任务分析的基本过程

任务分析的过程没有统一的模式，进行课堂教学设计任务分析时，要先根据化学课程标准规定的总目标，仔细研读教材，分析教学内容的组成，把握教学内容的逻辑顺序及相互关系，确定本课学习的已有基础及前后联系，明确其在化学教学中的地位和作用，为课堂教学顺序的设计提供基础。如案例 3-1 是某教师对“金属钠的性质与应用”一课的任务分析。

案例 3-1 “金属钠的性质与应用”学习任务分析

“金属钠的性质与应用”选自苏教版高中化学必修 1 专题 2 第二单元“钠、镁及其化合物”。

1.《课程标准》和《学科教学指导意见》的教学要求

《课程标准》要求：根据生产生活中的应用实例或通过实验探究，了解钠等金属及其重要化合物的主要性质。

《学科教学指导意见》基本要求：能用实验的方法探索和理解钠的重要性质；了解钠的制取；通过经历实验探究和问题讨论的过程，了解实验研究化学物质的一般方法，初步形成分析推理、综合归纳的能力。

2. 本课内容组成及在模块学习中的地位和作用

本课教材包括钠的物理性质、化学性质及钠的制取、存在和主要用途。在钠的化学性质中，重点讨论了钠与氧气的反应及钠与水的反应。在钠的存在和用途中，首先介绍

---

① 皮连生. 试论教学目的设计的心理学理论与技术. 华东师范大学学报（教育科学版），1984，（3）：54-62.

② Dick W，Carey L，Carey J O. The Systematic Design of Instructioan. 5th ed. Addison-Wesley Educational Publishers Inc.，2001: 38.

③ 张祖忻，朱纯，胡宋华. 教学设计——基本原理与方法. 上海：上海外语教育出版社，1992：58.

了自然界里元素的两种存在形态：游离态和化合态，然后结合钠的化学性质很活泼，引导学生得出在自然界中钠只能以化合态存在，钠的用途只作简单介绍。钠的制取以拓展视野的方式展示，让学生了解工业制取的原理。

学生在初中已经学过金属活动性顺序表，知道钠是一种活泼的金属；在前面也刚学过原子结构和氧化还原反应的知识，因此，学生能通过对钠的原子结构分析，预测钠具有较强的还原性，这些都为本节内容的学习奠定了基础。

钠是化学必修课程要求的重要元素化合物，也是学生高中阶段学习的第一种金属元素，对其他金属元素的学习具有指导性作用。从教材位置看，本节内容安排在氧化还原反应之后，可通过钠和水等物质的反应分析，进一步巩固氧化还原反应的知识；又安排在氯、溴、碘之后，而在镁之前，使学生在了解典型的非金属元素后，再了解典型的金属元素，为《化学 2》元素周期律相关知识的学习提供了一定的知识基础。因此，具有承前启后的作用。

（三）任务分析的注意要点

学习任务分析要以课程标准和各省的化学学科教学指导意见为依据，认真钻研理解教材，包括教材中的实验、插图、资料卡及练习等，准确把握教材的内容逻辑结构，明确设计者的编排意图，而不能为了追求创新，置教材于不顾。但也不可完全照搬，教材只是为教学提供了一种范例，教师可以根据教学实际，安排合理的教学内容和编排顺序，要学会“用教材教”，而不是“教教材”。

此外，教师在任务分析中也常需要参阅有关的书籍、杂志和网络资源等，以便拓展自己的知识面，对教学内容有更深、更广的理解。但也要注意不能在课堂教学中添补过多的额外内容，增加学生的学习负担。

四、学习者分析

学习者是教学活动的主体，教学设计的一切活动都是为了学习者的学，“以学生为本”，“以学生的学为本”，“以学生的发展为本”①，教学设计成功与否的一大关键就在于设计的方案是否与学习者匹配，因此，学习者分析是前期分析中一项不可缺少的工作。

传统的教师备课中一般把学习者分析称为“学情分析”，侧重对学习者的学科知识准备的分析。化学课堂教学设计中的学习者分析与任务分析同时进行，不仅要分析学习者已经具备的化学知识、技能和态度，还要了解对学习产生影响的心理、生理和社会特点，如性别、认知成熟度、生活经验等；不仅要了解学习者的群体特征，还要把握学习者的个体差异，为教学目标的表述、重难点的设定及教学策略的选择优化提供依据。

（一）起点行为分析

学习者带着已有的特定行为倾向来面对学习环境和新的学习任务，起点行为分析是

① 沈建民，谢利民. 以学生为本：现代课堂教学设计的基本理念. 教育理论与实践，2002，22（8）：48-52.

明确学习者在教学开始前已经掌握的知识、技能和应有态度。

认知理论和认知建构理论为知识水平的起点分析提供了充足的理论依据。奥苏伯尔认为，在有意义学习中，新的学习总是建立在原有学习的基础上，人们总是利用原先的学习来促进后续的学习，后续学习又可以巩固和加深原先的知识①。认知建构主义认为，学习不是学习者被动接受知识的过程，而是以其特有的经验和方式对学习材料进行选择、加工和改造，并赋予独特意义的一种建构，涉及价值追求、真理规范、意义生成、实践创新等各个方面。为有效促进学习者对新旧知识的联系，建构有意义的化学信息，知识水平的起点分析重在确定学习者头脑中是否存在与新知识有关的知识点，或是上位关系，或是下位关系，或是并列关系，并确认学习者认知结构中的知识层次是否合理，也即学生知识水平的起点分析不仅要分析知识点，也要对认知结构进行分析。根据奥苏伯尔的思想，美国学者诺瓦克提出了概念图技术，用以判断学习者的认知结构，为学习者的知识起点分析提供了较好的方法。

学习者技能水平的起点分析是要了解学习任务开始前学习者必备的从属技能，包括智慧技能水平、动作技能水平、人际关系技能和自我认识技能等多项分析。它可以在任务分析的基础上，逆向剖析实现终点目标所需要的从属知识和技能，并用虚线划分，虚线以上的是学习者在教学中需要学习的技能，虚线以下的表示学习者已经掌握的技能，即教学的起点。如学习者要学习配制一定物质的量浓度的溶液，其从属技能有化学计算、天平的使用、物质的溶解、转移等。技能分析时要注意明确技能之间的层次，以便更好地把握从属技能；同时，也要明确技能掌握的程度，为教学找到恰当的起点，即学习者技能水平的起点分析要分析从属技能及其熟练程度。

学习者的起点态度是影响教学效果的又一重要因素，可以使用态度量表、观察法、访谈法等方法进行分析。

（二）学习者一般特征分析

有研究者发现，教师在实际的教学过程中，对学习者的分析和关注远远不够，即使做一些分析，也往往停留在主观、经验的水平上，而且考虑较多的是学习者的初始能力，而忽视了对其一般特征的把握②。教学设计中，如果教学对象是不熟悉的学习者，就需要进行学习者一般特征分析。

学习者一般特征是指对学习者学习产生影响的心理特点和社会特点，包括学习者的年龄、年级、文化背景等因素，它们虽与具体学科无直接联系，却影响教师对学习内容的选择和组织，影响教学方法、教学媒体和教学组织形式的选择与设计，具体包括学习者的群体特征分析和个体差异分析，群体特征是对一定年龄的学习群体认知、情感发展阶段的分析，皮亚杰的认知发展阶段理论和发展心理学的相关研究为此提供了参照③。学习者的个别差异表现在许多方面，每个学习者在智力、学习风格、动机、焦虑等方面

---

① 蔡铁权，楼世洲，张剑平. 现代教育技术教程. 北京：科学出版社，2000：204.

② 王海燕，李芒，时俊卿. 课堂教学设计的学习者分析流程. 中国电化教育，2001，（5）：31-34.

③ 竺丽英. 以实验为基础的高中化学教学设计. 浙江师范大学硕士学位论文，2005.

各不相同，对教学的不同方面产生不同的影响。作为潜在的认知加工技能和智力对教学活动的质，即学习活动的种类有着根本性的影响；与成就动机有关的个性倾向主要对教学活动的量，即学习者在学习过程中所表现的坚持性和努力程度起作用；而作为典型的个体学习方式或学习倾向的学习风格，其主要作用在于参加并调节学习活动的进行。

了解学习者一般特征可以采用观察法、访谈法、填写学生情况调查表和开展态度调查等，如有必要，也可查阅学生档案。实际上，有很多因素会对学习者的学习产生影响，但就教学设计而言，最重要的是抓住对达成具体教学目标有重要意义的学习者特征，而且在大多数现实情境中，获取信息的便利性是学习者分析的一个主要制约因素。如案例 3-2 是某教师对“金属钠的性质与应用”一课的学习者分析。

案例 3-2 “金属钠的性质与应用”学习者分析

在本课之前，学生已经学习了氧化还原反应的基本理论及原子结构示意图的相关知识，为认识钠的活泼性、理解钠的化学性质提供了理论基础；知晓了氯、溴、碘等非金属元素的单质及化合物的性质，初步了解了元素化合物的学习方法；通过前面实验的探究教学，学生能对钠与氧气的反应、钠与水的反应进行观察，并能透过现象看本质，对产生这些现象的原因进行推测分析。

我校属于省级重点中学，学生的学习基础较好，学习化学的兴趣较高，具备一定的分析能力、观察能力、理解能力，在课堂教学能与教师进行有效互动，体现自身的主体作用。但学生的观察能力仍有缺陷，对钠和水的实验现象观察可能不够全面；表达能力，特别是对实验过程和现象的表达还比较薄弱，对钠相关的实验现象描述和解释可能会词不达意，需要在本课中予以强化。

五、学习背景分析

学习者不可能脱离具体的背景进行认知和思考，背景是任何学习中始终围绕学习者而持续潜在的因素，是一个与学习密切联系，由多方面、多维度因素构成的复杂系统，在一定程度上促进或制约了学习的发生和进行。学习背景分析就是考察各种影响学习者学习的因素及教学设计方案使用的物质条件和教学特性，描述教学系统是如何在“真实世界”的系统中进行的。

传统教学往往认为学习背景就是课堂，主要关注教学设施、课堂环境等因素对教学的限制和促进，而忽视信息资源、教师的个性和文化背景等因素的影响，化学课堂设计的背景分析主要确定教学设计的支持和约束条件，是对教学方案的可行性分析，包括对教学设施、社会环境、课程资源等多种教学环境的全面分析，如实验器材、校园网络、多媒体教室、社会风尚、校风学风等。此外，教师也是背景分析中不可忽视的一个因素，其认知、情感态度和价值观将对学习者的学习产生深刻的影响，特别是对教学方法与策略的设计。

课堂教学设计中的背景分析在教学方案中一般不单独列项，但会体现在学习者分析、课前准备、教学方法及媒体的设计等多个项目中，制约着教学活动的正常进行。

六、教学目标阐述

教学是一种自觉的人才培养活动，具有一定的目的性，其运作过程基本围绕目标展开并逐步逼近目标，是否清晰明确的教学目标直接影响了教学过程能否沿着预定的方向进行。

（一）目标的层次性

美国学者麦克唐纳（Macdonald）曾指出，教育目标的功能由于目标水平的不同（宏观、中观、微观）呈现了一定的差异，一般来说，教育目标由一个泛化的价值取向逐步走向具体化、操作化的系列[①]。当前的基础教育课程改革中，国家首先提出了课程改革的总体目标[②]，作为统贯教学活动全局的指导思想，把握各科教学的发展趋势和总体方向，并逐步细化，依次制订课程目标、学段目标、模块目标、主题目标和教学目标等，由此可见，目标本身就是一个多层次的体系，高中化学新课程的目标体系可以表述为图3-1，为化学教师厘清各种目标的关系提供了基本框架。

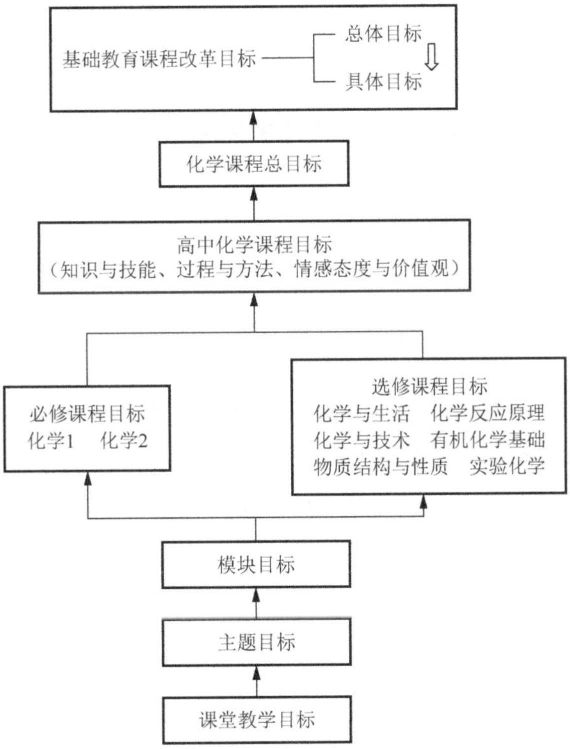

图3-1　化学课程目标体系

① 周小山，严先元. 新课程的教学设计思路与教学模式. 成都：四川大学出版社，2002：13-14.

② 钟启泉，崔允漷，张华. 为了中华民族的复兴，为了每位学生的发展，基础教育课程改革纲要（试行）解读. 上海：华东师范大学出版社，2001：5.

（二）教学目标相近概念解析

教学目标与教学目的是化学教学中常出现的两个概念，尽管只有一字之差，但两者却有着本质的区别。教学目的是针对教师提出的一种概括性要求，阐明的是教师的行为，具有稳定性、普遍性、原则性和方向性，是制约课程结构和教学方向的重要因素，常用"使学生……"、"培养学生……"等语句表述，模糊笼统，因而无法指导教学过程的具体操作。

而教学目标是对教学目的的具体化，是对教学结束后学生应掌握的知识、能力、个性品质等方面的明确描述，表述的是学生的终点行为，具有较大的灵活性，可以由教师根据需要加以调整。教学目标是制约教学活动具体方案的重要因素，教学过程中的其他各项，如教学内容、程序、方法等的选择与运用，均需以教学目标的设定与达成情况为依据，具有导学、导教、导测量的功能。

此外，与教学目标相近的一些概念还有作业目标、行为目标和学习目标等。作业目标是指可通过行为观察的学生可能具有的性能的明确描述，也有人译作绩效目标①；行为目标是指用可观察和可测量的行为陈述的目标，强调教学结果的可观察和可测量性，有时也称作业目标②，由此可见，作业目标和行为目标阐述的是同一个概念。有学者认为，为了表示学生的主体地位，教学设计中的目标应表述为"学习目标"，学习目标是学生自己生成的目标，而教学设计中所要阐述的目标是教师设定的，是在国家的规划下，根据社会发展的需要和学习者的特点对学习者提出的一种期望，因此，在教学设计中使用"教学目标"比"学习目标"更确切。

（三）教学目标的陈述

化学教学目标的陈述常采用行为目标的方法，预期学生学习后将产生的行为变化。马杰的行为目标模式是行为目标阐述的重要代表，他提出，一个目标应包括行为、条件和标准三个基本要素。有研究者在此基础上，提出了目标编写的 ABCD 模式，即对象（audience）、行为（behavior）、条件（condition）和标准（degree）。例如

<u>高一学生</u><u>学习摩尔质量时</u>，<u>能说出摩尔质量和相对原子质量的异同点</u>，<u>准确率达 100%</u>。

对象　　条件　　行为　　标准

教学对象即目标行为的主体，由于教学目标是对学生学习结果的表述，因此，教学目标必须从学生角度出发，陈述行为结果的典型特征。教学行为说明学生通过教学以后将能做什么，教师可以选择化学新课程标准中列举的一系列动词，恰当描述各种教学目标的不同层次，具体可见图 3-2。教学条件可分为辅助性条件和限制性条件，主要是指影响学生产生结果的特定限制或范围，前者指可借助手册、词典、书籍和图表，如"使用计算机"，"在元素周期表中"，后者是在规定时间或情境中去完成行为，如"在 5 分

---

① 加涅. 教学设计原理. 4 版. 皮连生等，译. 上海：华东师范大学出版社，1999：125.

② 皮连生. 教学设计——心理学的理论与设计. 北京：高等教育出版社，2000：59.

钟内”、“在课堂讨论时” 等。教学标准是指学生达到目标时表现出来的最低行为程度，可以从速度、准确率和质量三个方面确定，如“至少列举三种鉴别方案” [1]。

认知性目标

低 ↓	知道、说出、识别、描述、举例、列举
	了解、认识、能表示、辩认、区分、比较
	理解、解释、说明、判断、预期、分类、归纳、概述
高	应用、设计、评价、优选、使用、解决、检验、证明

技能性目标

低 ↓	初步学习、模拟、能表示、再现、模仿、例证
	初步学会、独立操作、完成、测量
高	学会、掌握、迁移、灵活运用

体验性目标

低 ↓	感受、经历、尝试、体验、参与、交流、讨论、合作、参观
	认同、体会、认识、关注、遵守、赞赏、重视、珍惜
高	形成、养成、具有、树立、建立、保持、发展、增强

图 3-2 高中化学教学目标可参考的行为动词

实际设计中，教师不需要机械地按照 ABCD 模式编写目标，常省略行为标准和条件，一般不提标准，即认为要求达到 100%的准确率。在使用者明确知道或根据已知条件能推知的情况下，行为主体也可省去不提。因此，上述目标可以简化为“说出摩尔质量和相对原子质量的异同点”。

（四）目标表述误区

教学目标在一定程度上反映了教师对化学课程的理解、对教学内容的认识及对教学内涵的研究，也是不同教师独特风格的体现。因此，目标的编写也是教师教学水平的一块“试金石”。然而，不少教师在阐述目标时还有一些问题，如案例 3-3 是某教师为“金属钠的性质与应用”一课编写的教学目标。

案例 3-3 “金属钠的性质与应用”教学目标错例

1. 知识与技能

（1）了解钠的物理性质。
（2）了解钠的生产原理。

2. 方法与能力

（1）学习以实验为基础的实验探究方法。

---

① 竺丽英. 以实验为基础的高中化学教学设计. 浙江师范大学硕士学位论文，2005.

（2）让学生初步掌握研究性学习的学习方法，成为学习的主导者。

3. 情感态度与价值观

通过研究性学习的方式培养学生的操作能力、观察能力、思维能力及学生团队协作能力和语言表达能力。

根据目标设计的原理可以发现，该目标还存在以下问题：

（1）三维目标表述错误，“方法与能力”维度应改为“过程与方法”。

（2）目标主体定位有误，应该以学生为主体，而不是教师，因此，目标中“让学生”、“培养学生”等表述都不正确。

（3）目标错位，“情感态度与价值观”目标表达的内容应属于“过程与方法”维度。

（4）目标过于笼统，过程与方法目标和情感目标没有结合具体的教学内容。

（5）知识与技能的目标动词太抽象，可测性不强，应使用“说出”、“描述”等具体的行为动词。

（6）知识目标不全面，遗漏了较为重要的知识点，如钠的化学性质、化学反应方程式等。

教学目标是一个层次分明的体系，应从“知识与技能”、“过程与方法”、“情感态度与价值观”三个维度，简洁明了、具体明确地反映学生结束学习后能达到的结果水平，保证目标的合理性和平衡性。

七、教学重、难点确定

任何化学学科知识都有一定的知识结构，都处于相互联系、相互制约的知识网络中，教学重点就是这些网络中的“纲”，是最能反映教学目标的内容。确定化学教学的重点一般可从以下三个方面进行考虑：①从教学内容的角度，知识、能力、情感上的重点，如化学基本概念和原理等；②从学生的角度，对完善学生的知识结构或能力培养有重要作用的内容；③与社会生活实际密切联系的内容。教学中只要抓住了这些知识，就能“以纲带目”，促进知识的迁移。

教学难点是学生在学习中难以理解和掌握的内容，是学习的困难所在，会因学生的年龄、知识水平和生活经验的不同而不同。具体而言，以下几个方面的内容都有可能成为教学难点：①离学生生活实际较远的、学生缺乏感性认识的、比较抽象的内容；②学生学习新概念或原理时，缺少相应的概念、原理基础，或对已知概念、原理掌握不清，存在“迷思概念”的内容；③已有知识对新知识有较大干扰或负迁移作用的内容；④时空跨度大、过程复杂、综合性强的内容，学生一时也难以接受和理解。

重点和难点有时相同，有时不同。当重、难点一致时，书写的时候就可以重合，且在教学过程中，教师需要花费较多的时间、安排丰富的活动来学习这些知识。当然，有时候难点不一定是重点，教师可以适当减少学习时间；重点也不一定是难点，但在活动的设计上，仍应突出重点。

需要注意的是，有关教学重、难点的位置，不同的研究者有不同的看法。教学设计领域的专家倾向于将其放在学习任务分析中，认为重、难点是学习内容中较为重要和难以学习的部分，因此，一旦内容确定以后，重、难点就会随之而出。而学科教学研究者，特别是中学一线的化学教师则认为，教学重、难点的确定需要综合考虑学习任务和学生的实际情况，因此，只有当教学目标确定后，重、难点才能落实，它们应是教学目标中较为重要和较难学习的部分。教学设计过程中，教师可以根据自己的理解倾向，选择合适的位置。

八、教学过程设计

教学过程即教学活动的展开过程，是教师根据一定的社会要求和学生身心发展特点，借助一定的教学条件，指导学生通过认识教学内容从而认识客观世界，并在此基础上发展自身的过程①。教学过程设计就是规划课堂教学的实施程序，描述教师、学生、学习内容、教学媒体等基本要素在课堂教学过程中的关系，是教学设计的核心部分。

课堂教学的一般过程也称课堂教学结构，新中国成立以来国内一直都流行凯洛夫的五阶段课堂教学模式，即组织上课、检查复习、讲解新课、巩固新课、布置作业。结合国内教学实际，中学化学课堂教学一般可以分为教学导入、教学展开和总结巩固三个阶段。

（一）教学导入设计

教学导入是课堂教学的"引子"，是在新内容的教学开始前完成的活动，目的在于激发学生动机，帮助学生建立和加强新旧知识之间的衔接，为新内容的学习提供基础。

化学课堂导入有许多方法，常见的如开门见山法、温故知新法、实验导入法、故事法、猜谜导入法和生活情境导入法等。不同的内容可以采用不同的导入策略，相同的内容教学也可以设计多种不同的方法，例如，在"化学反应中的能量变化"一课中，教师可以演示"魔棒点火"、"滴水生烟"等趣味实验引入新课；可以展示衣、食、住、行等图片，说明能量与人类的密切关系，引出研究化学反应及其能量变化的学习；可以通过对日常生活中常见的"热敷袋"和"冰袋"等的探究进入主题等。教师可以结合自身的专长和学生的特点，选择、设计最有利的化学教学导入方式。

（二）教学展开设计

教学展开是课堂教学的重点部分，是用一定的教学顺序呈现新内容及其相关概念、原理的过程，并提供适量的教学实例帮助学生及时掌握，包括优化呈现和学生参与，即师生的活动设计。

优化呈现是教师通过精心组织教学内容，根据学科知识的逻辑顺序和学生接受的心理顺序合理呈现新知识，使新内容的逻辑意义转化成学生能够接受理解的心理意义，将

① 赵岩. 学前教育专业体育教学模式的构建. 大连教育学院学报，2011，27(2):35-37.

外部的信息纳入原有的认知结构中。不同的化学教学任务需要采用不同的教学呈现策略。例如，化学概念的学习可以采用呈现正反例、提出概念、举例强化、分析思维过程的概念获得模式；化学原理的教学可以采用提出定义、举例说明的演绎模式，也可以采用先举例后总结的归纳模式；元素化合物性质的教学，一般以元素周期律为指导，遵循位置、结构、性质之间的关系；化学实验技能的学习可以参照加涅和布里格斯提出的主要原则，通过认知、分解和定位三个阶段引导学生达到操作的自动化。

《基础教育课程改革纲要》明确指出，教师在教学过程中应与学生积极互动、共同发展，要处理好传授知识与培养能力的关系，注重培养学生的独立性和自主性，引导学生质疑、调查、探究，在实践中学习，促进学生在教师指导下主动地、富有个性地学习；教师应尊重学生的人格，关注个体差异，满足不同学生的学习需要，创设能引导学生主动参与的教育环境，激发学生的学习积极性，培养学生掌握和运用知识的态度和能力，使每个学生都能得到充分的发展①。化学教学设计中，要针对不同的学习任务、不同的课型和不同风格的学生，设计多样化的活动方式，提高学生的学习参与程度。

例如，在“氯气和碱反应”的性质学习后，教师可以增设一个讨论环节——如何设计一个安全、简易的家用消毒液发生装置，引发学生积极思考，综合所学的化学知识解决日常生活中的问题，加强化学与生活的联系。随堂实验也是学生参与教学的有效方式，把实验的主动权交给学生，不仅有助于激发其学习化学的兴趣，还能增加动手操作的体验，提高化学实验能力，如“溶液的配制及分析”一课中，教师可以结合讲解和演示，让学生操作练习使用容量瓶配制一定物质的量浓度的溶液。此外，还有其他“动手做”的环节也能促进学生参与活动的积极性，如在“甲烷”等有机物的学习中，可以让学生自己使用材料搭建分子结构模型，等等。

（三）总结巩固设计

总结巩固是将新知识稳固纳入学生认知结构的一种教学行为，是课堂教学中心部分的延续，占用时间虽然不多，但非常重要，主要是通过“小结”和“照应”起到提炼主题、概括要旨和过渡衔接的作用，并通过对课后作业的布置为学生创设学习的迁移情境。教师可以利用精简扼要的语言，系统概述教学的中心内容，加深学生对新学知识的理解；也可以通过提问，检查学生对内容的掌握，及时发现存在的问题，巩固所学知识；还可以借助学生讨论总结、阅读教材或绘制概念图等形式达到整理、巩固的目的，如图 3-3 和图 3-4 就是一个教师在钠、铝等相关物质性质的学习后②，采用“钠桥”和“铝松”的概念图进行小结巩固，形象直观，便于理解，集趣味性和学科性于一体，是一种富有新意的总结巩固形式。

---

① 钟启泉，崔允漷，张华. 为了中华民族的复兴，为了每位学生的发展，基础教育课程改革纲要（试行）解读. 上海：华东师范大学出版社，2001：7-8.

② 这些概念图由浙江省宁波北仑中学的胡烨丽老师设计。

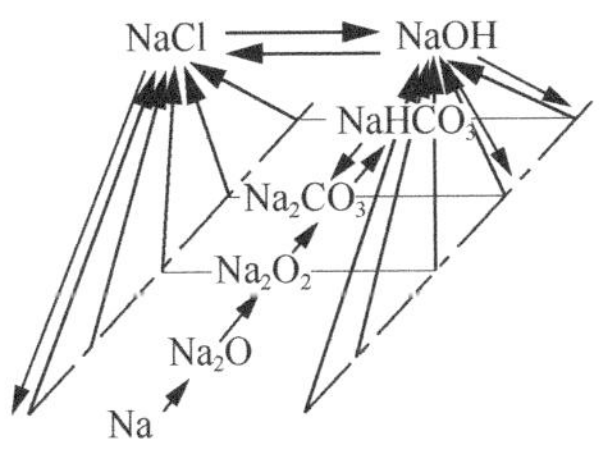

图 3-3 “钠桥”概念图

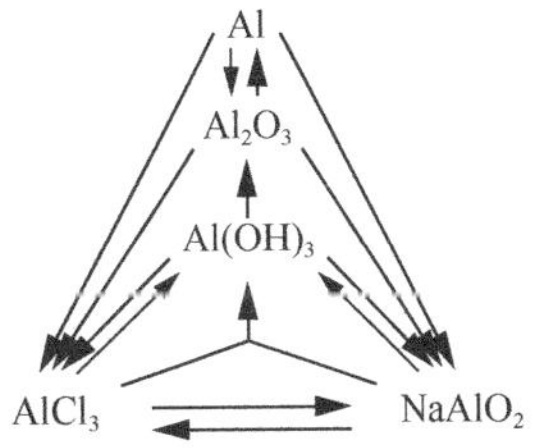

图 3-4 “铝松”概念图

九、评价练习设计

课堂教学设计的评价无时无刻都在进行，根据使用时机的不同，一般有三种不同的形式：课前测试、插入性练习和教学后的作业练习。教师要根据收集到的信息，及时反馈，不断调整化学课堂教学进程。

课前测试是在教学开始前对学生的起点行为进行检测，主要是为了了解学生对本课内容已掌握的情况，也可以“激疑”，使学生产生疑问，提高学习动机水平。一般可采用口头提问的形式，实际上，教师在导课时所用的“温故知新”就是一种典型的课前测试。例如，在学习“物质的分离与提纯”一课时，教师会通过提问等非正式测试，和学生一起回顾初中学过的混合物分离的方法，复习“过滤”的相关知识，为进一步设计 KCl 和 MnO_2 的分离方案等提供基础。

插入性练习是在教材呈示过程中穿插一定的练习活动，使学生能及时练习和巩固新学的知识和技能，自我判断知识理解程度和技能掌握水平，并为教师提供指导反馈，调节控制教学进度。例如，“物质的量”一课的学习中，学完“物质的量”这一重要概念后，教师可以适当安排插入性练习，让学生判断这一新概念的用法及表述，为后续“物质的量”的计算奠定基础。需要注意的是，插入性练习消耗的时间较大，大量的题目不仅耗费太多的课堂宝贵时间，也容易割裂课堂教学，因此，若不是习题课等练习课型的教学，插入性练习的题量设置要适当。

教学后的作业练习就是完成课堂教学任务后，为巩固本课所学知识，设计的课堂形成性练习或课后家庭作业，常为下一阶段的教学设计提供依据。在要求上，教学后的作业练习应高于插入性练习，比较全面系统，并在一定程度上要求学生表现出一定的创造性。作业练习是教学中不可缺少的环节，传统的练习作业由于受应试、升学等功利主义的影响，常被异化为测试题的机械重复，死记硬背，题海战术，不仅增加了学生的学业负担，损害了其身体健康，还促发了其厌学情绪。新课程改革倡导多样化的作业练习形式，教师除了采用常规的纸笔练习外，还可以设计上网查阅资料、调查研究、课外实验等实践性作业，使学生在全面掌握知识的同时，学习、体验科学探究的过程，提高解决化学实际问题的能力，形成积极的化学情感和价值观。

十、教学板书设计

板书是一种古老而又年轻的教学媒体，是课堂教学的重要组成部分，是教师运用黑板传递课堂教学信息的一种教学行为，具体表征方式包括文字、图表、公式等，但均要求简洁凝练。即使在多媒体辅助教学不断发展的今天，板书仍发挥了重要的作用。独具匠心的板书，不仅能增加信息刺激的强度，增强语言效果，加深学生对知识的记忆，提高学习效率；能提示教材内在联系，促进学生的认知构建；能凸显教学重点，促进教学难点的理解；还能让学生产生美感，陶冶情操，形成良好的书写习惯。

板书类型繁多，中学化学教学中常用的有提纲式、表格式、流程式等几种。提纲式板书条理清晰，重点突出，是最常用的一种化学板书形式，是教师结合教学内容和讲解顺序，提纲挈领地书写展示的过程，有助于学生抓住课堂内容的要领，掌握其层次和结构，如“金属钠的性质与应用”板书设计。

案例 3-4 “金属钠的性质与应用”板书设计

金属钠的性质与应用

一、物理性质

银白色；质软；比水轻；熔点低

二、原子结构

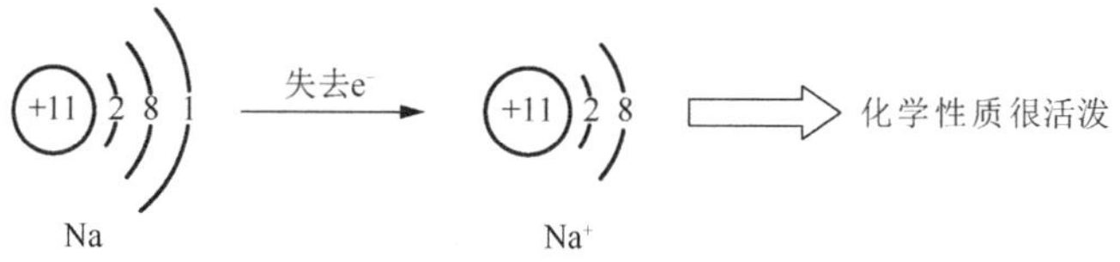

三、化学性质

1. 和 O_2 反应

$$4Na + O_2 = 2Na_2O\text{（白色）}$$

$$2Na + O_2 \xlongequal{点燃} Na_2O_2\text{（淡黄色）}$$

2. 和 H_2O 反应

……

表格式板书是教师用表格的形式展现课堂教学的内容，类目清楚，对照鲜明，便于学生进行对比，建立联系，常用于比较类知识的学习，如碳酸钠和碳酸氢钠性质的比较、电解质和非电解质概念的学习等。流程式板书以教材提供的线索（时间、地点等）为主反映主要的教学内容，化繁为简，将复杂的过程一目了然地呈现给学生，如金属铝的冶炼、从海水中提取镁等工艺流程的教学就可以采用这种形式的板书。

板书包括主板书和副板书两部分，但教学设计方案中只需要呈现主板书。教学板书应反映课堂教学的重点内容，要求层次清晰，内容完整，布局合理，并体现化学的学科特色，如主要的化学方程式等都应包含在板书中。

十一、“教学设计方案”的形成

教学设计方案简称教案，是系统教学设计工作的具体成果，也是实施教学的依据，为组织和指导教学活动提供了蓝图。教案具有指导性、统整性、操作性、预演性和突显性等特点，通常包括授课班级、学科名称、课题名称和教科书版本、适用对象、课的类型、教学目标、教学重难点、教学方法、教学用具、教学过程、练习题、板书设计和课后自我分析等项目。教学设计方案的编写不是各局部设计的简单拼凑，而是在系统结构设计指导下进行的整合和协调，对课堂教学成功与否有很大关系。

教学设计方案既要能充分反映教学设计的内容，又要简明扼要，根据不同的学科任务需要，选择适宜的编制形式。化学教案形式多样，常用的有讲稿式、纲要式、表格式、图解式四种。

讲稿式教案用文字描述教学过程设计，内容详细，能以书面形式详尽地反映教师对教学过程的构思和设想、教师与学生的活动设计等，便于教师的教和指导学生的学，如案例 3-5 就是某教师对“SO_2的性质和作用”一课的讲稿式教案设计。新手教师在教学设计时，一般建议采用讲稿式“详案”的形式。但这种形式只适宜表达线性的教学逻辑结构，不便于表现针对各种情况所做的准备，编制时，应注意分清段落并冠以适当的标题和序号，使教学步骤和过程结构更清晰、醒目。

案例 3-5 “SO_2的性质和作用”教学设计（1 课时）

一、学习任务分析

“SO_2的性质和作用”选自苏教版高中化学教材《化学 1》第四专题第一单元“含硫化合物的性质和应用”第一课时，主要内容包括 SO_2 的性质、酸雨的形成、危害与防治。《高中化学课程标准》中与本课相关的内容要求是“通过实验了解氯、氮、硫、硅等非金属及其重要化合物的主要性质，认识其在生产中的应用和对生态环境的影响”，在“活动和探究建议”中提到可以让学生“查阅资料并讨论减少向大气中排放氮氧化物、二氧化硫的措施”。《浙江省普通高中新课程实验化学学科教学指导意见》对此作了更为详细的解析，其基本要求是让学生“认识二氧化硫的主要性质和作用，实验探究硫酸型酸雨的形成过程，了解二氧化硫对空气的污染，知道硫酸型酸雨的形成和防治办法，培养良好的环境保护意识”。

本节内容被安排在《化学 1》的最后一个专题，是在学生学习了氯、溴、碘、硅、钠、镁、铝、铁、铜及其化合物等知识的基础上，进一步介绍硫及其化合物，是对高中化学必修阶段无机化合物知识体系的进一步完善，同时也为本专题后续章节“硫酸的制备”、“硫和含硫化合物的相互转化”等相关知识的学习打下伏笔，具有承上启下的作用。

二、学习者分析

本课的教学对象是高中一年级的学生，其年龄一般在16岁左右，他们思维活跃，但不够严谨和细致，比较喜欢动手做实验，而开展科学探究的方法还不是非常熟练。为此，在本课的实验探究活动中教师先演示SO_2和$BaCl_2$溶液的反应，为学生自行探究SO_2和溴水、高锰酸钾溶液的反应提供了参照，既满足了学生动手操作的兴趣需求，也进一步巩固了“猜想假设—设计方案—实验验证—交流讨论”等实验探究的流程。此外，以学生熟悉的社会热点问题——“酸雨”为背景素材，有利于激发其学习兴趣和社会责任感，之前学习的氧化还原反应知识对SO_2的氧化性和还原性的学习也具有支持作用。

三、教学目标

1. 知识与技能

（1）认识SO_2的主要性质和作用。

（2）了解SO_2对空气的污染，知道硫酸型酸雨的形成机理和防治措施。

2. 过程与方法

（1）通过对SO_2性质的实验探究，学会“提出问题—猜想假设—设计方案—实验验证—交流讨论”等化学实验探究的基本过程。

（2）借助SO_2和氯水的漂白性比较，学会利用比较思维解决化学问题。

3. 情感态度与价值观

（1）通过对酸雨问题的学习，形成良好的环境保护意识，树立珍惜自然、爱护环境、合理使用化学物质的观念。

（2）通过SO_2还原性等实验探究，养成严谨求实、勇于探索的科学精神。

四、重点难点

1. 教学重点

SO_2的化学性质、硫酸型酸雨的形成过程的学习。

2. 教学难点

SO_2的还原性学习，还原性与漂白性的比较。

五、课前准备

1. 多媒体素材

SO_2漂白食品的图片、酸雨的危害图片及视频短片。

2. 实验用品

（1）探究SO_2酸性氧化物的性质

SO_2、蒸馏水、针筒、橡皮塞、pH试纸

（2）探究SO_2的还原性

SO_2水溶液、酸性高锰酸钾溶液（0.1mol/L）、溴水（0.1mol/L）、双氧水（3%）、HCl溶液（1mol/L）、$BaCl_2$溶液（0.5mol/L）

（3）探究SO_2的漂白性

SO_2、酒精灯、品红溶液

六、教学过程

【第一环节 创设情境，导入新课】

[展示]SO_2漂白食品的图片、酸雨的危害图片。

[讲述]同学们，我们知道SO_2是硫的一种氧化物，可以用来漂白银耳、干果等，与社会生产、生活有很大的联系；当然，它也是引起酸雨这一环境问题的“元凶”，那酸雨到底是如何形成的，对人类会产生哪些危害呢？

[播放]酸雨的危害视频短片。

【第二环节 分析探索，性质学习】

[过渡]从录像资料中可以看出酸雨的危害十分严重，酸雨是如何形成的呢？请同学们阅读书本89页，归纳出SO_2形成酸雨的可能途径。

[学生]阅读教材，归纳两种途径，途径一：SO_2溶于水变成H_2SO_3，H_2SO_3在空气中氧化生成H_2SO_4；途径二：SO_2在光照、烟尘中的金属氧化物作用下形成SO_3，SO_3溶于雨水后形成H_2SO_4。

情境1：“物理性质及酸性氧化物”探究

[提问]大家归纳的途径一中，SO_2能与水反应生成H_2SO_3，确实这样吗？我们不妨通过实验来验证一下。请同学们注意观察针筒中的SO_2，描述其物理性质。

[演示]实验1：用充有80mL SO_2的针筒吸入10mL蒸馏水，用橡皮塞堵住针筒的前端，振荡，观察针筒内气体体积的变化。

[学生]观察现象，回答：水位上升。

[提问]为什么水位会上升？

[学生]思考并回答：针筒内气体体积减小。

[提问]那是否就说明SO_2与H_2O反应生成H_2SO_3？

[学生]猜测回答：不能，因为也有可能是SO_2溶于H_2O所致。

[提问]那么如何证明SO_2确实是与水发生了反应呢？大家可以从H_2SO_3的弱酸性这个性质进行考虑。

[学生]思考回答：可以用pH试纸进行检验。

[演示]实验：用pH试纸测定二氧化硫水溶液的pH。

[提问]像SO_2这样能与水反应生成相应的酸的氧化物在化学中称为什么？

[学生]回顾，回答：酸性氧化物。

[提问]好，那我们再回忆一下酸性氧化物有哪些性质？

[学生]回答酸性氧化物的特性：能与碱或碱性氧化物反应。

[小结]通过以上实验，我们知道了SO_2的什么性质？请一位同学来总结一下。

[学生]SO_2是一种无色、有刺激性气味的气体，有毒，易溶于水，它是一种酸性氧化物，能与水反应生成亚硫酸，还能与碱性氧化物和碱反应。

情境2：“还原性”、“氧化性”探究

[过渡]刚才我们学习了SO_2能与O_2反应生成SO_3，现在请大家利用氧化还原反应的知识，从化合价的角度来判断一下，在这个反应中，SO_2表现了什么性？

[学生]思考，回答：还原性。

[提问]那我们再回忆一下，中学化学中，除氧气之外，常见的氧化剂还有哪些？

[学生]回忆，回答：过氧化氢、高锰酸钾、氯水、溴等。

[讲解]SO_2 中硫元素呈+4 价，有升高到+6 价的潜力，请大家预测一下，它与 H_2O_2 反应会生成什么物质，并试着写出两者反应的方程式？

[学生]书写 SO_2 和 H_2O_2 反应的方程式：$SO_2+H_2O_2 = H_2SO_4$

[讲解]+4 价硫升到+6 价，生成了硫酸，那如何证明有硫酸生成呢？我们以前学过，是如何验证硫酸根离子的？

[学生]回忆，回答：可以用氯化钡溶液。

[过渡]好，下面我们就来做个实验验证一下。

[演示]实验 2：向一支试管中加入 5mL 二氧化硫水溶液，滴加氯化钡溶液，观察实验现象。

[学生]观察回答：没有看到明显的现象。

[演示]进一步实验：再滴加 0.5mL 3%的过氧化氢溶液，振荡，放置片刻后滴加稀盐酸，观察实验现象。

[学生]观察并回答：生成白色沉淀，加盐酸后，沉淀不溶解。

[提示]请大家写出这个反应方程式。

[学生]书写方程式：$SO_2+H_2O_2+BaCl_2 = BaSO_4\downarrow+2HCl$

[讲解]刚才我们还提到高锰酸钾、溴水也具有氧化性，现在请大家两人一组，利用桌上已经准备好的实验药品，探究一下 SO_2 是否能与高锰酸钾和溴水反应。注意先设计实验方案，操作时要注意安全，特别是高锰酸钾和溴水取用时要小心。

[学生]分组实验，探究 SO_2 和高锰酸钾、溴水的反应：向一支试管中加入 5mL 二氧化硫水溶液，滴加 2～3 滴高锰酸钾溶液，振荡试管，观察实验现象；采用同样的操作进行溴水的反应。

[提示]好，大家的实验已经做得差不多了，下面请几位同学来说说你们的实验结果。

[学生]派代表回答：在二氧化硫水溶液中加入高锰酸钾或溴水溶液，紫红色或橙黄色褪去，说明 SO_2 与高锰酸钾、溴水都能反应。

[过渡]我们再来看一下 SO_2 中硫元素的化合价，+4 价是不是还可以下降到 0 价，那是不是说明它也具有氧化性，我们来看一个实验。

[播放]视频：SO_2 和 H_2S 气体反应，观察现象。

[讲解]我们可以发现，最终在集气瓶上有黄色的小颗粒，这些就是硫单质，说明 SO_2 具有较弱的氧化性，请大家写出这个反应的方程式。

[学生]根据产物，书写方程式：$SO_2+2H_2S = 3S\downarrow+2H_2O$

情境 3："漂白性"探究

[过渡]前面我们已经学过，氯水具有漂白性，实际上 SO_2 也有这样的性质，我这里还有一瓶有色溶液——品红，我们来试试看 SO_2 能否使它褪色，请大家注意观察。

[提问]大家看到什么现象？

[学生]观察现象，回答：品红溶液的红色褪去。

[演示]进一步实验：继续加热褪色后的溶液，观察现象。

[学生]观察现象，回答：溶液又变为红色。

[讲解]好，我们来仔细分析一下，前面我们学过氯水能漂白物质，主要是因为氯水中的次氯酸具有强氧化性，能漂白一些物质，与之类似，SO_2也具有漂白性，但两者的漂白原理是不一样的，SO_2漂白物质主要是发生了化合反应，这种漂白产物不稳定，是可逆的，在加热的条件下，又会重新变回原来的颜色。

【第三环节 首尾呼应，用途升华】

[过渡]在上课开始的时候，老师给大家播放了酸雨带来的危害，在学习了SO_2的相关性质，知道了酸雨的形成过程后，同学们思考讨论一下，如何来防治酸雨呢？

[学生]讨论思考，回答酸雨的防治措施：开发新能源；对含硫燃料预先进行脱硫处理，对SO_2废气进行处理或回收；提高全民环保意识等。

[讲解] SO_2虽然会形成酸雨，给社会带来一定的危害，但在日常生产生活中，它也有非常重要的作用，可以作为杀虫剂、杀菌剂、漂白剂和还原剂，如经常用来漂白食品等。任何事物都有两面性，关键是要看我们如何科学合理地使用。

[小结]好，今天这节课我们主要学习了SO_2的物理、化学性质，它是一种酸性氧化物，能和碱、碱性氧化物反应，具有还原性、氧化性和漂白性，注意它的漂白性和氯水的漂白性有一定的差异；也知道了酸雨的形成和防治措施；并通过SO_2的用途学习，让我们进一步认识到认识事物要采取一分为二的观点，我们学习化学更是如此，要尽量利用化学产品的优点，避免其危害，扬长避短，这才是化学学习的真正意义所在。

七、作业设计

一、选择题

1. 为保护环境，减少酸雨，我们可采用的方法措施有（　　）。

①开发清洁的新能源；　②将燃料进行脱硫处理；　③增加工厂的烟囱高度；

④用石灰处理已经酸化的土壤；　⑤尽量不用煤做燃料

A.①②④　　B. ①②⑤　　C. ②③④　　D. ③④⑤

2. 湿润的氯气和二氧化硫均可作漂白剂，若用两者（1∶1）混合漂白一种物质，则漂白效果会（　　）。

A. 增强　　B. 不变　　C. 减弱　　D. 难确定

二、填空题

SO_2的漂白原理与氯水（HClO）、活性炭的漂白有异同之处，请查阅资料并填写下表。

物质	漂白效果	漂白原理
SO_2		
氯水（HClO）		
活性炭		

八、板书设计

二氧化硫的性质与作用	
一、酸雨的形成	（2）还原性
1. $SO_2 \rightarrow H_2SO_3 \rightarrow H_2SO_4$	$SO_2+H_2O_2 = H_2SO_4$
2. $SO_2 \rightarrow SO_3 \rightarrow H_2SO_4$	$SO_2+H_2O_2+BaCl_2 = BaSO_4\downarrow+2HCl$
二、SO_2的性质	$SO_2+H_2O_2+Br_2 = H_2SO_4+2HBr$
1. 物理性质	（3）氧化性
无色、有刺激性气味的有毒气体，易溶于水。	$SO_2+2H_2S = 3S\downarrow+2H_2O$
2. 化学性质	（4）漂白性
（1）酸性氧化物	特点：化合反应，可逆，漂白产物不稳定
与水反应、与碱性氧化物反应、与碱反应	三、酸雨的防治
与水反应：$SO_2 + H_2O \rightleftharpoons H_2SO_3$	四、SO_2的用途

教师根据个人的具体情况和使用方便，可以将讲稿式教案进行简化，用少量关键性文字、图表和符号等设计教学实施程序，即采用纲要式教案的形式，一般也被称为“简案”。这种教案简明形象，重点突出，便于教师把握整体的教学内容及内在联系，易于实施和检验，把它作为板书内容，也便于学生理解和记忆，有些专家教师就用板书作为纲要式教案。

表格式用表格来描述教学过程，包括教师活动、学生活动、设计意图等栏目，如案例 3-6 就是“硝酸”一课的表格式教学过程设计。为使教学过程结构分明，教师可以按教学阶段对表格进行分割，或插入适当的序号标题加以区分。此种教案书写方式能将师生活动和设计意图进行横向一一对应，简明清晰，便于操作，但所占的文档版面较大，且在设计时，还会出现表格上下移动、出现空白等状态，实际教学中可以根据需要选择使用。

案例 3-6 “硝酸”教学过程设计

教师活动	学生活动	设计意图
[引入] “雷雨发庄稼”的 Flash 动画（闪电、雷雨、彩虹、庄稼慢慢的生长、农民们欢呼、轻快的背景音乐） 我国有一句民谚——雷雨发庄稼，大家能用化学知识解释这句话的含义吗？	观看动画，引起注意；思考并回忆从 $N_2 \rightarrow NO \rightarrow NO_2 \rightarrow HNO_3$ 的一系列转化	动画引入，吸引学生注意，激发学习兴趣，总结回顾前面所学知识，引出下文
[板书] $N_2+O_2 \xlongequal{放电} 2NO$　$2NO+O_2 = 2NO_2$　$3NO_2+H_2O = 2HNO_3+NO$		

续表

教师活动	学生活动	设计意图
[讲述] 今天，我们就具体来探讨 HNO_3 的性质。大家的实验台上都摆放了一瓶硝酸，请同学们仔细观察，总结硝酸的物理性质	观察硝酸的颜色、状态，闻硝酸的气味，讨论硝酸的溶解性，查阅课本得出硝酸的其他物理性质	学习使用不同方法搜集资料：直接观察法，查阅文献法，相互讨论法等
[板书] 一、物理性质 硝酸是一种无色、有刺激性气味的液体；密度为 1.5027g/cm³，比水大；沸点低（83℃），易挥发；常用浓硝酸的质量分数大约为 69%，98%以上的硝酸在空气中产生“发烟”现象，通常称为“发烟硝酸”		
[思考]“发烟硝酸”中的“烟”与我们平常所说的“烟”是同样的概念吗？		强调“烟”的本质，突出硝酸的挥发性
[提问] 同学们有没有发现硝酸的保存有什么特别吗？在实验室中，我们还经常会发现久置的硝酸呈现黄色，大家能找出其中的原因吗？ [板书]二、化学性质 1. 不稳定性 [教师演示 1]：浓硝酸的分解 （边实验边讲解液体加热的注意点） [讲述] 硝酸分解产生了红棕色的气体，根据前面学过的知识，我们知道这应该是 NO_2 气体，那么另外还有什么产物呢？让我们一起从氧化还原的角度来分析	观察，思考，发现硝酸保存在棕色试剂瓶中。根据“不稳定的物质保存在棕色瓶中”和课前预习，得出硝酸的不稳定性 紧跟教师思路，观察实验现象 从氧化还原的角度分析硝酸分解反应	从保存引出硝酸的不稳定性，验证物质的性质决定物质的用途和保存这一普遍规律 复习液体加热的注意点，为学生实验时作准备 巩固应用氧化还原知识
[板书] $4H\overset{+5}{N}\overset{-2}{O}_3 \xlongequal{\triangle或光照} 2H_2O + 4\overset{+4}{N}O_2\uparrow + \overset{0}{O}_2\uparrow$		
[讲述] 硝酸是一种酸，应该也具有酸的通性。大家回忆一下，酸的通性具体包括哪些？ [板书] 2. 酸的通性 （1）使指示剂变色 （2）与金属反应	回顾酸的通性，讨论，互相补充 [学生实验 1] 稀硝酸、浓硝酸使蓝	用酸的通性引出硝酸的特性，符合辩证法中共性与特性相结合的原则 浓硝酸在加热的条

续表

教师活动	学生活动	设计意图
（3）与金属氧化物反应 （4）与碱反应 （5）与一些盐反应 [小结] 浓硝酸能使紫色的石蕊试液变红，加热后褪色，大家回忆一下以前我们曾经学过的褪色现象有哪些？	色石蕊试纸变色 回顾氯水、SO_2的漂白性，讨论浓硝酸使石蕊褪色的原因	件下紫色的石蕊试剂褪色，与稀硝酸对比，突出浓硝酸的强氧化性，为不同浓度硝酸的氧化性比较埋下伏笔
[提问]我们已经学过了硫酸是一种强氧化性酸，具体表现在哪几个方面？ 那么硝酸的氧化性又如何呢？ [教师演示 2]浓、稀硝酸和铜反应（解释改进装置的优点） [板书] $Cu+4HNO_3(浓)=Cu(NO_3)_2+2NO_2\uparrow+2H_2O$ $3Cu+8HNO_3(稀)=3Cu(NO_3)_2+2NO\uparrow+4H_2O$ [讲述]: 那么铁和硝酸反应又会产生什么现象呢？ 钝化的条件：冷、浓	观察，思考改进实验的原因，写出化学反应方程式 [学生实验 2] 浓、稀硝酸和铁反应	以浓硝酸的氧化性引出浓硫酸，又从浓硫酸的强氧化性探究浓、稀硝酸的强氧化性 实验探究铁和不同浓度硝酸的反应，理解钝化的涵义
[总结并板书] 3. 强氧化性 （1）与金属反应 a. 硝酸几乎能与所有的金属发生氧化还原反应，一般不产生H_2； b. 硝酸越浓，其氧化性越强，浓硝酸和金属反应生成NO_2，稀硝酸一般生成NO； c. 有些金属（Al、Fe、Cr、Ni）在冷的浓硝酸中发生钝化现象； d. Au、Pt不与硝酸反应，但可溶解在王水中。 王水：浓硝酸和浓盐酸的混合物（体积比为1∶3）		投影总结，及时强化，使学生对浓硝酸和金属的反应有一个整体认识，便于理解和记忆
[讲述] 波尔巧藏诺贝尔金质奖章的故事 [讲述] 浓硝酸还可以和炭、硫、磷等非金属反应，硝酸也可以和KI、$FeSO_4$等一些还原性化合物反应	倾听故事 [学生实验 3]：木炭和浓硝酸的反应	用化学史对学生进行科学方法教育 练习加热操作，巩固氧化还原反应原理
[板书] （2）与非金属反应（炭、硫、磷） $C+4HNO_3\overset{\triangle}{=}2H_2O+4NO_2\uparrow+CO_2\uparrow$ $S+6HNO_3(浓)=H_2SO_4+6NO_2\uparrow+2H_2O$		

续表

教师活动	学生活动	设计意图
（3）与 KI、$FeSO_4$ 等一些还原性化合物反应 [总结]硝酸的性质		
[巩固练习] 1. 下列事实分别体现了硝酸的什么性质，请简单说明，并写出相应的化学反应方程式。 （1）浓硝酸使蓝色的石蕊试纸褪色。 （2）稀硝酸使紫色石蕊试液变红。 （3）打开盛有浓硝酸的瓶子，可以看到白雾。 （4）浓硝酸久置后呈黄色。 （5）常温下，用铝槽车装运浓硝酸。 （6）铁与稀硝酸反应。 2. 浓硝酸通常呈现黄色，要使其黄色褪去，可通入的气体是（　　）。 A. H_2　B. NO　C. O_2　D. Cl_2 3. 下列物质可使蓝色石蕊试纸褪色的是（　　）。 A. Cl_2　B. 浓 H_2SO_4　C. Na_2CO_3 溶液　D. 浓硝酸 4. 列表分析浓硝酸、浓硫酸和浓盐酸的性质异同。		

图解式教案根据教学内容的特点和科学方法教育的要求，采用以实验简图、方框、线条为主，文字、符号为辅的形式来设计课堂教学方案，形象生动，直观易懂，重点突出，采用的科学方法、学生的科学认识、逻辑思维、教学内容各要素的逻辑结构、师生活动及它们的联系全部鲜明直观地呈现在设计方案里，便于教师执行和检验，有助于发展学生的认识能力、科学方法的训练和知识的系统化。图解式教案常用在按科学方法的基本程序来设计课时教学过程，以及学生的阶段复习总结等方面内容的教学。

化学教学设计是教师化学教学思想和理念的重要体现，是教师对化学课堂的预期和规划。教师要基于自身的教学能力、化学水平、个性喜好等，扬长避短；注意关注学生的化学学习需求，以全体学生的发展为本；并结合学校的现实条件，设计富有特色的教学方案，而不是照搬所谓的“优秀”教案。

第三节　化学说课设计

说课是一项具有中国特色的教学研究活动，自 20 世纪 80 年代诞生以来，在国内诸多教育领域得到了广泛应用，不仅是促进教师专业发展、教育智慧生成的一种有效途径，也有助于丰富和发展具有中国特色的教学理论体系。

一、说课概论

（一）说课的产生

1987 年 6 月底，河南省新乡市红旗区为参加市“教坛新秀”评比，需选出本区的参评教师，但因为到了期末，新课都已经教学完毕，采用听课评比的常规形式变得不太可行。因此，有人提出，可以选择几节课，让参与比赛的教师讲讲其课堂设计。试用以后，大家一致认为这是个好办法，省时高效，简便易行，不但能区分教师的知识水平和教学能力，还极大地调动了广大教师学习教育理论、钻研教学业务的积极性，有效地改变了“教”、“研”脱节的现象。联想引用戏曲中的“说戏”，这一活动被命名为“说课”，形成了当代教育辞典的一个新名词。

说课作为教学改革的新生事物，发展至今已有将近 30 年的历史，经历了由盲目到自觉、由不规范到科学的过程，大大促进了我国中小学教育教学改革的发展。它不仅通过“说”和“评”的双边互动，完成了个人经验和集体智慧的有机结合，推动了教师的专业发展和教研共同体的形成，还促使教育教学理论的不断完善。因此，说课不仅成为许多教师自我提升的经常性研究活动，而且也成为许多教育部门有效培训教师、促进教育科研的一种常规性教研活动。

（二）说课的概念和特征

说课是教师以语言为主要表达工具，在教学设计的基础上，面对同行和专家，以科学的教育理论为指导，将自己对课程标准及教材的理解和把握、课堂程序的设计和安排、学习方式的选择和实践等一系列教学元素的确立及其理论依据进行阐述，然后由听者进行评说，以达到相互交流、共同提高的一种教学研究活动[①]。其形成包含两个背景性的要素，一是教学设计方案，二是科学的教育理论，即说课是以教案中的“教什么”、“怎么教”为基础，构思“为什么这么教”的过程。从具体过程看，说课可以分为解说和评说两部分，其中，解说又可分为课前解说与课后解说，评说可分为自评与他评，重点在解说。

说课作为一种教研活动，具有多项特性，具体表现为：群体性，有众多教师和同行的参与；交流性，说课者与听课者之间进行多向地交流互动；共享性，教学信息资源为教师们共同占有和使用；研究性，交流的内容须是教师经过一定研究的结果；可操作性，主要表现为说课操作方式简单易懂，内容要求具体明确，且不受时间、空间和教学进度的影响及限制，最接近教师的教学理论与实践应用的结合。

（三）说课与备课的关系

说课与备课之间既有一定的联系，又存在些许不同。从相同点看，两者的执行步骤相同，都要求教师根据课程标准分析学习任务，了解学生现状，明确教学目标，选择教学方法和策略，设计教学过程，最终形成一定的“产品”。

从不同点看，第一，两者的概念不同，具体见前面的概念阐述。第二，对象不同，说课的对象是同行和专家，而备课的对象则是学生。第三，活动形式不同，说课是一种教学研究活动，而备课则是一种教学活动。第四，两者的基本要求不同，备课主要围绕“教什么”和“怎么教”这两个问题，而说课还要重点阐明蕴含于其中的教学思想和理

① 刘旭. 新课程理念下的课堂教学：听课 说课 上课. 成都：四川教育出版社，2005：261.

论依据，即“为什么要这么教”的问题。此外，两者的目的也有一定的差异，说课是为了帮助教师提高教学技能，实现教学资源的共享和应用，而备课的最终目的则是优化教学过程，提高课堂教学效率，促进学生的全面发展。

（四）说课与上课的关系

说课与上课紧密相连，两者在目的、形式、内容、评价等方面存在很大差异，具体表现如下：

第一，目的不同。说课是教师用精炼、清晰的语言介绍课堂教学的设想，是一个将蕴含于教学设计中的隐性思想显性化的过程，其主要目的是分享方案、论证其可行性，从而提升教师的专业技能，促进学生的发展；而上课则是将书本知识转化为学生知识，进而培养能力，形成正确价值观的过程，其主要目的是使学生学会学习。

第二，内容不同。上课是教师通过合适的教学方法和手段将知识传授给学生，重在讲述和解疑，主要体现了“教什么”和“怎么教”；而说课不仅要讲清楚上述两点，而且更要阐释“为什么要这样教”，重在阐述和说明。

第三，对象不同。上课的对象是学生，而说课的对象一般是同行。

第四，活动形式不同。上课是一种教学活动，而说课是教研活动。

第五，两者参照的文本不同。上课依据的是“教案”，而说课则是“说课稿”。

此外，从时间、场地和参与人数看，说课和上课也有差异。说课的听课人数和场地不受限制，可以在教室，也可以在研讨室、办公室等，而上课就不同了。说课花费的时间没有严格的限定，一般在 20 分钟以内，上课的时间则有严格的规定，基本为 40 分钟或 45 分钟。

二、说课的类型

说课形式多样，依据不同的标准，有多种不同的分类方法。例如，可以单独进行纯粹的说课，如说课训练或说课比赛；也可以和上课紧密结合，进行专题研究性说课等，而这种方式又可根据不同的目的，分为课前说课和课后说课，前者主要关注教学设计中的思想方法和策略手段，基本采用“说课-上课-评课”的形式，而后者则是对教学设计产生的教学效果的反思和探讨，一般为“上课-说课-评课”的形式[①]。

按照教学管理功能不同，说课又可分为训练型、研究型、示范型、评比型、汇报型和检查型说课等。训练型说课即初学者在上岗之前进行的说课培训，是师范技能训练的一个重要内容。研究型说课，一般是教研组或备课小组为解决教学活动中的关键问题或疑难问题，展开探讨交流而进行的说课。示范型说课是教师教学能力培养的重要途径，一般选择优秀教师在特定场合展示自己的设计方案，供同行们学习借鉴，吸取精华，特别是对初学者来说，这种说课方式具有较好的专业引领作用。评比型说课是指以说课评价教师的教学水平、认定职称、选拔评比为主要目的的一种形式，往往带有比赛的性质，

① 刘旭. 新课程理念下的课堂教学：听课 说课 上课. 成都：四川教育出版社，2005：261.

参加的教师一般都是通过层层选拔涌现出来的优秀“选手”[①]。汇报型说课是教师通过说课，向教学管理人员、领导或同行展示自己的课堂设想，从中了解其业务水平的一种活动形式。检查型说课是教学管理人员为检查备课情况而让教师说课，此类方式比较灵活，可随时进行。

此外，按照课堂流程来分，说课还可分为说教学设计、说教学过程、说教学结果、说教学启发；根据说课的内容要素来分，说课可分为说目标、说过程、说内容、说方法、说手段[②]；按照说课的着眼点，说课又可分为整体性说课和局部性说课等。

三、说课的内容要素

说课的内容要素从名称上看，有不同的说法，如有些研究者沿用传统的方法，把它称为说教材、说学生、说目标、说教法、说程序等，而有些则喜欢把它与教学设计的过程对应，采用学习内容分析、学习者分析、教学目标阐述、教学过程设计等。尽管两者的说法不一致，但所包含的内容实质都是一样的。

（一）说教材

说教材即是对教学内容的分析，要在全面正确地理解教材的基础之上，明确“教什么”和“怎么教”，也就是既要确定学习内容的广度和深度，也要明晰各项学习内容之间的相互关系，为教学顺序的确定提供基础。

具体而言，教师首先要明确提出本课题所选的教材版本、章节位置及课时安排；然后以学科基础理论为指导，根据化学课程标准和各省的学科教学指导意见要求，说出所教课题的主要内容及这些内容整体与局部之间的关系，分析教材的内容编排特点，研究课题所涉及的知识、技能和方法对学生构建化学认知结构、培养能力的功能，以及在科学研究、科技与社会发展等方面的价值，确定该内容是前面哪些已学知识的延伸与应用，又是后面哪些知识的前提和基础，从而对教材及其相关内容的地位与作用有一个确切的定位。

案例 3-7 是某教师对“最简单的有机化合物——甲烷”一课说课的“说教材”部分，该案例中，教师首先提出了课题的教材版本及“地理位置”，然后引证课标的要求，分析了人教版教材中本课的内容组成、相互关系及蕴含其中的学科思想和价值，最后以新课程理念为依据，明确了该内容的学科价值及在化学教学中的地位和作用。

案例 3-7 “最简单的有机化合物——甲烷”说教材[③]

我说课的题目是人教版高中化学教材必修 2 第三章第一节“最简单的有机化合物——甲烷”。新课标中有关本课的内容提到，要让学生“了解有机化合物中碳的成键特征；

① 刘旭. 新课程理念下的课堂教学：听课 说课 上课. 成都：四川教育出版社，2005：278.
② 李兴良. 教学智慧的生成与表达：说课原理与方法. 北京：教育科学出版社，2007.
③ 本案例改编自 2014 年全国化学优质课评比中许亮亮老师的《最简单的有机化合物——甲烷》说课案例。

认识化石燃料甲烷等综合利用的意义，了解甲烷的主要性质；制作简单有机分子的结构模型”。在此基础上，教材分三个部分具体呈现了课标要求，即甲烷的存在和用途，甲烷的结构（组成、成键特征和立体构型），甲烷的化学性质（稳定性、可燃性和取代反应）。三者之间存在一定的联系：首先，甲烷的组成使它具有可燃性，从而成为一种重要的燃料；其次，正四面体构型解释了它的稳定性；最后，甲烷的成键特征又解释了它的取代反应，并使其成为一种重要的化工原料，深刻体现了结构决定性质，性质决定用途的化学思想。

新课标要求高中化学课程要在九年义务教育的基础上，尊重和促进学生个性发展，激发学生的学习兴趣，帮助学生自主构建化学的基础知识和基本技能，从而提高学生的科学素养。甲烷的学习是对初中化学“生活中常见有机物”知识的拓展和延伸，使学生从立体结构的角度重新认识甲烷的性质，并以此类推其他有机物的学习，逐步让学生树立从结构角度学习有机化学的思维和意识，也为《选修5》进一步学习常见有机化合物的结构，比较其在组成、结构和性质上的差异奠定基础。因此，本课具有承上启下的作用。

（二）说学生

学生是学习过程中能动的主体，教学活动应体现“以学生为本”的理念，将学生的发展作为课堂教学的根本目标和归宿。因此，说课时需要准确分析学生的学习情况，即所谓的“说学情”。说学生包括介绍学生的年级、学习本课的知识基础、生活经验、能力基础、思维状况、认知状态、心理特征和学习风格等，既反映了教师教学设计的基本出发点，也体现了教师是否有效落实“以学生发展为本”的教学理念，是教学活动得以正确展开的基础。

说学生不仅要分析学生的群体特点，还要分析学生间的差异，既避免泛泛而谈，也无需面面俱到，教师只要选择那些确实与本课设计有密切关系的内容，对学生基础条件的优势和现实中可能存在的问题等做针对性的分析，为后续教学对策的设计提供依据，如案例3-8。

案例3-8 “最简单的有机化合物——甲烷”说学生

我所教的学生是省重点中学的学生，他们思维活跃，学习能力较强，具有较好的互动合作与实验探究能力。在知识储备上，在九年级第七单元“燃料及其利用”中，他们就已经学过甲烷的可燃性，通过必修2“化学键”的学习，他们也了解了甲烷的成键特征及其电子式和结构式，这些都将为本课的学习提供先行储备。

然而，学生对立体几何的知识了解较少，在甲烷等烷烃分子的空间立体构型理解上有一定的难度；且甲烷取代反应的知识较为抽象，思维上也会存在一定的障碍。这些都需要教师抽丝剥茧，为学生搭建合适的脚手架，完成知识的自主建构。

（三）说目标

说目标主要以课程总目标为指导，以学习内容为依据，结合学生的实际情况确定本课的教学目标。它不是简单地照搬教案中的目标表述，而应当对“目标”确立与分解做必要的说明，主要解决两个问题：一是陈述目标确定的依据，如课程标准的要求、教育教学理论等，二是将目标细化，从知识与技能、过程与方法、情感态度与价值观三个方面具体阐述本课的教学目标。

需要注意的是，学校及学生的水平差异、教师处理教材的方式不同，制订的目标也会有差异，如果教师制订的目标与课程标准不一致，则需要说明理由。教学目标越具体、越明确，就越能充分反映说课者的设计思路，教法的安排设计也就会越清晰。说课时要从各个水平层次上分析教学目标，避免千篇一律的套话，尤其不可随意制订难以量化评价的隐性目标，而是应该密切联系学生的实际状况认真确定，并阐明实现隐性目标的方法与途径。

教学目标阐述完毕后，紧接着要进行重、难点的分析。说课中的重点和难点分析与教案不同，前者需要强调这些“重点与难点”是在什么样的背景下确定的，并可以简单点出其破解方法；而后者则只需要写明重、难点是什么即可，具体可见案例 3-9。

案例 3-9　“最简单的有机化合物——甲烷”说目标

根据上述内容分析和学习者分析，我从知识与技能、过程与方法、情感态度与价值观三个方面确定了如下教学目标：首先，在知识与技能上，学生能说出甲烷的立体结构特点，掌握甲烷的物理性质和化学性质，学会书写相应的化学反应方程式。其次，在过程与方法上，分子模型有助于物质结构的理解，学生通过自主搭建模型，深入理解甲烷的立体构型；同时，通过实验探究，学会控制实验条件、改进实验方法、总结探究结论。基础教育课程改革要改变课程过于注重知识传授的倾向，强调形成积极主动的学习态度，使获得基础知识与基本技能的过程同时成为学会学习和形成正确价值观的过程。因此，本课也为学生设置了情感态度与价值观目标：通过了解能源危机及可燃冰的利用瓶颈，感受化学与社会的联系，意识到化学在解决能源危机、促进社会发展等方面发挥的重要作用，增强社会责任感。

有机化学中，化合物的结构和化学性质是学习的重点内容，对进一步树立“结构决定性质，性质反映结构”的学科思想具有重要作用，因此，本课的教学重点是甲烷的结构特点和化学性质。而学生对立体几何的相关知识了解甚少，在甲烷分子的空间结构学习上稍有难度，因此，将它定为本课的难点，此外，取代反应是学生接触的第一种有机反应，前期的知识储备几乎为零，在理解上也有一定的难度。

（四）说教法

手段为目的服务，方法为内容服务。说教法，就是说清课堂教学选择的方法、策略及手段，以及采用这些方法和策略的理论依据。中学化学教学中常见的教学方法有讲授法、实验法、演示法、讨论法、探究法等，教师在一堂课上会采用多种教学方法，但说课时，不用样样俱到，只要对本课所用的主要教学方法做重点说明即可。但无论采用哪种教学方法，都要贯彻启发性的教学思想，充分发挥学生的主体作用，调动其学习的主观能动性和参与学习的积极性，形成良好的师生互动、生生互动的教学氛围。

教学方法选择的依据也多种多样，基本可以分为教学目标和任务、教学内容的特点、学生的实际情况、各种教学方法的功能及使用范围和条件、教师自身的特长与素养等，一般情况下，根据教材知识和学生实际确定主要教法。此外，说教法也要说清教学媒体的选择和使用，特别是信息技术高速发展的今天，多媒体辅助已成为现代课堂教学的重要手段，为什么要用这种媒体，媒体使用的最佳时机是什么，以及如何选择、分解、组合和应用等。

当然也有说课者不单独阐述本课所用的教学方法，而是将其融合到说程序中。

（五）说程序

说程序是整个说课的关键部分，体现了说课者独具特色的教学安排，反映了其不同的教学理念和个性风格。只有通过对教学过程的阐述，听者才能判断说课者的教学安排是否科学、合理。一般而言，说程序由以下几个部分组成。

1. 教学总体思路和环节

说程序首先要说清教学过程的基本环节和总体架构，即整课大体可以分为几个部分，按照怎样的顺序进行连接。从传统的教学程序看，一般分为组织教学、复习旧知、导入新课、讲授新课、知识应用、巩固小结、布置练习等，新课程改革非常强调情境创设的作用，因此，教师要注意多种情境的合理使用。但需注意的是，如果是课前说课，则其中的“教学情境”是教师预设的，可以根据自己的经验来判断这种情境的预期效果。但如果是课后说课，那么就要在“教学情境”后增加学生的现场反馈及自己的体会评价。

2. 主要教学环节的理论依据

说程序不仅是对教学过程的简述，还应该有理性分析。说课者在介绍过程时不仅要说清教学内容的安排，还要说清其理论依据。对化学而言，说课常用的理论依据除了教育学、心理学之外，还有化学课程论、化学教学论、化学实验论、化学课程标准等化学教学法依据。因此，说课时，除常规的“说理”外，还应重点突出化学学科特有的观点、规则与原理，如在“元素化合物”专题中，应注重使用“结构决定性质，性质决定用途”、“从单质到化合物”、“从存在、性质、用途到制备”等原理阐述教学环节的设置。

说程序也不需要面面俱到，而是对教学过程做详略与主次的处理，突出阶段性和关键点，如各环节之间的过渡和连接、教师在课堂上的一些重点问题都需要明确阐述，一些无关紧要的内容或具体细节则可以略去不提。例如，对“重点问题”的阐述，说课教师要介绍问题设置的目的与意图，问题的具体内容是什么，这些问题是在怎样的情境中展开的，对学生知识的掌握和思维的训练会带来什么效果等。

3. 教与学的双边活动安排

活跃的师生互动是成功教学的一个重要标志。说程序也要说清安排的教学双边活动，包括如何运用新课程的教学思想指导教学，怎样体现教师主导与学生主体活动的和谐统一，教法与学法的和谐统一，知识传授与智能开发的和谐统一，“三维”目标的有机统一等①。

在介绍师生双边活动时，还可以阐述突出重点、突破难点的具体做法，如教师是如何剖析知识、点拨学生的，如何层层递进、化解难点的，等等。

化学是一门以实验为基础的学科，实验是化学课堂的重要内容之一，也是师生互动的一种主要形式。因此，在说课时，引入化学实验，不仅可提高说课的丰富性、生动性和趣味性，提升说课的效果，还彰显了化学的学科特色。说课中，教师无法真正演示实验或开展随堂实验，一般而言，可以根据所选实验的具体情况分别进行处理。如果是教材中的常规实验，则只需简单告知即可，但如果是非教材实验或是对实验做了改进，则需要进行详细说明；如果改造实验属于单独的试管实验，则只需简单说明药品与用量，并简述实验现象；如果属于制备实验、研究仪器与装置的实验或自创仪器的实验，就需要提供装置或示意图，详细阐述装置各部分的作用及使用方法，并说明改进实验的优点。总之，“说化学实验”应围绕这几方面展开：一是实验的名称与内容、目的与意图是什么，二是是否对传统的化学实验有形式、方法或组织过程上的创新，三是教师在实验教学中，通过何种方式引导学生展开观察和分析，学习化学规律及知识，进而提高其科学思维和探究能力。

4．总结归纳，拓展延伸

有的教师在设计过程时，在课堂小结、拓展延伸及形成性练习设计上有一定的创意，或占有比较重要的地位，那么，也可以在说程序中说说是如何归纳知识体系的，是通过怎样的形式与方法实现思维活动的适度拓展的，等等。

此外，板书也是课堂教学的组成部分，在说程序的最后，教师也可以简单说说板书的结构及设计依据，尤其是新颖独特的板书，也能体现教师的教学风格。

案例 3-10 是某教师对“最简单的有机化合物——甲烷”一课的“说程序”过程。

案例 3-10　“最简单的有机化合物——甲烷”说程序

根据以上对课标、教材、学情和目标的分析，我设计了四个环节完成本课的教学：创设情境，感受生活；追根究源，探索结构；控制条件，实验探究；开采利用，回归生活。

环节 1：创设情境，感受生活

首先，我会向学生展示两组图片：一是家用燃料的变迁过程，二是西气东输的路线图，并提出两个问题：

（1）使用天然气作为燃料，利用了甲烷的哪些性质？

（2）天然气通过几千公里的管道从西部运送到东部，又体现了天然气的哪些性质？

学生根据初中学过的知识能很快回答第一个问题，但对第二个问题会有不同的看

① 刘旭. 新课程理念下的课堂教学：听课 说课 上课. 成都：四川教育出版社，2005：270.

法。有些学生可能会从甲烷的状态进行考虑，而有些则会从甲烷的稳定性进行回答。以上两个问题的设置结合了日常生活情境，有利于调动学生已有的知识储备，顺利过渡到新知识的学习，并学会从化学的视角解读生活。

接着，我会提出第三个问题：如何用实验验证甲烷在常温常压下的稳定性？选择什么样的化学试剂呢？让学生展开思考讨论。学生可能会从甲烷中碳的化合价的角度进行分析，提出自己的想法和见解，如将其通入强氧化剂酸性高锰酸钾溶液中，或者用腐蚀性强的强酸、强碱，等等。为验证其可行性，我在这里安排了教师演示实验，将甲烷分别通入高锰酸钾溶液和滴加指示剂的强酸强碱中，结果发现均不褪色。通过这个实验，让学生对甲烷的稳定性具有更清晰的认识，也为后面乙烯等稳定性的探讨做铺垫。

环节 2：追根究源，探索结构

甲烷为什么具有这样的稳定性呢？带着这个问题，我让学生回忆并书写甲烷的分子式、电子式、结构式和结构简式，并提问：甲烷的四个碳氢键是以何种方式分布在碳原子周围的？

组织大家展开讨论，动手操作，用橡皮泥和火柴搭建甲烷的空间构型。学生在思考、讨论后，亲手搭建各种不同的甲烷模型。但这些模型究竟哪一种是甲烷的真实结构呢？这时我会利用四个相同大小的气球，将其扎在一起，它们自发地排列成正四面体的空间形状，生动形象，学生立即就会明白甲烷的四个碳氢键应该以正四面体的构型均匀分布在碳原子的周围，因为这样斥力最小，能量最低，最稳定。这一环节，我设置了操作的情境，让学生动手实践，真实再现了科学推理和探究过程。

然后，我向学生展示甲烷的球棍模型和比例模型，并介绍甲烷结构的发现史：19 世纪初，许多科学家也和同学们开始想的一样，认为甲烷是平面正方形，但这无法解释许多实验事实，直到第一届诺贝尔化学奖获得者荷兰化学家范特霍夫提出了甲烷的正四面体构型，才解释了这些事实，而这也标志了立体化学的诞生。通过化学史还原科学家对知识的认知过程，让学生回归科学发现的真实情境。

环节 3：控制条件，实验探究

甲烷在通常情况下是稳定的，但在实际生活中，我们常通过改变反应条件，用甲烷生产各种化工产品。对此，我安排了一组对比实验：准备 2 支试管，都收集甲烷和氯气的混合气体（体积比 1∶4），其中 1 支试管用黑色的塑料袋包好，另 1 支不做处理，将它们都倒扣在水槽中，在距离试管 15cm 处，点燃镁条，照射试管。分别用湿润的蓝色石蕊试纸在两管口检验，结果发现包有塑料袋的试管无明显现象，而另 1 支试管中的黄绿色消失，管壁有油状液滴，管内产生白雾且液面上升，试纸变红。

学生观察并记录实验现象，并写出甲烷和氯气反应的方程式。我顺势引出有机化学的重要反应类型——取代反应，并借助 Flash 动画演示，讲解取代反应的定义和机理。然后提问：甲烷与氯气反应是否只生成了一氯甲烷呢？经过启发，学生会明确甲烷的四个碳氢键是等效的，根据立体构型得到可能的产物还有二氯甲烷、三氯甲烷、四氯化碳。

最后，让学生从绿色化学的角度对本实验做出评价。本环节对课本实验进行了改进，设置了实验探究情境，充分调动了学生参与学习的主动性，学会了实验条件的控制，并通过对探究方案和操作的评价分析，提高了学生的思维能力和评鉴能力。

环节 4：开采利用，回归生活

甲烷作为燃料和重要的工业原料，占世界能源消耗总量的四分之一，学生知道含有大量甲烷的页岩气和海底可燃冰具有良好的开采利用前景。页岩气的开采在我国已进入了工业运行阶段，但海底可燃冰的开发利用在世界范围内仍处于研究阶段。为提高学生综合应用知识的能力，这里我让学生根据所学的知识，谈一谈制约可燃冰开发利用的瓶颈有哪些？并引导学生从天然可燃冰所处的位置（深海海底）、开采成本、环境保护（可能引发温室效应）等角度进行思考。

然后，针对这些问题，布置课后作业，让学生回去查阅相关资料，以《可燃冰应用的前景》、《可燃冰的开采瓶颈》、《可燃冰开采方法》等为题，撰写 500 字左右的报告，下节课汇报交流。

本课的设计从学生熟悉的生活情境出发，引出化学问题，最后又利用化学知识解决生产生活问题，充分体现了“化学来源于生活，又回归生活”的理念，加强了化学与生活的联系。其中又安排了动手操作-探究结构、控制条件-实验演示、评价方案-综合利用等多个环节，充分发挥了学生的主体性，体现了科学探究的思想。

（六）说得失

著名教育家赞科夫曾说过，没有个人的思考，没有对自己经验寻根究底的精神，要提高教学水平是不可思议的[①]。新课程改革强调教师的教学反思，不管是一堂成功的课还是一堂失败的课，都会有得有失。说得失一般是针对课后说课而言的，说课教师要全面总结该课的实际教学情况，说出自己是否体现了新课程的理念，是否落实了预定的目标，是否突出了学生在课堂学习中的主体地位，在教法和学法上是否有突破，是否有不同于课前设计的教学生成等，并在深刻反省的基础上，说出自己在该课教学中的主要不足及改进措施。

四、说课要求

说课作为一种新型的教学研究活动，有一定的独特性，教师在说课时应注意把握以下问题。

（一）体现“说”的成分

说课不是“背课”，不能“照案宣科”，更不能“读课”，重点要突出“说”字。说课者要根据设计的教学方案，有理有据、有详有简、简明扼要地表达自己的教学流程与方法策略。

---

① 欧洁红．提升教育智慧，做反思型教师．中学课程辅导·教师教育，2014，（3）：7.

说课通常情况下是在学科组或备课组内进行的，面对的是同行或专家，因此，也不同于“讲课”，说课者应该充分发挥自身的演讲才华，使他的教学思想和教育理念更加令人信服，充满魅力，要有强大的吸引力和说服力，而不能把听“说课”的同行视为学生，像上课般地讲解教学内容。

（二）时间控制得当

说课的时间控制表现在两个方面：一是总时间的控制，不宜太长，也不宜太短，通常可以安排一节课的 1/4～1/3 的时间，即为 10～15 分钟；二是时间分配要得当，说课者应将重点放在“说程序”，而不是花大量的时间来阐述教材、分析学生等。

（三）正确运用理论

说课要防止就事论事，避免只谈做法不谈依据、孤立地阐述教学设计的行为，而应该从教育教学理论的高度出发，逐次分析教学目标、教学内容、教学对象、教学方法及策略等。当然也要避免泛泛而谈，不能只说一些脱离内容实际、“放之四海而皆准”的空洞理论，还要防止为了提升所谓的理论高度而采用“张冠李戴”的做法，避免由此引起的理论与实际不一致的现象。

教师不仅要说清自己的设计和构想，还需说明引发这些构想的理论依据，如以化学学科基础理论作为“说教材”的理论依据，以教育学、心理学理论指导“说学生”的过程，以化学教学论和学科教学法引领教学方法的选择和优化等，实现教育教学理论与课堂教学实践之间的统一。

五、说课评价

说课就必然会有评“说课”。无论是课前说课还是课后的反思性说课，如果没有同行或专家的说课评价，那么说课的价值就会降低。只有把说课与说课评价两者结合起来，才能让说课者站在理性的高度研究化学教学，从而有效提高其教育科研的积极性和能动性。

说课评价的标准不是静止唯一的，而是动态发展的，但好的说课也有方向性的共同特征，如具有先进的教育理念，能较好地理解和处理教材，能运用教育学、心理学原理解读学生，能考虑多方面因素确定教学目标，能判定教学重、难点并找到适宜的解决办法，能选择和设计合理的教学方法和手段，能有效实现教学过程预见性和现实性的结合，说课表达具有逻辑性和条理性，语言生动形象，富有说服力和感染力，等等。

关于说课评价，不同的学校和研究机构有不同的评价指标，表 3-1 就是某师范大学对职前教师的说课技能考核的评分标准。从表中可知，该学校的说课评价沿用教学设计的构成体系，从前期分析、教学目标阐述、教学过程设计及说课表达四个要素确定一级指标。

表 3-1 说课技能考核评分表

项目	内容	评分标准	等级（分）				得分（分）
			A	B	C	D	
前期分析（10 分）	教学内容与任务分析	明确教学内容的地位和作用，知识结构和内容分析清晰、准确	5.0	4.0	3.0	2.0	
	学习者分析	学习者的起点水平、动机、认知特点和学习风格等分析正确	5.0	4.0	3.0	2.0	
教学目标阐述（20 分）	目标确定	三维目标全面、均衡，领域区分正确，体现学生主体性	6.0	4.8	3.6	2.4	
	目标阐明	目标阐述正确，具有可操作性、可评价性，符合学科特点和学生认知规律	8.0	6.4	4.8	3.2	
	教学重、难点	重点体现学习水平及其在课程中的地位，难点体现知识特征	6.0	4.8	3.6	2.4	
教学过程设计（50 分）	教学环节	教学情境创设有新意，正确体现目标，内容充实、适当，环节清晰，过渡自然，有效引导学生参与，启发学生思考，呈现方式合理	20.0	16.0	12.0	8.0	
	学习方式	体现新课程理念，运用学习方式适当、正确，体现学习者特征	7.0	5.6	4.2	2.8	
	教学方法	能突出重点，突破难点，突出学科教学特点，符合学习者特征	7.0	5.6	4.2	2.8	
	媒体运用和资源开发	媒体运用恰当，有利于教学的实施、目标的实现，能开发教学资源	7.0	5.6	4.2	2.8	
	形成性评价	将教学评价作为教学活动的一部分，作业量适当	9.0	7.2	6.3	5.4	
说课表达（20 分）	语言表达	语言清晰、简洁，运用得当，语速适中，语调起伏有变化，富有感染力	15.0	12.0	9.0	7.0	
	体态表达	体态大方，手势恰当，不做作，与听众有眼神交流等	5.0	4.0	3.0	2.0	

在前期分析上，从教学内容与任务分析和学习者分析两个角度展开，即通常所说的“说教材”和“说学生”，要求说课者能正确分析教学内容的地位、作用、具体内容及知识结构，准确把握学习者的学习动机、起点水平、认知特点和学习风格等。

在教学目标上，首先包含知识与技能、过程与方法、情感态度与价值观三个维度；各维度的目标多少基本一致，不存在严重的失衡现象；领域区分正确，如不要把技能目标归到方法目标等；目标阐述正确，采用可观察、可测量的行为动词，且以学生为主体，如“培养”、“激发”等动词就不够恰当；当然，目标定位也要结合具体的化学内容，不能出现遗漏和偏差，就如元素化合物而言，存在形式、物理性质、化学性质、用途等一般都将会是教学要求的内容。此外，教学重、难点的确定也是教学目标的重要组成部分。

教学过程是说课评价中所占权重最大的一部分，主要评价说课者的教学环节安排是否清晰有序，是否有新意；教法、学法是否体现学生的主体性，符合化学的学科特色，重、难点是否突出；媒体的使用是否科学合理；形成性评价是否及时恰当、有助于促进学生的发展等。

此外，说课表达也是说课需要考察的一个重要方面，主要包含口头语言和体态用语，其中，口语表达要求清晰简洁，富有感染力，体态表达自然大方，并与听者有一定的眼神和视线的交流等。

说课实现了备课、上课和评课三者的一体化，是一项源于本土、立足实践、服务教师的教学研究活动，在教学研究、教师发展等方面都发挥了重要作用。它强化了教学中的理性因素，将隐性的教学思想内涵显性化，有效解决了教学与研究、实践与理论相脱节的矛盾；以较为集中、简练的方式反映了教师的教学理念、风格特征和技能水平等，是教师教学智慧生成与表达的重要手段，同时，也增强了教师之间的交流和互动，实现了教学系统的开放性和多元化，是智慧型教师成长的重要途径。

主要参考文献

方贤忠. 2008. 如何说课. 上海：华东师范大学出版社.
化学课程标准研制组. 2004. 普通高中化学课程标准（实验）解读. 武汉：湖北教育出版社.
加涅. 1999. 教学设计原理. 4 版. 皮连生，等，译. 上海：华东师范大学出版社.
李兴良，马爱玲. 2006. 教学智慧的生成与表达——说课原理与方法. 北京：教育科学出版社.
梁永平. 2010. 中学化学教学论. 北京：北京师范大学出版社.
刘旭. 2005. 新课程理念下的课堂教学：听课—说课—上课. 成都：四川教育出版社.
刘知新. 2009. 化学教学论. 4 版. 北京：高等教育出版社.
马宏佳，汪学英. 2014. 化学教学论. 南京：南京大学出版社.
皮连生. 2000. 教学设计——心理学的理论与设计. 北京：高等教育出版社.
盛群力，褚献华，等. 2002. 现代教学设计应用模式. 杭州：浙江教育出版社.
王克勤. 2006. 化学教学论. 北京：科学出版社.
张祖忻，朱纯，胡宋华. 1992. 教学设计——基本原理与方法. 上海：上海外语教育出版社.
Dick W, Carey L, Carey J O. 2004. 教学系统化设计. 5 版. 汪琼译. 北京：高等教育出版社.

第四章　化学教学策略

教学策略是指以一定的教学思想为指导，为了达到教学目的而使用的系统决策，是对教学活动的谋划。它决定着教学方法的选择，能使教学活动具有目的性、计划性、灵活性和有效性。化学教学策略，就是为了解决化学教学问题和实现教学目标而确定的对教学方法、教学组织形式和教学媒体等方面的谋划和方略。

第一节　化学基本概念教学策略

概念是反映研究对象本质属性的思维形式。在化学课程中，最基本的和最具广泛应用的概念被称为化学基本概念。富有成效的概念教学，是学习其他化学知识的基础，是发展学生思维能力的重要途径，也是提高化学学科教学质量的关键所在。

一、化学基本概念在化学教学中的价值

化学基本概念是构成化学知识的基础。概念是对事物特征的独特组合而形成的知识单体，而知识是许许多多概念联结的完整体系。换句话讲，化学基本概念的联结构成了整个化学知识体系。

化学基本概念是学习其他化学知识的基础。对概念的理解，是学生学好基础理论、定律、公式的前提和基础。要形成一个完整的知识和技能体系，使学生能牢固、准确地掌握理论知识，需要用化学基本概念把化学的基本知识、基本理论、计算和实验技能等有机地联系起来。化学基本概念反映化学现象的本质及其规律，因此，学好化学基本概念，能让学生更加深刻、更加完善地认识化学所研究的物质及其变化，而不是仅仅停留在较低级别的感性阶段。

化学基本概念学习是发展学生思维能力的重要载体。化学基本概念是人们对日常生活和实验现象经过思维加工而成的，是化学客观现象最本质属性所体现的思维形式，是化学学科中形成判断与推理的元素，是化学原理和规律的推论和论证的根据。概念是已经剥离了现象的一种更高级的思维形态，因此概念学习是培养学生智力、提高学生逻辑思维能力的有效途径。

二、化学基本概念的结构和分类

（一）化学基本概念的结构形式

心理学中概念是指对事物的本质特征的抽象表征，事物因其有共同的性质可分为不

同的类别。通常，概念结构包括概念名称、概念定义、概念属性和概念实例四个方面。下面通过复分解反应这个例子来分析概念的结构形式。

（1）概念名称：复分解反应。

（2）概念定义：两种化合物相互交换成分，生成另外两种化合物的反应。

（3）概念属性：概念具有的本质属性，也称关键特征或属性。如概念“复分解反应”的关键属性是相互交换成分、两种化合物发生反应、生成另外两种化合物。

（4）概念实例：一切符合复分解反应特征的反应都是复分解反应，如 $CuSO_4+2KOH═Cu(OH)_2\downarrow+K_2SO_4$，称为概念的正例；一切不符合复分解反应定义的反应，如 $Mg(OH)_2+CO_2═MgCO_3\downarrow+H_2O$，称为复分解反应的反例。

（二）化学基本概念的分类

化学的基本概念大致可以分为基础知识概念和基本技能概念两大类。基础知识概念又可分为组成、结构、性质、变化、化学量、化学用语等几大类；基本技能概念主要包括实验技能和计算技能两类。

1. 物质组成类概念

如纯净物、化合物、元素、溶液、浊液、胶体等。此类是借助于直观和直觉想象形成的概念。这类概念主要是物质及其组成，是宏观的概念。对于这类概念，在教学中要尽量突出学生对宏观现象的认识和理解。

2. 物质结构类概念

如原子、分子、离子、电子、质子、中子、同分异构体、同素异形体、同位素等。此类概念是基于物质及其组成抽象而形成的，是从微观揭示物质的结构，这些概念在教学过程中要突出从宏观现象到微观结构的抽象。

3. 物质性质类概念

如物质的物理性质、化学性质、pH 等。此类概念反映物质的性质特征，多数依靠直观来形成。因结构决定性质，在化学教学中要突出对宏观现象的认识，结合组成与结构，让学生深刻认识到结构是决定物质性质的本质。

4. 物质变化类概念

如物理变化、化学变化、化合和分解、溶解和结晶、中和反应、离子反应、盐的水解反应、氧化还原反应、取代反应、加成反应等。此类概念与性质联系紧密，基于物质的结构得以理解。在教学中，要注重在观察实验现象的基础上，通过思维抽象出变化的实质。

5. 化学量类概念

如相对分子质量、相对原子质量等。这是用来表征物质特殊性质的一类概念。在教学中，要注意运用生动形象的比喻，防止学生“望文生义”，让学生正确理解这些概念的含义。

6. 化学用语类概念

如化学式、元素符号、化学方程式等。此类概念是国际通用的一种工具，是反映物质及其组成结构和性质的一种特殊思维形式。在教学中这类概念需要反复练习运用，使学生准确、熟练地掌握。

7. 化学实验类概念

有关化学实验的概念，主要是针对所使用的仪器和药品试剂、实验基本操作规范、实验设计及数据处理等。如加热、称量、取液、搅拌、振荡、溶解、过滤、结晶、蒸馏等基本操作的概念。在学生理解相关概念的基础上，让学生逐步掌握并熟练操作技能。

8. 化学计算类概念

如化学式的计算、溶解度和溶液浓度的计算、化学方程式的计算、电离度和溶液 pH 的计算、化学反应速率和化学平衡的计算等。化学计算方面的概念是综合运用化学知识和数学运算而形成的概念。对这类概念的理解，需要在教学过程中让学生重视有关化学知识的理解、掌握和运用，加强从分析解题思路和方法上进行培养训练。

三、化学基本概念的教学策略

化学基本概念都是抽象、概括的知识。在教学实践中，不少学生因为理解能力较差，往往对基本概念采用死记硬背的学习方式，从而容易造成只记住了定义，却忘记了由此分析概括和归纳得出的具体物质及变化规律。化学基本概念是由具体物质及其变化的现象，通过事实抽象归纳总结出来的。在教学中处理得当，选择合适的教学策略，不仅能达到基本概念的教学目标，还能满足学生探究物质及物质变化依据的需求，巩固和发展学生的学习兴趣。常用的概念教学策略有解剖概念、剖析词语含义、分析概念内涵外延等。此外，还可采用下面的一些策略。

（一）绘制概念图策略

概念图的图表结构包括概念、命题、交叉连线和层级结构。一般情况下，重要概念（中心概念）位于概念图的顶端，下位概念位于中心概念的下面，有时中心概念也可位于中央位置。如果中心概念位于顶端的概念图，一般顶端的概念为上位概念，包容性强。

概念与概念之间通过连接线和连接线上的连接词而形成意义关系，连接词连接两个重要概念并构成命题，连接词可以是“包括”、“表示”、“是”等。连线还带有箭头，具有方向性意义。

概念图的优势主要在于能形象化地表示概念间的关系，深层构建认知结构。用概念图进行教学，可以把握一个概念体系，促进知识形成网络体系，如图 4-1“溶液”的概念图。

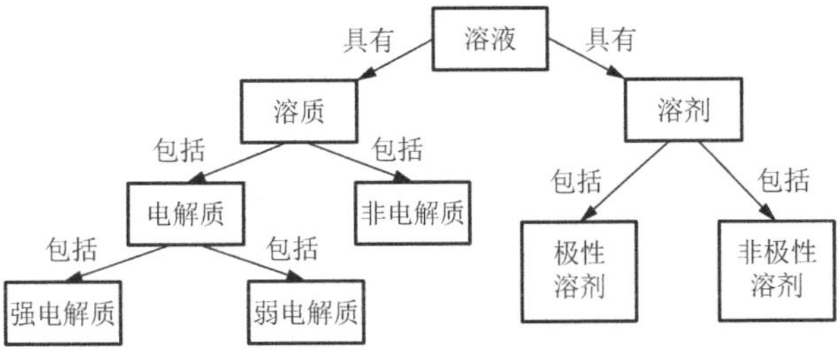

图 4-1 “溶液”的概念图

通常概念图呈现的是思维的结果。在具体的教学过程中，教师可以通过概念图，深层次地把握重要概念及概念之间的关系，提高教学效果。学生通过绘制概念图，掌握概念之间的关系，进行有意义的学习。同时，教师可根据学生绘制的概念图，评价学生对概念的掌握程度，为教师的教学和学生的学习提供反馈信息。

（二）制作思维导图策略

思维导图的基本结构包括中心主题、节点、连线、图像和色彩。思维导图都是围绕中心主题展开，不会偏离中心主题的内容。中心主题分支出节点，节点再分支出子节点，并以此发散，节点不断增加。节点可以是概念、句子或短语等关键词。连线用于连接节点与子节点、中心主题与节点，但是不带箭头。有时为了更直观、生动形象地表示节点的意义，可以运用实验仪器、实验装置、化学药品等图像。根据自己的需要，关键词和连线还可以加上颜色，更鲜明、直观地刺激大脑神经。

思维导图的结构中也包含中心主题和层级结构。但与概念图不同的是，思维导图没有连接词，连线上的关键词并不表示两个节点之间的关系，也不构成命题，而是节点下的一个分支内容。例如，“溶液”这一中心主题下，有溶质和溶剂两个节点，节点“溶质”又分支出子节点“电解质”和“非电解质”。中心主题与节点、父节点与子节点之间是包含关系，一个节点还可以分支出多个子节点，见图 4-2。

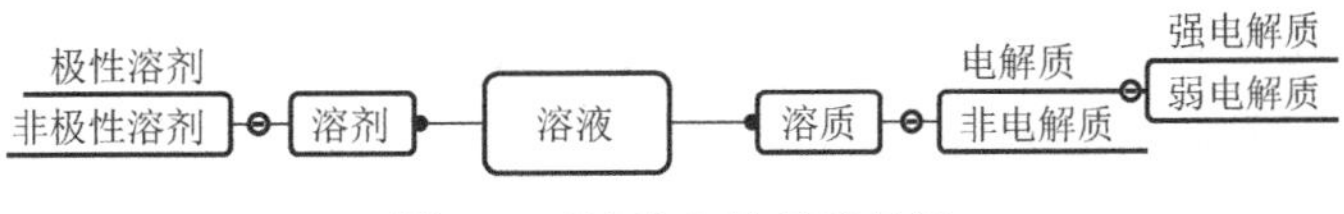

图 4-2 “溶液”的思维导图

思维导图呈现了思维的过程和结果，充分发挥了发散思维和收敛思维。思维导图中同一层次节点的数目就显示了思维的广度，即发散性。思维导图一个分支的长度就显示了思维的深度，即收敛性。思维导图在教学中赋予思维以灵活性和开放性，有助于培养思维的深刻性、全面性、创造性和发散性。

在具体的教学过程中，可以融合各种思维导图进行教学。在一堂课的教学中，利用树型图或括号图让学生回忆头脑中的原有知识，并引出将要学习的内容；利用圆圈图或起泡图进行新知识的发散学习；利用双起泡图或桥型图对比新旧知识，检验并巩固原有知识。学生在原有知识基础上，找出了新旧知识之间的联系，并将思维发散，重新构建了知识结构，提高了学习能力。

（三）多元切入策略

智力是获取知识的能力，多元智力理论认为智力有多种形式，这意味着学生了解、理解和学习知识有许多方式，而非一种。每一种智力既可以成为获取该智力领域的知识的手段，又可以成为获取该智力领域之外的知识的手段。加德纳在对课程教学的建议中指出，“有关内容可以由多种方式展现，如历史课可由语言、逻辑、空间或个人理解的模式来教学，甚至几何教学课堂也可用空间、逻辑学、语言或数字方面的能力来实施教学”。这样，多元智力理论为教学的切入点提供了九种潜在的途径。多元切入策略就是把所教授的内容通过多种不同的方式来释义，其中每一种方式都与特定的智力类型存在某种联系。通过对知识的多元呈现，为不同智力的学生提供丰富的、可供选择的学习机会。例如，关于“电解质”的概念，可运用以下六种不同的途径来说明：

（1）用语言智力来解释电解质。凡是在水溶液中或熔融状态下能够导电的化合物称为电解质。

（2）用观察智力理解电解质。用硝酸钾晶体、硝酸钾溶液和熔融硝酸钾做导电性实验，连接插入硝酸钾晶体的电极上的灯泡不亮，说明硝酸钾晶体不导电。其他两只灯泡都发亮，说明硝酸钾溶液和熔融硝酸钾都能导电。

（3）用空间智力想象电解质导电。用计算机软件动画模拟硝酸钾晶体溶于水后，在水分子的作用下，阴阳离子脱离晶体表面，电离成能够自由移动的水合阴离子和水合阳离子的过程。

（4）用音乐智力领会电解质。将音乐贺卡电路中的开关断开，连上两根电极，插入稀硝酸钾溶液中，音乐卡发出轻轻的音乐声。随着硝酸钾浓度的增加，音乐声越来越响亮。这说明硝酸钾溶液的浓度越大，导电能力越强。

（5）用逻辑数学方程式释义电解质。像硝酸钾这样的强电解质不服从质量作用定律，如把各种不同浓度（c）的硝酸钾的电离度（α）值代入方程式：$K = c\alpha^2/(1-\alpha)$ 所得 K 值不是常数。对强电解质来说，电离常数已无意义。

（6）用生活经验说明电解质。当有人触电时，施救人员不能用手或湿的木棒，而要用干燥的木棒拨开电线。

使用多样化的教学手段帮助学生理解同一概念，有助于学生从不同的角度去建构知识，可为学生更好地理解电解质概念打通各种渠道。同时，将多种智力融入同一知识的教学，也为学生提供了使用各种智力的机会，包括他们最强和最弱的智力，从而促使学生的多元智力得到发展。

多元切入的具体方式可以是叙述式、数字式、审美式、动手操作式、社会交往式等。但需要指出的是，多元切入策略并不是指每一个学习内容都应该涉及九种智力领域，是否涉及某一智力领域及如何涉及这一领域，取决于这一领域是否有助于学生对知识的理解和把握。

（四）核心概念引领策略

核心概念是学科知识结构的脊梁，它具有能够有意义地组织和引领其他概念的属性，还具有超越课堂的迁移价值和应用价值。在高中化学课程中，核心概念很多，如氧化还原、物质的量、离子反应、化学平衡等。

例如，“氧化还原”蕴含着精炼有序的简单美和对立统一的动态美，它不仅在知识体系中占有举足轻重的地位，还应用到生产、生活及科研等多个领域，是中学化学课程中典型的核心概念。氧化还原概念的建立，能使学生以全新的角度看待化学反应的类型。学生之前对化学反应分类的认识有限，而现在学生能从微观角度依据有无电子的转移将化学反应分为氧化还原反应和非氧化还原反应，而且，此前学生对化学反应的微观认识仅停留在原子间的重组。学习了氧化还原之后，建立了“原子在重组时是否发生电子转移”这一全新的视角，拓展了其对化学反应更为本质的微观认识。通过对氧化还原应用价值的分析，能使学生初步构建利用化学反应的思维角度，如实现某物质中相同元素不同价态间的转化、不同形式能量的转化、重要物质的制备与合成等。

以“化学能转化为电能”为例：自发进行的氧化还原反应是构成原电池的核心，教学时应紧紧围绕这个核心展开。首先组织学生分组实验：①Zn 片插入稀硫酸；②Cu 片插入稀硫酸；③Zn 片、Cu 片同时插入稀硫酸；④用导线把 Zn 片、Cu 片上端连接，一起插入稀硫酸。让各组学生派代表描述实验现象，分析原因。然后引导学生聚焦实验④，分析其中的电子转移并得出相关结论。在此基础上便可进一步提出，若将电流计换成小灯泡，这就像一个电源向小灯泡供电，称这样的装置为原电池。学生只有在结合氧化还原反应以充分理解原电池的实质之后，教师才能开展后续关于其形成条件的探究。在原电池、电解池等知识的学习中，学生对氧化还原概念的理解显得尤为重要，只有真正从微观本质上加以理解，才能在学习中游刃有余。

在具体教学中，应为新概念寻找归属即核心概念，在核心概念的引领下，将新知识的学习与已有知识建立联系，使新知识的学习成为一个同化的过程，构建以核心概念为中心的知识网络。

（五）循序渐进策略

化学概念往往都是“成群结队”出现，而很少“孤燕单飞”。众多的概念间有着千丝万缕的联系，要循序渐进地进行。

在化学课本中，化学基本的概念都是由浅显到深入逐步递进编排的，讲解时要注意知识的阶段性。任意扩大概念，或想要一步到位，将概念完全讲解透彻、讲解深刻的做法是不现实的，如“氧化还原反应”概念，应从初中接触过的氧化还原反应的概念入手，逐步深入。先从初中“得氧失氧”的概念讲解，再逐步变换到由“化合价升降”来分析氧化还原反应，进而抛出“电子的转移”是氧化还原反应的实质，并且深入分析“电子转移”包括“电子得失”和“电子偏移偏向”。这样由浅入深、由易到难，才能使学生对概念有深刻的理解。

第二节　元素化合物知识教学策略

元素化合物是整个化学知识的“骨架”，是中学化学的重要组成部分，它是学习其他化学概念或理论的基础。如果没有对这部分内容进行透彻的学习，其他的化学概念和理论将变成无源的空概念或理论。如果该部分知识不扎实、不丰富，那么化学中学习的概念和原理将会变得空洞抽象。

一、元素化合物知识在化学教学中的价值

（一）元素化合物知识是中学化学的重要内容

在化学教学中，元素化合物知识约占教学内容的60%，囊括了主族元素、副族元素、过渡元素及其化合物和各类有机物及其代表物。元素化合物的知识，包含物质的物理性质、化学性质等，某种物质的具体性质又包括物质的存在、制法、保存、用途、检验和反应等知识内容。在中学化学学习中，元素化合物知识几乎贯穿了整个学习的知识点，是学习化学知识的框架和基石。

（二）元素化合物知识有助于学生能力培养和情感教育

教学的核心任务是培养和提高学生的学科能力。能力不是知识的简单堆砌，而是通过一定程度的培养由学生自己构建而来的，它是学生自身在学习的条件、情景中自主内化而来的，与实践是密不可分的。在元素化合物学习中，经常进行物质的性质、制备、分离与提纯、检验、组成与结构、变化的规律等探究活动。这些探究活动对学生能力培养能起到铺垫作用。教师通常采用知识点与真实情景相结合的教学策略来讲解元素化合物知识。生产生活与元素化合物知识相关的地方有很多，教师将生活实际与知识点相结合，让学生通过真实的情景进行学习，不仅能够感受到化学的魅力，激发学生对化学学习的兴趣，还能让学生更加热爱生活，培养学生唯物主义世界观，发展学生自主获取知识的能力。因此，元素化合物知识是激发学生正面情感的好素材。

（三）元素化合物知识有助于学生解决生活问题

现实生活需要每个人充分利用自身的多种能力来解决各种实际问题。教育的价值在于满足作为社会成员的个体的社会性发展的需要，赋予受教育者社会生存能力，促进个体不断地社会化。元素化合物中包含众多与科学、技术、社会、环境密切相关的内容。如学习氧化还原后，学生就能够解释某些实际现象和问题。例如，对铁生锈、苹果切开易变黄、植物光合作用等现象的解释；利用含高价元素的金属矿物制备常用的金属材料；常见化学电源的工作原理、人和动物对能量的消耗，等等。生命中的营养素、奥运会美丽的焰火晚会、生活中各类无机盐（$NaCl$、$NaHCO_3$、$CaCO_3$）等都体现了元素化合物与人类生活的密切联系。这些知识的学习，能有效地帮助学生解决生活中的一些实际问题。

二、元素化合物知识的特点

（一）元素化合物知识编排特点

元素化合物知识依照从个别到一般的顺序编排。由个别元素氯、钠、铁、铜、硫、氮到元素族的介绍，由元素的个性到元素族的共性，这是一个系统提高的过程。与此对应，化合物知识从分散学习到归类学习，显然是一个由个别到一般的认识的飞跃过程。

元素化合物知识和理论知识穿插编排。理论知识的学习在一定的元素化合物知识基础上进行，同时元素化合物知识能在基础理论的指导下进行。在元素周期律介绍前，主要是掌握元素化合物性质等材料，同时突出“族”的规律性，为后面导出周期律奠定基础，重在培养学生的分析和归纳能力。而在元素周期律后，则是运用理论阐述元素与化合物的结构、性质和变化规律，重在培养学生的推理能力。

（二）元素化合物知识内容特点

中学化学包含主族元素、副族元素及其化合物，这些知识具有庞杂、琐碎的特点。学生学习某一知识点时，觉得很容易理解，但是当学习的含量逐渐增加时，很容易混淆。特别是在没有学习周期律的情况下，学生对元素的理解是孤立的，不会整体地把握，容易给学生带来负担和挫折。化学是从原子、分子的层面研究化学物质，学生在学习元素化合物的组成、变化的同时，会不可避免地融合其微观结构和反应原理规律，即穿插了化学原理的部分内容，这就无形中要拓展学生学习的内容，加大了学生学习的难度。深入课改后加强了元素化合物与生产生活的联系，拓宽了概念原理的教学，这无形中也增加了元素化合物教学的繁琐性。因此，在教学时普遍感到元素化合物知识“繁、乱、杂、难”。

三、元素化合物知识的教学策略

（一）搭建支架教学策略

“支架”（scaffold）原是建筑行业的专业术语，又有脚手架的意思，是指在盖房时给予的暂时支持，待楼房建设好后，撤掉这种支架。根据脚手架的作用，教育工作者把它引申到教学领域中，此时的脚手架指的是当学生在学习过程中遇到困难时由教师提供一定的帮助，利用脚手架作为支撑点，为学生完成学习任务提供必要的帮助，教学过程是教师不断地为学生的学习和发展搭建支架，使得学生沿着“支架”逐步攀升的过程。

1. 工具支架

工具支架指的是在教学过程中使用一系列的模型和多媒体等工具的支架。工具支架意在为学生提供直接的操作性和情境性的经验，以帮助学生合理有效地运用工具和资源。例如，在学习物质组成与结构时，教师可以利用球棍模型等工具支架，实现从微观到宏观的转变。

2. 问题支架

问题支架是指在学生处于未知状态时给予其以问题为支架载体的启发或向导的支架。这类支架形式在化学教学中最为常见。在教学过程中问题多是以单个的形式出现，系统性往往不强，而当将新内容的框架转换成为问题链的形式时，学生就可以在解链的同时获得支架的攀升，从而实现意义的建构。例如，在对盐类水解过程进行探究时，可以向学生提出如下几个问题：以乙酸钠为例，在水溶液中存在几种离子？哪些离子的结合会对水的电离平衡产生影响？如何解释乙酸钠水溶液呈碱性？学生通过这一系列问题的回答，完成了对盐类水解过程认知框架的构建。

3. 元认知支架

元认知支架指的是在学习过程中为学生提供能够帮助其在学习中评估与反思已知什么与还要做什么的支架。这类支架可以是一种简单的提示或供学生去反思的目标或问题，用以帮助学生去反思组织知识的内在心理机制①。例如，学生在学习硫及其化合物的内容时，在结课部分让学生画出他们已知的所有硫及其化合物的转化关系图，然后由教师提供详尽的转化关系图，最后让学生通过对比进行查漏补缺。

4. 信息支架

信息支架指的是在学生遇到瓶颈时给予陈述性的关键信息，帮助学生突破现有困境的支架②。信息支架的特点在于直截了当，学生可以直接加工和利用信息获得新知。如

① 吴良根．化学支架式教学中搭建“脚手架”的策略研究．江苏教育研究，2009，(11)：36-38.
② 吴庆生．利用支架协助学生建构化学程序性知识．化学教学，2014，(2)：17-19.

氨基酸的学习，当使用味精饱和水溶液（谷氨酸钠盐溶液）制取谷氨酸时，学生可能一时想不出制取的方法，此时教师可以为学生提供信息：谷氨酸是一种弱酸，化学上制取弱酸的方法有哪些？学生很快就能选定强酸制取弱酸的方法，实现氨基酸的制备。

5. 实验支架

实验支架指的是在教学过程中利用实验作为支架载体的支架。实验是化学学科的基础，利用实验支架可以在很大程度上解决和突破化学学习上的重、难点。例如，离子定向移动这一内容，将一根蘸有高锰酸钾溶液的棉线置于滤纸中间，然后对夹于滤纸两端的导电夹进行通电实验，学生可以很明显地看到有一条紫色的离子线在定向移动。

（二）随机进入教学策略

随机进入教学可以被界定为学生伴随着新知识的建构，根据自己的实际情况随意通过不同渠道，不同学习方式从多个不同角度和不同问题侧面，在不同的时间多次进入同一化学教学内容，从而达到对化学专题知识全面而又深入的掌握。随机进入教学独特而又鲜明的认知性、多元性及灵活性，有利于学生自主学习能力和探究能力的培养，在这种策略下通过创设隐含不同目的、不同侧重点的问题情境，引导学生能够从事物不同方面的特征，主动构建合理完整的知识结构体系。

例如，在有关二氧化碳性质探讨的教学过程中，教师可以利用言语行为进行介绍或通过图片展示与生产生活息息相关的具体事例。如碳酸饮料、温室效应、植物光合作用、灭火器及人工降雨等方面有实际意义的事实，激发学生的学习动机和兴趣，拉近学生与化学学习的情感距离。接着从以下四个教学实验展开关于二氧化碳性质的探究学习，每一个实验都在不同的情景中进行：

实验 1：将带火星的木棒插入装满 CO_2 气体的集气瓶中，火星熄灭了，让学生通过直观观察得出 CO_2 不支持燃烧的事实结论。

实验 2：原本四处乱窜的苍蝇在充满 CO_2 气体的密闭容器中逐渐停止活动，该实验以 CO_2 气体不能供给呼吸为设计要点，逐步让学生了解 CO_2 气体化学性质。

实验 3：紫色石蕊试液在通入 CO_2 气体后变红，启发学生积极主动思考，进一步挖掘 CO_2 气体溶于水显酸性的化学性质。

实验 4：澄清石灰水溶液在通入 CO_2 气体后变浑浊，这个现象引起学生知识结构不均衡，激发学生学习的兴趣，使其产生透过现象看本质的探究意识，最后使学生通过查找资料或与他人交流逐渐清晰地得到问题解决方法。

以上四个实验从不同的方面展开关于 CO_2 气体性质的教与学，包含了以基本知识传授为基础的教与学。由此可见，随机进入教学策略在于凭借化学基础，从问题的不同侧面和角度将学生的学习从低级向高级进行引导，帮助学生形成良好的知识结构。

（三）实验探究策略

验证性实验一般是模仿、重复教师演示过的实验，由于一切现象和变化都在预料之中，没有学生自由发挥的余地，激发不起学生去积极思考。在学生实验中增加一些探索性内容，让学生以研究的态度对待这些实验，这样学生就会在认真、仔细操作的同时，深入考虑与实验有关问题，让自己始终处于探索的情境中，通过创造性的思维来完成知识的学习。例如，在铁钉与 $CuSO_4$ 溶液置换反应实验后增加 3 个实验问题：①Na 与 $CuSO_4$ 溶液反应可否置换出 Cu？②Na 与 $FeSO_4$ 溶液反应有何现象？③室温下把铁钉放入盛浓 H_2SO_4 的烧杯中一段时间后取出洗净，然后放入 $CuSO_4$ 溶液中有何现象？学生在铁钉和 $CuSO_4$ 溶液反应的思维定势下，对实验①很容易得出生成 Na_2SO_4 和 Cu 的结论，实际上有蓝色絮状物生成，同时有大量气体产生，却无 Cu 析出。对实验②学生也容易误认为与实验①的现象一样，而实验的结果却多了白色 $Fe(OH)_2$ 沉淀转变为红棕色 $Fe(OH)_3$ 沉淀的现象。实验③由于铁表面生成了一层致密的氧化物，不发生反应。实验出现的现象一次又一次否定了学生前面的回答，学生的思维会异常活跃，思维高度集中，提高学习效果。

（四）类比教学策略

类比教学是一种十分有效的教学策略，它主要是要找出教学内容之间的相似之处，找到共性规律。对于元素化合物的教学采用此方法是最合适的，虽然元素化合物知识繁多，但知识间总是有千丝万缕的联系，找到相似之处对学生理解记忆具有极大的帮助。类比教学的步骤是：①找出可以联系的关键点，为类比打下基础；②展开联想，由“此”联系到“彼”；③精加工，在联想的基础上尝试类比。如硫的复习课中的相关联想见表 4-1。

表 4-1　硫的复习课中的相关联想

硫及其化合物的某些性质	联想有关知识
硫单质为淡黄色	淡黄色物质：Na_2O_2、AgBr、Ag_3PO_4
H_2S 水溶性	常见气体溶解性：$NH_3>HCl>SO_2>H_2S>Cl_2>CO_2$
H_2S 毒性	有毒气体：Cl_2、Br_2、F_2、HF、NO、CO、NO_2、SO_2
H_2S 燃烧呈淡蓝色	火焰呈淡蓝色的气体：H_2S、CO、H_2、CH_4
H_2S 不能用浓 H_2SO_4 干燥	不能用浓 H_2SO_4 干燥的气体：H_2S、HI、HBr、NH_3
H_2S 实验室制法	用启普发生器制取的气体：H_2 、H_2S、CO_2
SO_2 使品红溶液褪色	具有漂白性的物质：HClO、$Ca(ClO)_2$、Na_2O_2
SO_2 易液化	易液化的气体：Cl_2、SO_2、NH_3、NO_2
H_2S 水溶液显弱酸性	水溶液呈弱酸性的气体：H_2S、HF
SO_2 使酸性 $KMnO_4$ 溶液褪色	能使 $KMnO_4$ 酸性溶液褪色的物质：SO_2、H_2S、HI、C_2H_2、C_2H_4 等
浓 H_2SO_4 吸水性	常见干燥剂：P_2O_5、浓 H_3PO_4、无水 $CaCl_2$、硅胶、碱石灰

（五）建立坐标策略

在元素化合物教学中，很多信息都是以文字描述的形式呈现给学生的，众多零散的记忆性内容无形之中加重了学生的负担。如果将量化的数值在数轴上加以呈现，就能更加清晰明了，而且在一定程度上增加了化学知识的趣味性与艺术性。

关于同位素、同素异形体、同分异构体等概念的辨析是学生容易犯错的地方，关键原因在于部分学生未能很好地理解概念。原子核内质子数相同、中子数不同的原子互称为同位素。为了形象地体现，以质子数为横坐标、中子数为纵坐标建立直角坐标系，并将一些常见的同位素进行标注（图 4-3）。

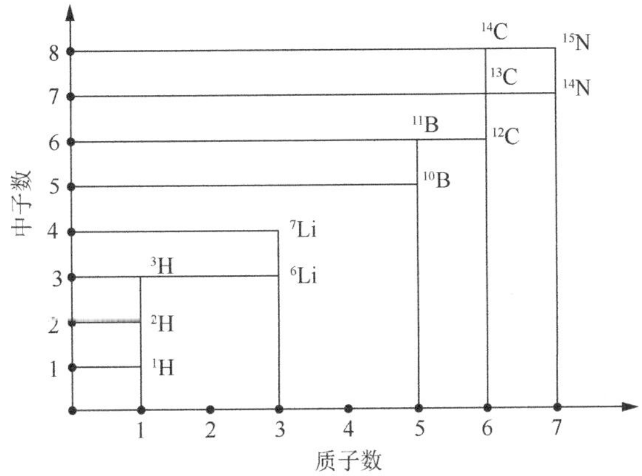

图 4-3 同位素坐标图

位置、结构与性质三者的相互关系是元素周期律学习的核心内容。如果以直角坐标系的形式呈现主族元素（图 4-4），将“最外层电子数=主族序数、电子层数=周期数”这一结论，类比到数学中利用横坐标（主族序数）和纵坐标（周期数）来确定某一点（某元素所在的位置），能更好地突破难点。

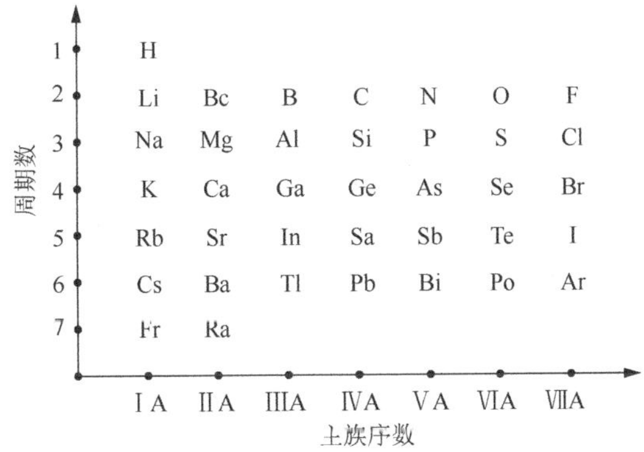

图 4-4 位置、结构与性质关系坐标图

坐标除了可以应用在上述这些较为零散的知识点之外，还可以将其应用于知识的整理与总结上。以苏教版《化学 1》专题四“硫和含硫化合物的相互转化”为例，本节课重点为硫和含硫化合物的相互转化，旨在引导学生构建起硫和含硫化合物相互转化的知识网络图。因此，在该课的教学中，首先可以引导学生列举常见的含硫物质，并将这些物质按照一定的标准进行分类，学生自然会想到分类依据，可以是化合价、物质类别、状态等，然后教师可以自然地以板书的形式构建出如图4-5所示的坐标系。在后续新课的教学中逐渐地完善知识网络，最终让学生掌握“相同价态含硫物质的相互转化可以通过非氧化还原反应得以实现，不同价态含硫物质的相互转化可以通过氧化还原反应实现”，从而落实本节课的重点，突破难点。

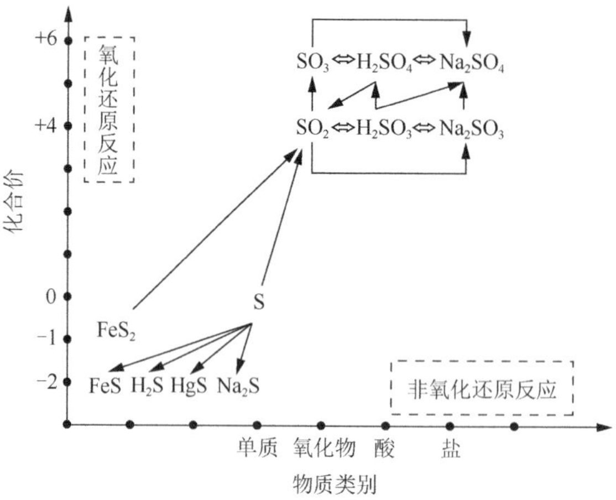

图4-5 含硫化合物相互转化坐标图

将坐标这种最基本的数学工具应用于化学教学中，并在此基础上进行适当的拓展与创新，能有效增强教学直观性，从而服务于化学教学实践。

（六）实物直观策略

在元素化合物知识教学中要充分利用直观手段，让学生通过对直观实物的观察、分析来理解知识。在化学教学中采用的直观手段包括实验直观观察、模像直观观察和语言直观观察等。

如影响“铁丝与氧气”反应速率因素的分析，可这样来进行。取两根粗细、长短一样的铁丝在酒精灯上加热，然后一根放入盛氧气的集气瓶中，很快就“烧完”了；另一根放在酒精灯上继续加热，即使烧几分钟也不会“熔化”。一般学生分析此现象和瓶中纯氧的浓度是空气中氧气的约5倍。若此反应的速率仅取决于氧气的浓度，则用5倍于在纯氧中铁丝烧完所耗时间，放在空气中的铁丝也应该烧完了，事实却非如此。所以仅从浓度角度分析就无法解释。此时，教师可巧妙地引导学生从多角度来分此现象，反应速率不仅受浓度的影响，还受温度等其他因素影响，分析得出上述现象差异的原因：铁丝在纯氧中燃烧快，是因为单位时间内产生热量太的，致使铁被熔化；而铁丝在与空气中氧气作用时达不到如此高的温度，即使延长加热时间也不能熔化。因为单位时间内产生的热量不同，而导致反应体系温度不同，温度是影响此反应速率的主要因素。

（七）理论引领策略

化学基本理论和概念对研究物质性质的思路和方法具有引领作用，以“氧化还原”概念对元素化合物知识学习的引领为例说明。

学习氧化还原概念前，学生只能从物质类别的角度认识其性质。学习氧化还原概念后，学生能够形成认识和研究物质性质的一般思路和方法。物质含有可变价元素时，该元素处于高价，则能够降低，体现氧化性；处于低价，则能够升高，具有还原性；处于中间价态，则同时具有氧化性和还原性。学生可以从中心元素的化合价预测其可能具有的性质，再选择合适的氧化剂或还原剂，设计实验加以验证。以“硫及其含硫化合物的相互转化”为例，演示实验：①在 Na_2S 溶液中滴加 I_2；②在 H_2S 中滴加 $FeCl_3$ 溶液。学生发现两者均有黄色沉淀生成，并据此写出反应方程式，引导学生分析得出-2 价的 S 是硫元素的最低价态，只具有还原性，可以通过加入合适的氧化剂，使-2 价的 S 转化为 0 价的 S 单质。同理，再通过 $KMnO_4$ 与 Na_2SO_4、H_2S 与 H_2SO_4 的反应证明处于+4 价的 S 同时具有氧化性和还原性。接着，引导学生预测 S 单质可能的性质，并自行设计实验加以验证。学生在紧密结合氧化还原概念的基础上，才能轻松地归纳出含硫物质间的转化规律。S 处在最高价只有氧化性，处在最低价只有还原性，处在中间价则既有氧化性又有还原性。实现硫元素不同价态间的转化可以通过氧化还原反应得以实现。

通过氧化还原概念的引领，学生对于某些实际现象和问题的分析能力也能得到进一步发展。例如，对铁生锈、苹果切开易变黄、植物光合作用等现象的解释；利用含高价元素的金属矿物制备常用的金属材料；常见化学电源的工作原理、人和动物对能量的消耗，等等。真正将化学同自身生活经验和对周边事物的观察相结合，实现知识的良好建构。

第三节 化学用语教学策略

化学用语又称化学语言，是国际通用的科技“语言”，是学习化学的工具，是用来表示物质的结构和变化规律的一种特殊符号。它贯穿于中学化学学习过程的始终，与化学的基本概念、基本理论及其他知识有着非常密切的联系。如果学生不能掌握化学用语，会对其他内容学习造成障碍。因此，如何帮助学生理解各种化学用语的含义，是化学教学的关键。

一、化学用语在化学教学中的价值

化学用语是在化学科学发展过程中逐步形成和发展起来的。远至古代的炼金家道尔顿已开始用一些符号来表示某些元素物质。到 1860 年国际化学界公认用柏齐里乌斯建议的用拉丁文名字的起首字母，或再加一个小写字母代表化学元素符号。至今世界已有了通用的化学语言，它是广大化学工作者进行信息学术交流和传播的重要工具。

化学用语是学习化学的基本工具。在学习化学开始就接触到化学用语（元素符号、分子式、化学方程式）的概念，在讲到分子、原子、离子等概念时，用分子式、电子式、元素符号、离子符号来表达；化学定律用分子式、化学方程式等来体现；电解质的电离和中和反应的实质，要用电离方程式、离子方程式来阐明；离子化合物和共价化合物的结构要用电子式来表明；化学实验中的化学现象要用化学方程式来记录；化学计算要以化学用语为依据。可以说，没有化学用语就没有办法进行化学教学。

化学用语还是培养学生抽象思维能力和锻炼学生记忆能力的一种方式。化学用语蕴含了与之相对应的化学概念，化学概念是化学事物本质性的概括，学生在学习和使用化学用语时，必然会发展自己的抽象思维能力。化学用语作为一种符号，要求学生会读、会写、会运用。必须首先牢牢记住这些符号。因此，学生在学习化学用语的过程中，也会发展自己的记忆能力。

二、化学用语分类

根据不同的标准，化学用语可以分成不同的类别，下面具体介绍不同类型的化学用语。

（一）表示元素的符号或图式

1. 元素符号

元素符号是用来标记元素的特有符号，如 H、N、Cl、Na 等。

2. 核素符号

核素符号是用来表示核素的符号，由元素符号、质量数（左上角）、质子数（左下角）共同构成。例如，H 的核素符号分别为 ${}^{1}_{1}H$、${}^{2}_{1}H$、${}^{3}_{1}H$。

3. 离子符号

离子符号是在元素符号右上角表示离子所带正、负电荷数的符号。例如，Na、Cl、NO_3 的离子符号分别为 Na^+、Cl^-、NO_3^-。

4. 原子（离子）结构示意图

原子（离子）结构示意图是表示原子核电荷数和电子层排布的图示形式。例如，氯原子和氯离子的结构示意图如下：

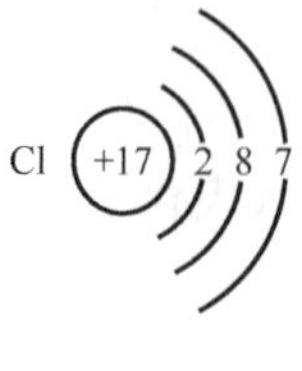

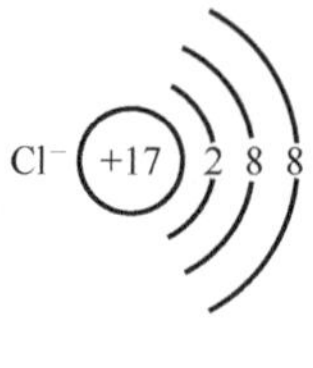

5. 电子式

电子式是在元素符号周围用小黑点“.”或小叉“×”来表示元素原子的最外层电子的式子，例如

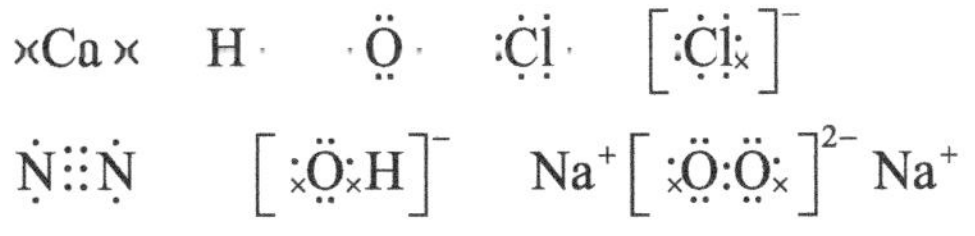

6. 电子排布式

电子排布式是指用能级的符号及能级中容纳电子数值表达核外电子运动状态的式子。例如，碳、钠和钙原子的电子排布式分别是 $1s^2 2s^2 2p^2$、$1s^2 2s^2 2p^6 3s^1$ 和 $1s^2 2s^2 2p^6 3s^2 3p^6 4s^2$。

（二）表示物质组成和结构的式子

能用来表示物质的组成及结构的式子有化学式、实验式（最简式）、分子式、结构式、示性式等。

1. 化学式

用元素符号表示物质组成的式子称为化学式，如 Fe、Mg、H_2、Cl_2、H_2O 等。

2. 实验式

实验式又称最简式，用元素符号表示化合物中元素的种类和各元素原子个数的最简整数比的式子。例如，NaCl 是氯化钠晶体的实验式，表示氯化钠晶体里钠和氯的离子数之比为 1∶1；P_2O_5 是五氧化二磷的实验式，表示五氧化二磷中磷和氧的原子数之比为 2∶5。有机化合物中有很多化学式不同、实验式相同的物质，例如，苯和乙炔的实验式都是 CH，所以通常不能用实验式来表示某种有机化合物。金属原子间以金属键结合成金属晶体，所以金属元素符号是表示金属组成的实验式。固态非金属，如较为稳定的石墨，是由碳原子以复杂的化学键构成的混合键型晶体。为了简明，通常也只用仅能反映其组成的实验式“C”来代表石墨。通常用实验式来表示的物质是金属单质、大多数固态非金属单质（如直接由原子构成的非金属单质）和离子化合物。

3. 分子式

分子式用来表示单质或化合物的一个分子中所含一种或各种元素的原子数目。例如，二氧化碳分子由 1 个碳原子和 2 个氧原子构成，分子式为 CO_2。由于稀有气体的分子是单原子分子，所以它们的分子式就是它们的元素符号。互为同分异构体的有机物，它们的分子式相同，但它们的结构和性质不同，因此有机物一般不用分子式而用结构简式来表示。分子式通常用来表示由分子构成的无机物，这些无机物一些是非金属单质，但主要是共价化合物。

4. 结构式和示性式

结构式是用元素符号和短线表示物质分子中原子的排列和结合方式的式子。结构式不仅可以像分子式那样表示物质的分子构成和相对分子质量，还可以在某种程度上反应分子的结构和性质。每一种化合物的结构式是在先由实验式和相对分子质量求得分子式的基础上，再通过化学和物理方法确定的。例如，乙醇和甲醚的分子式均为 C_2H_6O，但它们的物理和化学性质均不同，这是因为它们有不同的分子结构，互为同分异构体，要用不同的结构式来表示。

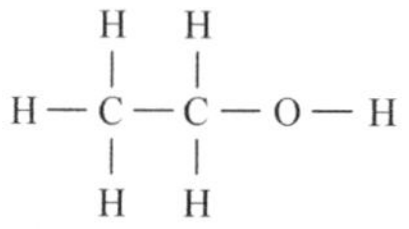
乙醇

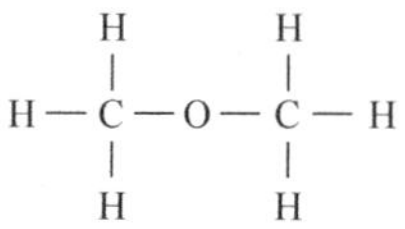
乙醇

示性式或结构简式是只表明分子中原子间排列次序的简化结构式。例如，乙醇的示性式为 C_2H_5OH，甲醚的示性式为 CH_3OCH_3：示性式既能克服结构式的书写有时很繁琐的不足，又能显示分子的结构特征（如有机化合物中的特性原子团即官能团），因此示性式更常用于表示有机化合物。

（三）表示物质变化的式子

1. 化学方程式

用化学式来表示化学反应的式子，例如

$$KHCO_3+KOH=\!=\!=K_2CO_3+H_2O$$
$$2KOH+CO_2=\!=\!=K_2CO_3+H_2O$$

2. 热化学方程式

表示化学反应中吸收或放出的热量的化学方程式，例如

$$2CO(g)+O_2(g)=\!=\!=2CO_2(g)\ \Delta H=+566kJ/mol$$

3. 氧化还原方程式

表示电子得失或电子转移方向的化学方程式，例如

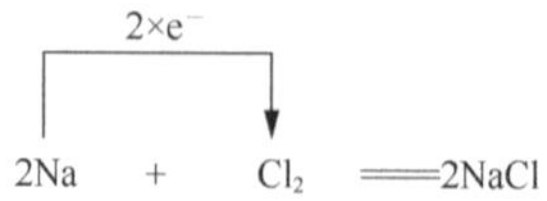

单线桥

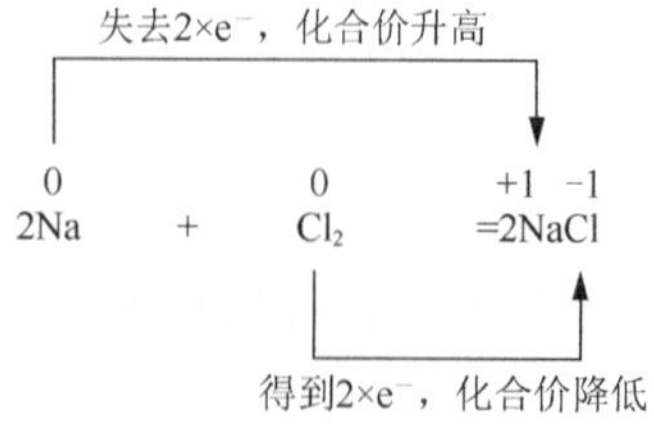

双线桥

4. 电离方程式

用化学式和离子符号表示电离过程的式子，例如

$$NaCl = Na^{+} + Cl^{-}$$

5. 离子方程式

用实际参加反应的离子符号表示反应的式子，例如

$$2Al^{3+} + 3CO_3^{2-} + 3H_2O = 2Al(OH)_3\downarrow + 3CO_2\uparrow$$

6. 电极反应方程式

在电化学装置中表示原子或离子在电极上得失电子发生氧化或还原反应的式子，例如

负极：$Zn - 2e^{-} = Zn^{2+}$（氧化反应）

正极：$Cu^{2+} + 2e^{-} = Cu$（还原反应）

三、化学用语的教学策略

因为化学用语的数量非常多，而且很枯燥，因此，学生在学习过程中，感到困难较大。如果这个难关过不去，整个化学学习将难以进行下去。为了有效地解决这些问题，可采用以下策略。

（一）符号转换，巧妙记忆

从符号学的视角，加德纳认为专属于不同种类的意义建构（说话、创作音乐、计算数据、想象空间关系等）的不同智力已经相应进化成为截然不同的符号系统（文字符号、音乐符号、数学符号、建筑图等）①。智力并不是抽象之物，每一种智力都以一个在意义上截然不同的符号系统为中介，例如，数理智力靠数学符号支持和反映出来，动觉智力靠动作符号支持和反映出来。智力的多样性与符号系统的多样性相对应，不同的智力对不同的符号系统具有不同的敏感度，如语言智力对文字符号具有敏感性，音乐智力对音乐符号具有敏感性。

智力代表了个人对符号工具的使用，每种智力支持其独特的符号系统，这意味着学生可以选择与运用多元的符号系统去理解和学习知识。例如，对于元素符号的记忆，可以通过复述书面符号来记忆，也可以运用肢体动作符号作比喻来记忆，还可以运用图像符号艺术手法来记忆等。但是，个体智力对符号系统的敏感性差异直接影响学习的效果。当个体对以某种符号形式呈现的知识学习感到困难时，根据多元智力理论，可以把它转化成另一种符号形式来学习，从而提高学习质量。符号转换策略是把一种智力的符号形式转换成另一种智力（或优势智力）的符号形式来进行学习的策略，如从数字到图表、

① Kincheloe J L. 多元智力再思考. 霍力岩等，译. 北京：中国轻工业出版社，2004：211-212.

从语言到动作、从音乐到动作等。对于一个视觉空间智力强于语言智力的学生，可能看不懂用文字描述的分子结构，但当他把文字转换成图形后，就能马上准确地知道分子的空间排列。运用符号转换进行学习，能极大地改善学习者的学习效果。

很多化学用语需要记忆，一般采用机械记忆策略，即通过死记硬背来学习，学习者往往会感到枯燥乏味，极易产生厌倦情绪。运用符号转换策略可把一种符号转化成另一种符号来记忆，例如，记氢（qing）的元素符号“H”可转换成动作符号来记忆：“一根扁担挑着两根稻草轻又轻（qing）”。记硫（liu）的元素符号“S”可转换成一幅小桥流水的图像符号来记忆：“弯弯的小河流啊流（liu）”。学习碳酸钙时，物质之间变化的三个方程式可转换成语言文字符号来记忆：“千锤万凿出深山，烈火焚烧若等闲（$CaCO_3 \xlongequal{高温} CaO+CO_2\uparrow$），粉身碎骨浑不怕[$CaO+H_2O = Ca(OH)_2$]，要留清白在人间[$Ca(OH)_2+CO_2 = CaCO_3\downarrow+H_2O$]”。于谦的《石灰吟》表达了诗人廉政清明、不怕粉身碎骨的坚贞品质，但从化学角度看，其中还隐含了这三个化学反应。通过符号转换，能使抽象的符号还原为鲜活的经验，使脱离生活气息的符号世界重新充盈生活体验，从而使知识记忆变得轻松愉悦。而且，知识符号转换有助于学生构建知识的多重表征，将抽象符号与具体的表象相结合，增进学生的记忆，并且经久不忘。

（二）理解含义，名实结合

化学用语是代表物质的组成、结构和变化的一系列符号或因式，化学用语不仅表述特定的化学概念，且代表一定的化学事物，它与化学事物是“名”和“实”的关系。因此，让学生真正理解化学概念所表示的化学事物的含义是化学用语教学过程的一个至关重要的环节。化学用语本身包含化学基本概念和理论，在客观表述物质及其变化实质的同时，也代表着量的关系。例如，分子式不仅表示某单质或化合物，又代表该单质或化合物的相对分子质量及组成元素间的定量关系；化学元素符号不仅表示某种元素，同时又代表该元素的相对原子质量。因此，化学用语教学必须做到“名”、“实”结合，让学生理解化学用语的含义。

指导学生不仅要学会正确书写化学用语，更要掌握其在化学学习过程中的意义，从而达到有意义地识记。例如，见到一种元素符号或一种化学式，学生就应该想到它所代表的元素或所对应的物质及这种元素或物质具有的特征。学习一个化学方程式时，学生就应该想到此方程式所描述的化学反应，发生这个化学反应时有什么现象产生。化学用语的内涵随着学生化学学习的进展而不断充实。例如，水的化学式 H_2O，初中学生只知道它表示：①水这种物质；②一个水分子；③水由氢氧两种元素组成；④一个水分子由两个氢原子和一个氧原子构成；⑤水中氢氧元素的质量比是 1∶8；⑥根据水分子的组成可以推算出它的相对分子质量为 18。到了高中一年级学生学习物质的量之后，他们又知道 H_2O 代表 1mol 水分子，其摩尔质量是 18g/mol。这样，就使枯燥的化学用语变成了活生生的，既有宏观又有微观，既有定性又有定量的事实。

学习化学用语，记忆负担很重，教师应使学生了解化学术语、符号的意义和特点，结合化学反应现象的线索，减少机械记忆，增加理解记忆，从而减轻学生记忆负担，提高记忆效率。

（三）合理安排，分散难点

由于化学用语数量多，分布广，且枯燥无味，通常成为教学的难点。若分散难点，可以使学生感到难度削弱。例如，把元素符号、化学式当作代表某种物质的普通符号，从绪言课开始陆续出现，把化学用语标注在对应物质名称的后面，学生见得多了，写得多了，循环往复地出现，熟能生巧，记忆自然形成。再讲解化学用语时，深入解释它们的涵义，学生就更容易接受和学习，课后有目的、有计划地加强巩固练习，教学效果就会更加明显。

（四）加强规范，正确书写

教师在教学时要注意课堂教学语言的准确性、规范性，要准确地表达每个化学用语的内涵和外延，准确地剖析重要的字、词涵义。

例如，图 4-6 的内在含义是：+9 表示原子核内有 9 个质子，核内带 9 个单位正电荷；两条弧线上数字表示核外 K 电子层上排 2 个电子，L 电子层上排 7 个电子。图 4-6 的外在含义是表示氟原子最外层有 7 个电子，易获得一个电子达到惰性气体的稳定结构，因此，氟元素是活泼的非金属元素，具有强氧化性。再如，在讲授有机物的结构简式时，特别要注意使学生弄清楚有机物中原子的结合方式和结合顺序，引导学生正确书写有机物的结构简式，不要把“—CHO”写成“—COH”，要注意价键连接的分别是什么原子，培养学生自查自纠的习惯。一些专用术语要正确书写，如“苯”不能写成“笨”，“乙酸乙酯”不能写成“己酸己酯”等。

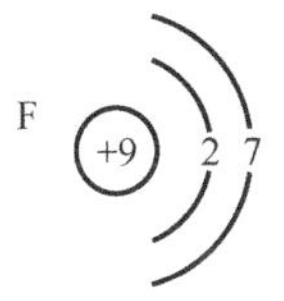

图 4-6　F 原子结构示意图

第四节　真实情境问题解决教学策略

情境认知理论认为基于现实世界的真实情境是学生学习的基本条件，任何脱离特定情境或场合的知识都是毫无意义的[①]。真实情境问题解决的学习能使学生像从业者或专家一样进行有意义、有目的的活动，并能把获得的知识和经验有效迁移应用到解决社会生活问题中。

一、真实情境问题解决的特征

真实情境问题是从真实世界中捕获的真实问题和这一问题的情境脉络，它存在或产

① Jonassen D H，等．学习环境的理论基础．郑太年，任友群，译．上海：华东师范大学出版社，2002：62-67.

生于日常生活实践之中，如能源开发、防治污染问题等。与一般人工设计的问题解决相比较，真实情境问题解决具有以下特点。

1. 情境性

真实情境问题解决依赖于特定的情境，情境影响个体的认知和行动。问题一般由三个基本成分构成：已知条件、目标和解决方法。真实情境问题一般来说是结构不良的，初始状态混沌，问题解决所需的条件往往是含糊不清或模棱两可的，使人难以直接清楚地认识到，需要个体到情境中去识别[①]。问题解决要达到的目标缺少限定，它是依据个体对问题情境的理解而构建出来的，不同个体对情境理解的侧面不同，会去追求不同的目标，如果目标选择错误，就会导致问题解决的失败。问题解决的方法也受情境制约，同样的问题在不同环境中需要不同的解决方法。例如，区分食盐水和蒸馏水可以利用尝味道、密度、沸点、导电性、硝酸银试剂等来区分，但在实验室环境中就不能用尝味道的方法。

2. 动态性

真实情境问题解决过程是一个复杂的动态过程。首先，有些问题的任务环境及其相关因素是随时间而改变的，不同的时间需要采用不同的问题解决策略。其次，影响问题解决的因素错综复杂，个体的认知水平、知识经验、动机兴趣、情感态度及社会的、文化的和物理的环境都会对问题解决产生影响。例如，当问题难度超过个体的认知水平，个体屡次尝试都难以解决问题时，就会失去信心，从而可能导致放弃问题解决或重新回头探测信息。又如，对待同一问题，不同的人会有不同的理解和主张，因而产生的问题解决方案也会不同。如因胃酸过多引起的胃病，可以通过药物治疗、食品选择、饮料的酸碱性等不同的方法来改善。因此，问题解决过程具有开放性，不是严格按固定的路径进行，而是一个随时可能终止和迂回曲折的动态过程。

3. 交互性

在真实情境中，个体与环境共存于一个生态系统之中，两者相互影响，相互作用。如社会环境会影响个体对待问题的立场，物理环境会约束个体的行动，反过来个体的行为又会作用于环境，使环境发生变化。问题解决的每一个环节都需要个体与环境进行交互，只有当动态交互协调地展开时，问题解决过程才会发生。问题解决不单纯是个体内部认知的产物，也不是环境简单选择的结果，而是个体内部认知及与环境交互作用的共同结果。

二、真实情境问题解决的过程

对于问题解决的过程，不同的心理学家从不同的角度提出了不同的观点。行为主义

---

① Jonassen D H，等. 基于良构和劣构问题求解的教学设计模式(上). 钟志贤，谢榕琴，译. 电化教育研究，2003，(10)：33-39.

认为问题解决是一种刺激-反应的联结过程。信息加工理论认为，问题解决是一种以目标定向地搜寻问题空间的认知过程，人类的问题解决过程具有和计算机一样的模式：输入—加工—输出。问题解决的生态理论则将问题解决描述为个体与信息丰富的环境交互作用的结果，而不是学习者内部认知的产物。强调人与环境的交互作用，也不否认内部认知加工的作用，用融合的观点看待有关问题解决理论的不同观点，依据真实情境问题解决的特征，构建以下真实情境问题解决的过程模式，如图 4-7 所示。

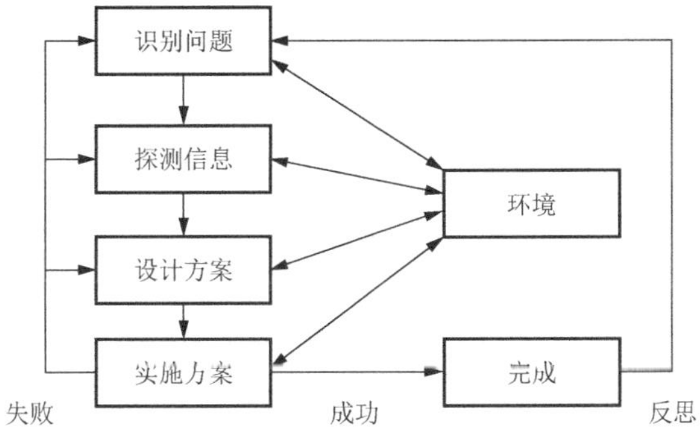

图 4-7 真实情境问题解决的过程模式

1. 识别问题

真实情境问题的问题要素比较模糊，问题解决者要从信息庞杂的情境中识别出问题，确定要达到的目标。在一些情境中有时看起来似乎有很多问题，而实际上有些是虚假问题，是已知条件被遮蔽了的缘故，所以并不是一个真正的问题。例如，经常有人抱怨家里的小镜子照不到全身，如果加大镜子，那会掩盖真正的问题。问题的实质在于移动镜子，可以通过改变镜子放在人面前的位置变化（如上、下、左、右）或人与镜子的距离变化来加以解决。

2. 探测信息

情境直接提供的信息可能是不充分的，有很多空白点，也可能有很多冗余信息和干扰信息，需要个体去探测或筛选有价值的信息，为得出正确解决问题的方法提供依据。环境中的信息具有动态性，从不同的层面、不同的维度、不同的时间、不同的区域可以探测到不同的信息，需要个体对问题情境进行整体感知，否则探测到的信息就会受到限制。

3. 设计方案

探测到的大量信息成为问题解决的支持性资源。问题解决者需要理解应用这些信息，将探测到的信息进行加工处理，激活已有的相关概念、规则、原理和问题解决策略，提取相关经验，构建解决问题的具体方案。这个过程具有较强的综合性、创新性、灵活性、制约性和情感性的特点。

综合性体现在方案设计需要设计者聚合大量与问题相关的信息，运用大量相关的概念性知识和策略性知识。一般它不可能从学生所学的章节中直接找到适用的规则，也不可能运用单一学科知识和单一策略就能解决问题。

创新性体现在真实情境问题解决一般没有完全相同的原型可以匹配，策略上不能过分依赖原型。需要设计者从零开始进行设计，或把相近的原型加以改造得到新的方案。

灵活性体现在对于要解决的问题，利用不同的信息材料和不同的方法策略，能够设计出不同的方案，即使在相同的条件下，也可以进行不同的设计。

制约性体现在问题的解决过程受情境制约，解决方案不能单纯依据符号公式来设计，还要依据情境来确定，必须与特定的情境限制条件相一致。

情感性体现在问题的解决过程受情感影响，不同的人对问题会有不同的立场与主张，由此会产生截然不同的问题解决方案。

4. 实施方案

方案设计完成后，进入实质操作阶段。在这一阶段，首先要根据方案准备各种材料，然后进行具体行动。在实施时，问题解决者还需要不断地进行分析、思考，根据问题解决的实际情况，对解决方案进行适当的调整。如果解决方案被证明有效，问题就得到解决。反之，应重新回头识别问题、探测信息或修改方案，以寻求另一种解决方案。最后根据问题解决结果的质量评价对整个问题解决过程进行反思。

5. 个体与环境的交互作用

问题解决的整个过程持续发生着个体与环境的交互作用。个体参与到新的环境之后，受情境驱动，会表现出渴望解决问题的倾向，并产生带有明确目的的行动向着目标进取。同时环境作为向个体暗示情境资源和相关问题解决信息的一种先行组织者，潜在地引导和约束着个体的行为。个体采取行动解决问题，反过来他又改变了环境，使环境发生根本变化。问题解决过程持续发生着个体与环境的交互作用。

三、真实情境问题解决的教学策略

（一）真实情境问题设计策略

1. 真实情境问题设计的要求

问题是学习的起点，教师首先要开发一个真实的问题，问题设置得适当与否是问题解决学习的关键。设计的真实情境问题要求具有：①真实性。问题应该是来源于实际生活，真正给学生提供一种在真实情境中获取问题解决经验的机会。②情境性。问题是依存于一定的情境出现的，问题的呈现应包含与这一问题相关的整个情景、背景或环境。③目标性。设计的问题具有明确的目标，必须包含学习者要学习的内容和技能，涵盖学生在真实世界中将遇到的认知需要。④激励性。能以挑战或吸引学生的方式，将学生引入问题的情境脉络中。⑤结构不良性。所呈现的情境不能把问题的关键因素暴露出来，以提供足够的空间让学生自己发现问题。⑥开放性。问题没有现成的、直接的且唯一的答案，要为学生留有一定的创新空间。⑦互动性。能引起学生与环境之间的交互，将学生和环境很好地结合起来形成一个互动体系。⑧适度性。问题的难易程度要与学生实际水平及潜在发展能力相适应，过难或过易都不易调动学生的积极性。

2. 真实情境问题的呈现方式

开发设计好真实情境问题后，接着就是要通过一定的途径将真实问题情境展现在学生面前。为尽可能保证真实情境不变形，除了常用的语言、图像和实物等呈现方式外，还可以通过下面的方式呈现：

（1）影像光盘。把真实问题情境录像制成光盘，利用丰富而真实的影像来呈现与解决问题相关的信息。温特比尔特认知技术小组开发的“杰斯帕·伍德巴瑞问题解决系列”就是运用这种方式呈现真实问题情境。影像比文本更能以真实的方式表征事件，也更能吸引学生的注意力。光盘技术还能支持随机访问，利用影像可重复观看的优点，便于学生发现解决问题所需的信息资源。

（2）真实活动。在学校里面设置基于工作的或模仿从业者真实活动的学习环境，力求使学习活动成为某种具体化的实践。使学生通过参与真实活动，去发现问题和解决问题。

（二）提供支持真实情境问题解决的策略

真实情境问题解决过程是一个非常复杂且非线性的过程，相应地，教师提供问题解决的支持也应是一种非线性的松散结构。这种支持不是先于学生对解决问题的需要去作出事先安排，而是来自学生在解决问题过程的实际需要，把相关的帮助镶嵌到问题解决的具体环节中，也就是采用“镶嵌式的片断教学”为学生搭建脚手架。

1. 阐明情境支持

情境既是问题的概念结构，又是问题嵌入其中的社会环境。而学生很少注意周围环境对其解决问题的重要意义。教师应给予适当的提示或暗示，引导学生理解问题所处的情境及哪些是影响问题解决的情境制约因素等。

2. 构建知识库支持

知识是问题解决的基础和保证，缺乏足够的领域知识，就难以表征问题，更无法实施有效的策略去解决问题。问题越真，对学生理解知识和应用知识的要求就越高。真实问题解决往往需要应用较广泛的知识，经常会超出学生已有的知识基础。教师需要列出解决问题所必需的知识清单，帮助学生构建知识库。尤其是未知的知识，要给予提示或介绍，以弥补学生在原有知识方面的不足。

3. 构建策略库支持

选择合适的策略是解决问题的核心和关键，不同的策略不仅可能影响问题解决的速度，还会影响问题解决的成功与否。在探索问题解决时，策略性知识显得尤为重要。教师应帮助学生构建相关解决问题的策略库，如分析问题策略、探测信息策略、设计方案策略、实施方案策略、元认知监控策略等。

4. 开发案例支持

学生问题解决的行为经常是对已有解决问题经验的模仿、借用、迁移和发展的结果。案例是对经验的诠释，在确定问题解决者所需的经验之后，教师必须通过提供相“匹配”的案例，为学生提供从他人经验中学习的机会。让学生通过对案例的归纳、诊断来丰富经验，并从案例中得到启发，将经验有效迁移到当前的问题解决之中。

教师提供的支持是多方面的，除了上述几方面外，还有支持小组成员的协作、支持实践共同体与环境的互动对话、支持各种观点的建构、提醒遗漏步骤、提出附加任务、提供足够的材料设备等。等到学生解决问题的技能变得比较熟练时，教师应逐渐减少外部支持，让学生能独立自主地完成任务，而不再过分地依赖外部的支持。

（三）真实情境问题解决评价的策略

问题解决过程具有非线性和动态的特点，所以要把评价镶嵌在问题解决之中。通过对活动过程的全程关注，对学生的优点和不足有全面的认识，从而给出具体并有针对性的改进建议。具体的评价方式如下：

（1）动态评价。动态评价有两层意思：一是选择多个时间点观察学生的变化，来评价学生动态的认知历程和行为能力变化的特点。二是评价者与被评价者之间通过大量的互动，如临床会谈、放声思考等，对个体实施诊断评价。

（2）档案袋评价。是让学生主动收集问题解决过程中的设计方案、成果及其相关记录和资料等建立学习档案，以此作为判定学生问题解决质量依据的一种评价方法。档案袋评价法能兼顾学习结果与历程、知识与技能、过程与方法和情感态度价值观的整体目标，可以呈现多元和完整的资料，获得关于学生的真实表现与成就。

（3）评定量表评价。评定量表是用来量化观察所得素材的一种测量工具，通过对评价目标的细分，形成具体可测的评价指标和评价标准，为评价者提供对评价者进行评价的统一依据。以评价量表为依据，来评价学生在问题解决各环节中的行为表现和最终业绩。这种评价法既可用于现场观察的直接记录与评价，也可用于以较长时间纵向观察印象为基础的综合评价。

主要参考文献

蔡亚萍. 2002. 化学实验中创造思维的培养. 化学教学，(7)：1-3.

蔡亚萍. 2010. 基于多元智力理论的符号转换学习策略. 化学教学，(5)：4-6.

蔡亚萍. 2011. 基于真实情境问题解决的教学设计. 电化教育研究，(6)：73-80.

蔡亚萍. 2007. 以多元智力理论为基础的化学教学策略. 化学教学，(8)：13-15.

陈纯纯，蔡亚萍. 2013. “氧化还原”概念在化学教学中的引领作用探究. 课程教育研究，(14)：167.

陈纯纯，蔡亚萍. 2013. 数轴和坐标在化学教学中的应用. 中学化学，(05)：6-7.

陈素余，蔡亚萍. 2008. 论随机进入化学教学. 化学教学，(7)：17-19.

高文. 2002. 教学模式论. 上海：上海教育出版社：301-303.

李雪佳，蔡亚萍. 2012. 浅谈核心概念在化学教学中的引领作用. 中小学教学研究，(3)：39-40.

李桢. 2005. 问题解决的心理机制及其教学意义. 教师教育研究，(5)：20-24.

刘儒德. 2002. 基于问题的学习在中小的应用. 华东师范大学学报（教育科学版），(1)：22-26.

茆建军. 2007. 学生学习元素化合物知识的教学策略. 化学教学，(3)：16-18.

庞丽娟，魏勇刚. 2008. 论数学问题解决的生态模式. 心理发展与教育，(3)：124-128.

邱建群，蔡亚萍. 2007. 规范-化学教学不可忽视的细节. 牡丹江师范学院学报（自然科学版），(4)：73-74.

徐晨红，蔡亚萍. 2010. 概念图、思维导图和思维地图的辨析. 科教文汇，(33)：102-108.

叶茹思，蔡亚萍. 2014. 化学教学中“支架”的设计. 化学教学，(11)：6-8.

第五章　化学学习策略

教育的真正意义，不是刻板地流水线式输送知识，而是发展学生的学习能力，培养其必要的学习品质与学习行为习惯，其核心就是学习策略的学习与运用。化学学习策略就是指适用于特定化学学习情境、促进学生有效学习的程序、规则、方法及技术等，它不仅是潜蓄式的系统，还有明确的步骤方法的要求。由于化学学习过程的学科化特点、化学知识类型及学习者心理特征和认知规律等方面的差异，导致其学习策略也有所不同。本章将根据以上多个方面，结合相应学习策略进行讨论。

对学习策略的界定历来存在较大差异，从抽象层面来讲，学习策略是指一种潜在的不外显的学习规则，主要由方法和调控两部分构成；从操作层面来讲，学习策略是指学习行为在此过程中的展现，特别是学习方法及其调控的相互协调和统一。具体有如下界定：①学习策略是潜蓄式的规则性学习序列；②学习策略是所有旨在提升学习效率和质量的过程性活动；③学习策略是能促使知识捕获及利用，以及信息储存的系列性规程；④学习策略是为了提高学习者学习信息的时效性和真实性的一个复杂过程。

学习策略有这些特征：①学习策略不是指单纯地记忆一些学习方法，更不是生搬硬套现有的学习方法和学习程序，而是指学习者通过分析自己的认知水平、预期学习目标、所学内容等因素，灵活地选择和应用真正适合自己的学习方法和程序；②学习策略是一个多层次的动态系统；③学习策略不能凭空生成，也很难仅依靠直接询问的方法获得。

对于学习者而言，一方面需要掌握基本的科学知识和科学技能，另一方面还要培养自己的学习能力，尤其是自学能力，在终身学习的社会大背景下，无论是在校期间还是将来走向社会，学习能力都将是衡量与评价个人能力的重要指标。只有在学习过程中学会及时调整，才能快速适应周围环境的变化。学习策略的应用是帮助学习者提高学习能力的重要措施，然而在实际学习过程中，很多学习者往往因为一味地填塞知识而忽视了学习策略的运用，从而导致学习效率不高，遗忘速度较快。因此，对于学习策略的研究意义重大。同时，学校教育应注重引导学生学会应用学习策略，摒弃以往的填鸭式教学，积极培养学生的思维能力和学习能力，最终达到促进学生全面发展的目标。

第一节　化学学习的特点

化学作为一门古老而又充满活力的学科，为人们在微观层面上研究物质的组成、结构、性质及其变化规律提供了可能，在第二产业、第三产业、国家军事领域及人们的日常生活等方面都有广泛的应用。作为一门重要的基础课程，化学专业的学习不同于其他学科，化学学科的研究范围、学习过程、思考方式等都与其他学科有着显著差异。

一、化学学习过程的特点

化学学习过程是基于学生的已有知识和经验，通过新旧知识之间的交互来完成知识的构建过程。这个过程不仅表现学习的一般特征，也是人类经验传递的过程，更是学生形成个人理解的过程。

（一）化学学习过程以学生已有经验为背景

学习过程一定是建立在累积性和连续性的基础上的，基于学生获得的运动技能、学习态度及已有认知结构和知识经验。化学学习经验指的是学生在学习新知识之前已经有了与之相关的经验知识，通过打破旧的图式来逐步丰富和提高他们的认知结构。化学学习经验是学习者具有对新旧知识的背景知识和信息处理能力的基本知识，从而不断丰富和提高学生的认知结构。

学生已有的知识和经验不仅包括学生在学校所获得的教育知识，还包括他们在日常活动中所习得的经验，这些都会对学生的学习产生或积极或消极的作用。涉及化学学习，学生的已有知识经验主要包括学习新知识需要的化学领域内的知识基础，在日常生活中积累的对化学常识所形成的经验，在其他学科，如物化生、政史地等的学习中获得的相关知识。

（二）化学学习过程以社会性建构为目标

我国基础教育改革把培养合格的社会公民作为教育的第一目标，学习者建构知识的过程，不是一个单独的、内在的建构活动，所有的学生都要在一定的现有经验之上建立对事物的认识，学习是学生和其他社会互动环境之间的必要介质，所以要想让学生认识到事情的一些方面，就需要让他们打破自己的原有认知。了解到一些和他们思路不同的见解时，就得尽自己最大努力，和其他学生一起互相沟通帮助，从而形成一种有助于彼此相互合作的非常和谐的学习形式。学科知识就是在特定的环境下，学生之间一起建立并取得的成就。

对于化学的学习，学生间的合作交流是不可或缺的。通过多种思想与观点的碰撞，不但使得学生思维更加活跃，还可以启发他们从不同的角度思考问题，产生多种解决问题的方案，与此同时对知识的理解也就更加全面丰富。此外，多人合作与交流方式在无形中已将学习的难点分散开来，使得每个人都能发挥自己的长处，通过集体的力量可以高效完成个体无法胜任的任务。

化学学习也离不开师生间的交流互动。在课堂中，教师的教与学生的学是相辅相成的，教师不能只顾着自己演独角戏，应当尽可能多地设置师生互动，及时倾听学生的想法和困惑，以便及时调整自己的教学方式，更好地引导和帮助学生学习。在师生间的互动过程中，可以起到彼此启迪，引发思想碰撞，实现想法共鸣的作用，为学生搭建一个平等和谐的学习交流平台。

（三）化学学习以方法调控和应用为重点

任何高效的活动总是和相应的学习方式关联并结对的，化学学习的过程可以说是化学学习方法的控制和运用程序，研究渗透于学习活动的各个环节，无论是问题的解决还是知识的剖析都需要采用一些学习方法。

观察和实验是化学学习过程的重要方法，通过这些活动，学生可以感知材料变化期间产生的物理和化学现象的外部表征和内部特性，获得化学实验事实（包括测试数据）和其他知觉知识。化学实验只能提供对物质性质的直观感受，要想了解内在的原理和规律，学生还必须通过搜集充分的资料与信息，将其深化加工，不断进行概括与抽象，并利用假说和模型，最终使知觉知识成为理性知识，形成化学原理、概念和程序。因此，化学方法的学习是有效研究化学知识的必要途径。

合理地应用化学方法有利于学生对化学知识的深入理解。常用的化学方法有收集资料、提出假说、建立模型、实验验证、数据处理、科学抽象等，这些方法不仅能够应用于平时的习题练习，也可以用于解决一些简单的实际问题。由此，不难看出，对于化学方法的灵活运用是化学学习的关键所在。

二、化学学习思维的特点

在学习中学生的思维形式养成早已是屡见不鲜的观点，苏联教育家赞可夫就在其著名的《教学与发展》一书中强调各种分支教学必须努力开拓心智培训，应聚焦挖掘学生潜力。学习过程中应有意识、有针对性地参加化学思维训练，促进个人的大脑潜能全面开发，创新能力充分激发，智力因素长久发展。

（一）化学思维概述

化学思维是指在对化学物质的感知、表征，对材料的间接泛化的基础上研究其组成、结构、性质和对相互变换过程的理解。化学思维包括化学抽象思维、化学形象思维、化学辩证思维等，其中最重要的是化学抽象思维，包括分析、推理、综合、判断、演绎、归纳等。美国心理学家加涅提出，在信息加工过程中，对信息的收集与组织是解决问题的基础，同样的信息有着收集和组织方式的巨大差异，对于化学的学习也有着各异的思维模式，具体为“序列型思维模式”与“综合型思维模式”。具备序列型思维模式的学生一般侧重于解决序列性问题，他们在接触个别支问题时十分注重逻辑顺序。通常是按部就班地前进，只有在学习进程接近尾声时，才会对所学内容形成相对完整的想法。这类学生的特点是对事物的成因和原理理解较为清晰，分析力强，但有时也会以偏概全。而学生具备综合型思维模式恰恰相反，他们在面对问题时，注重充分把握问题，倾力于问题整体化，善于整体性战略①。这种学生在未完成学习任务前，往往致力于洞察与整

① 皮连生. 学与教的心理学. 上海：华东师范大学出版社，1997：126.

个问题有关系的支问题的结构层次及对将要运用的解决方案进行预选。并且，他们能把一系列支问题组织起来，视野比较宽泛，而不是一个问题出来马上一步一步地解决。该类学生的直觉感和综合力更高，但思维的深度和准确度较低，对知识的掌握有时会出现一知半解和囫囵吞枣的情况。

（二）化学思维训练方法

依据不同的思维特征要合理运用相应的思维训练方法，近几十年国外发展起来的几种有影响的思维训练方法，对学生的化学思维能力养成具有一定的参考价值。

1. 头脑风暴法

1953 年，美国著名的创造学家——奥斯本，首次正式将精神病理上的术语“头脑风暴法”引入创造学学术界，提出了一种旨在激发学生的创造性思维的方法，即“头脑风暴法”。头脑风暴法指一组人针对某一个问题或兴趣点展开自由讨论，其内容没有太多的条理限制，可以是天马行空的，通过多人之间的想法碰撞，相互启发，以此来刺激新观点的产生。其特点是尽可能多地产生联想、假设并逐一通过连续、客观的分析，寻求一种切实可行的“黄金”方案。

头脑风暴法是在一定的情况下，激发创造性思维、获取创新灵感的有效思维训练方法。新一轮课程改革提倡尽可能多地用探究性实验代替验证性实验，学生可通过化学实验探究活动获得化学知识与技能，学生也可发展解决化学问题的能力，并且在此过程中营造一个活跃的创新氛围。例如，学生在解答化学题目时，研讨探究性的化学实验方案设计等，他们都可以采取头脑风暴法。如探究浓硫酸和铜的生成产物的主要成分，学生可以采取头脑风暴法进行讨论、分析、设计，最后找出问题解决的最佳方案。

2. 思维构图技术

思维构图技术即现在人们通常所说的“思维导图”，最早是英国有“大脑先生”之称的托尼・巴赞（Tony Buzan）开发的，他希望学生能够通过该技术最大限度地开发大脑潜力。思维构图技术是借以图像的形式表达发散思维，是以一个主题为中心，由此展开丰富的联想，用一种非线性的、笔记的方式，将一系列的关键词联结成一张放射性空间结构图。其特点是所有的关键词与位于中心的主题相关，同时每个关键词又可以独立作为一个中心，既可以体现多种发散，又可以体现多种聚合，是一种非常方便的辅助思考的可视化工具。在化学的概念教学过程中学生可以用思维构图的技术理清概念之间的内在联系，更加深入地理解概念。

3. 侧向思维训练法

心理学家从两个维度把人的思维分成了侧向思维、纵向思维。侧向思维指的是解决问题时，不是直面问题最突出的部分，而是从不易被察觉的侧面入手。逻辑思维即纵向思维，关心的是发展或提供思维模式；而跳跃式的思维却是侧向思维，关注的是新模式的创立，原有思维模式的改变，注重其思维的创造性。一般而言，常用的侧向思维训练方法包括建立假设、转变思考角度、随机比较、剖析问题、反向思维、延迟判定、提炼关键点及核心定义等。

三、现代脑科学与化学学习

脑科学是一门探究心智机制及其发展的后起之秀，从20世纪70年开始，脑科学研究进入了快速发展的阶段，一直到90年代，脑科学的发展被推向了高潮，欧洲及美国计划并推行了在世界范围有着巨大影响力的“脑十年（The Decade of Brain）”活动，如今可以看到脑科学的研究已经取得了丰硕的成果，这些成果无论对人类自身发展还是未来对于后代的教育都有着重大意义和深远影响。

（一）脑科学的内涵

19世纪初，脑科学是为了探索神经系统间细胞层面、分子层面的活动变化，以及对活动变化在中枢神经系统内的分布调节作用进行深入研究，因而又称神经系统科学。随着教育教学不断地汲取脑科学所取得的研究成果，使得脑科学也逐渐被赋予了更多的教育内涵。目前，人们通常比较赞同的观点是，脑科学的研究对象是大脑的结构及其作用原理、功能，属于一门综合性的科学，与教育学、创造学及心理学等学科有着交叉渗透和紧密联系，脑科学带来的演变历程恰恰揭示了教育研究的一定发展结果。

（二）脑科学研究基本成果

1. 实施早期教育

就脑细胞的数量而言，婴儿和成年人相差无几，但婴儿的脑细胞体积不大，并且轴突也是外露的，树突的支状末梢也较少，随着大脑的不断发育，长至成人时，轴突的外面会产生髓磷脂，形成一层类似于蜡状物质的髓鞘，就像绝缘层包裹电线一样，髓鞘包裹着神经元，以保证兴奋的传导方向和速度[①]。在1～10岁期间，儿童需要较多的能量供给大脑的成长，大约占机体总能量的1/2，主要用来促使轴突髓鞘化，同时使得胞体增大，树突分支增多，细胞间的突触联系大量形成。因此，为了使脑细胞更多地建构神经弧和反射回路，应该尽早让大脑得到有条理的、丰富的环境刺激，也就是遵循“用进废退”的原则。

2. 把握大脑的关键期

研究表明，大脑发展有关键期，错过这一时期某些行为则在将来无法通过学习习得。人的许多能力都是在儿童时获得，因此把握关键期对于个人的成长和发展至关重要。儿

① 高文. 跨越脑科学与教育的鸿沟. 全球教育展望，2001，30(2)：16-25.

童的发展有多个关键期，其中，出生之后的六个月期间属于视觉发展的关键期；听觉的关键期是在一周岁之前；婴儿在0～3岁时，特别要重视动作的发展；4周岁之前应该注重培养孩子的口语表达能力，是语言关键期，学习语言的最佳时期是4～12岁，1～6岁期间是注意力、记忆、思维发展的关键时期。苏联心理学家维果茨基把孩子的认知水平分为两个层次，一个层次是现有水平，即孩子能够凭借自己的能力，不需要付出太多努力就能够完成学习任务。另一个是潜在水平，即孩子在完成稍微超出自己正常能力范围的任务时，要借助教育者的指导，如“跳一跳，摘桃子”。他把这两个水平间的区域称为“最近发展区”。依据该思想，教学应该在最近发展区的范围内进行，从而使得儿童在每个阶段的发展都能达到最佳水平。

3. 增强大脑的可塑性

大脑一方面受遗传的影响，另一方面在外界环境的刺激和影响下，其结构和功能可以被进一步塑造，即大脑具有可塑性。大脑的塑造是需要条件的，只有在满足这两种条件的情况下才能引起脑结构和脑功能的变化。研究表明，针对大脑的某个功能区域进行自动化程度较高的训练时，该区域的活动程度将会减弱。此外，早期学习双语的学习者和晚期学习双语的学习者相比，他们的脑区是不相同的。因此，为使大脑更好地发育，应该为其提供丰富的环境刺激。此外，必要的营养和能量也会促进大脑的良性发育。

4. 促进意识的转化

意识是指大脑对客观事物的反映，包括感官的知觉和思维的认知。与意识相对的是无意识，即通常所说的潜意识，是指正常情况下不能成为意识的事物。大脑的活动不仅包括有意识的活动，还包括无意识的活动。后者是前者的基本条件，而前者又主导、约束着后者。但二者的存在是相互依赖的，对立又不冲突，并且彼此作用，在一定条件下能够进行转化。有意识的活动是理智的，具有目的性和逻辑性，指导人们维持日常的生活。而无意识的活动是不受控制的，具有暗示性和想象意味，但无意识的活动具有庞大的记忆容量和潜藏的无限创造力。在外界环境适当的刺激下，就有可能反映到意识中。因此，促进意识和无意识的相互转换有利于激发自己的潜能。而这种转化是需要条件的，一方面需要适宜的信息强度、掌握技能的熟练程度，另一方面还需要变换周围的环境氛围，先让精神处于高度紧张状态，再进行放松，可以有效刺激意识的转化。

5. 尊重个体差异

由于不同个体所受的遗传和成长环境的影响不同，因此表现出不同的身心发展特点，即个体差异性。对于多数人而言，通常在以下四个方面表现出差异性：①发展水平的差异，能力的发展水平往往受到智力的制约，研究表明，人类的智力水平呈正态分布，绝大部分人位于中等水平，少数人群表现出智力低下或智力超长。对于智力水平低于正常的人群，社会应当给予更多的关心和帮助，选择合适的学校，并配以专门的特殊教育教师，使其身心健康发展。②表现早晚的差异，虽然大多数人接受教育、开始工作的年龄阶段差别并不大，但各方面的能力水平表现的时期并不相同。有的人在幼年时就表现出极高的天赋，所谓“年轻有为”，而有的人在年迈的时候才发挥出自己的出色才华，所谓“大器晚成”，所以并不是每个人都能做到年轻有为。③结构的差异，人的能力是多元的，有的人擅长表达，有的人擅长逻辑推理，还有的人极具艺术天赋，所以学校教育不能只注重普通能力的培养，而忽视了特殊能力的发展。④性别的差异，男女由于生理结构的不同，而在某些能力上表现出差异性，一般而言，男女在智力上的差异不大，但在体力方面男性要强于女性，对于情感方面男女也表现出不同的态度。

（三）脑科学对化学学习的启示

脑科学研究的成功使教育者突破以往的思维局限，对学习活动有了新的认识。在化学学习中，学生应适当地运用脑科学知识，能够有效地习惯课堂学习结构，激发自身求知欲望。

1. 遵循大脑的发展规律

化学的学习不仅需要理性思维而且需要感性思维，既需要对化学基本知识进行理解和记忆，还要掌握基本的实验操作技能。这就对学生的阅读能力、逻辑推理能力、观察能力、肢体协调能力等提出了一定的要求。而这些能力在儿童的关键期已基本获得，并随着年龄的成长不断强化，所以化学的学习并不是从学生上第一节化学课开始，而是贯穿于人的整个成长过程。教育应当注重把握儿童大脑发育的关键期，为儿童提供适宜的学习环境，使其各方面的能力在最佳时期习得。

2. 学习方式多元化

化学本身是一门非常严谨的科学，涉及大量的抽象概念、化学反应机理等，很多学生都认为化学知识繁琐枯燥。其主要原因是以往学校的填鸭式教学，使学生养成了单一的接受性的学习习惯，然而事实上，化学可以通过有趣多样的方式学习。脑科学认为，根据学生不同的学习风格，教师应当引导学生选择适合自己的学习方式，对于视觉学习者，尽可能让其借助图形、文字等理解知识，对于听觉学习者，则在课堂中的讲解需要注意语言的流畅性和节奏感、语调的起伏，此外还有合作式学习和探究式学习，探究式学习不仅可以激发学生的学习兴趣，而且可以让学生体验完整的科学探究过程，培养严谨的科学态度。

3. 利用认知机制和神经基础

研究表明，不同能力具有不同的认知机制和神经基础，运用大脑习得特定能力的规律可以及时调整和优化学习策略。例如，在记忆的同时进行视觉或听觉的刺激，可以提高记忆的效率。对于学生计算能力的训练，要先让其熟记运算定律，之后再通过习题强化。化学的学习也同样适用，例如，可以将各种元素拟人化，使用不同颜色进行标识等，也可以渗透科学发现史，通过人文性的知识记忆科学类知识。化学课程主要分布在中学及以上，学生的学习任务较多，这就需要遵循大脑的作息规律，劳逸结合，同时还要加强锻炼，保证充足的睡眠，只有强健的体魄才能为大脑及时供应能量，保持精力充沛。

第二节 中学生学习化学心理特点

认知心理学理论对学生的学习具有重要指导，对于教育者而言，把握学生学习的心理特点是非常必要的。初中生和高中生具有不同的生理、心理特点，所以他们的认知方式并不相同。针对不同阶段的学生，教育者需要仔细分析他们的心理成因，比较他们进行学习活动时不同的心理表现，以此设计出有关的练习，以保证学生的学习质量。

一、学习初中化学心理特点

初中学生处于人生发展历程中的青少年期，在这个时期，随着心智的发展，通常会遇到各种各样的心理问题，最开始学习化学课时，这些问题同样影响着他们对化学的兴趣、学习的积极性等。为此应重视初中生学习化学的心理特点，以期为当前初中化学学习提供合理的参考意见，促进初中化学学习的发展。

1. 好奇心理

初中学生多处于青少年时期，这个时期的特点是精力旺盛，身心成长速度快，对未知事物具有强烈的好奇心和求知欲。虽然在小学阶段的科学课上已经接触过一些化学知识，但作为一门独立的课程开设，一般是从九年级开始的。所以，在学习第一节化学课时，大多数学生都情绪高涨，认为这是一门非常新奇的学科。可当他们知道生活中处处可以看到化学现象时，会觉得化学并没有想象中那么神秘。当了解到学习了化学后可以看到一个微观世界时，又会感到化学的神奇。当讲解到一些有趣的实验时，学生的表现较为积极兴奋，当讲解到化学反应原理时，会觉得抽象难以理解。由此可以看出，初中生对于自己熟悉的事物易产生好奇心，而对于一些深奥的抽象知识易产生厌倦心理。因此，初中化学的学习内容不宜过难，应当考虑学生已有的生活经验，引导他们用化学的眼光看待这个世界，用化学思维解决身边简单的实际问题。

2. 模仿心理

初中生已经具备了一定的逻辑推理能力和抽象概括能力，但他们的思维能力仍然比较局限，需要先借助实际经验进行感性认知，再进一步抽象加工。这一阶段的学生，观察能力较强，善于模仿，因此周围的环境对其影响较大。不论是情绪，还是思想，学生都比较容易受到他人的影响。最突出的表现是，他们会有意识或无意识地模仿教师的言谈举止。化学课中经常涉及一些概念的表述、实验的操作步骤、简单仪器装置的绘制等，教师应当注意语言的准确表述和实验的规范操作，利用学生的模仿心理，力求在最初学习化学时就让学生体会到科学的严谨，避免在以后形成概念的错误理解，养成不好的操作习惯。

3. 自信心理

中学生由于处在心理变化浮动较大阶段，自我意识较为强烈，自我表现欲望也逐渐凸显，因此，他们在学习过程中希望能够发挥自己的个性，得到一个自我展示的平台。当他们取得一定成绩时，则会表现得更为自信，甚至自负；当他们遇到挫折时，往往会陷入自卑。所以在化学学习的过程中，教师应当多给予学生发表自己观点的机会，引导他们独立自主地完成学习任务，同时又要把握分寸，对于那些学习困难的学生多加鼓励，以此来营造一个互相尊重、理解、信任的学习氛围。

4. 可塑心理

初中生的学习经验相对来说还比较少，没有形成固定的学习习惯，也不擅长运用有效的学习方法及策略或根据自我的认知特点调整学习方式，这从一个侧面体现了他们还有很多亟待开发的潜力，从另一个侧面体现出他们具有很强的可塑性，所以，在化学的教学中，应当针对不同学习类型、不同认知风格的学生运用不一样的教学方式。例如，在课外之余带领学生参观工厂，举行一些化学类的趣味知识竞赛，举办化学与生活的知识讲座等，以此激发学生学习化学的兴趣。

5. 克制心理

初中生的思维比较活跃，喜欢接触新事物，但也容易过度迷恋，缺乏克制力。尤其处在信息爆炸的时代，外界有各种各样的诱惑，很多青少年都不能克制贪玩的心理，无法将精力全部放在学习上。因此，在化学教学中，不能忽视学生的品质德行养成。在化学领域，有许许多多杰出的化学家身上所具备的专注精神和强大的毅力，支持着他们为科学研究奉献自己的一生。这就是通过分享化学家的故事，来传达科学家身上精神品质，从而转变学生的学习态度。

6. 恐惧心理

化学的学习过程中，一般有两种因素会引起学生的恐惧，第一是化学知识，化学中有许多需要记忆的内容，知识点较为细碎繁琐，不及时梳理总结，就会陷入遗忘的困境，从而对整个化学课程都产生恐惧厌烦的心理。对此，教学中应当注意循序渐进，引导学生建构知识网络。第二是化学实验，虽然化学反应的变化丰富，给学生各种感官刺激，趣味性较强，但是实验过程中难免会接触到一些有毒有害的物质和有刺激性气味的气体，甚至看到个别爆鸣、爆炸的现象，也包括浓硫酸的腐蚀现象，都会造成学生的恐惧心理。这就要求在教学过程中，指导学生严格遵守实验室的规章制度，规范操作，避免意外的发生。同时要教会学生基本的防护措施和补救措施，把危险降到最低，从而消除学生的恐惧心理，并激发他们勇于探索的精神。

二、学习高中化学心理特点

进入高中阶段，化学的学习内容相较初中阶段明显上升了一个层次，概念原理更为抽象，新物质的性质更多，给学生增加了不少难度。但这个阶段，学生自身的心理素质和思维能力也有成长和突破，所以综合分析，高中学生学习化学的心理特点主要表现为以下几个方面。

1. 较强的求知欲

相对初中生而言，高中生的情绪比较稳定，注意力也比较集中，一方面是受到高考的影响，另一方面高中的学习氛围更好，促使学生全身心地投入学习中。对于化学的学习，由于有了初中的学习基础，学生对基本概念已经有了一定的了解，因此会产生深入学习的愿望。据某调查结果显示，85%的学生对于化学有浓厚的兴趣，认为化学是一门非常实用的学科，运用化学知识解释生活中的一些现象激发了他们的求知欲。

2. 较强的操作意识

高中生在学习的自觉性方面已经有了明显的提升，但是作为一个年轻的群体，他们更希望在学习过程中有较高的参与度，不仅仅是听讲、阅读、观察。化学是一门以实验为基础的学科，而实验恰好为学生提供了一个参与的机会，通过自己动手实验所感受到的化学体验明显要比文字深刻很多。高中化学中设置了许多学生可以参与的实验，正好迎合了学生的操作意识。

3. 重视思维的发展

高中学生的逻辑推理能力、抽象概括能力已经初步形成，他们更希望学习是一个探索的过程，不是只了解“是什么”，而是希望了解“为什么”。对于化学的学习也如此，教学过程中应当重视学生的思维发展，给予学生更多的独立思考空间，创设问题情境，展现知识的形成过程，而不是直接告诉学生结论。

4. 目的性明确

研究表明，86%的高中生有明确的升学愿望，因此，目前我国的高中教育仍具有明显的应试色彩。同样，化学的教学中也离不开各种考试，但单一的评价方式并不利于学生的发展，针对考点展开的教学内容也局限了学生的思维。相反，对教学内容适当拓展，变换多种教学模式，因而使得学生对学习的积极态度持续时间更久。

三、中学生学习化学个性差异

素质教育的关键是树立以人为本的教育理念，考虑到每个学生的发展，重视学生的个性与创造性。每个人因其成长环境不同，对事物有不同的认知，因而形成不同的个性，而素质教育正是尊重个性的教育，中学生正处于个性发展的萌芽阶段，应该尽可能地为其提供发展空间，鼓励他们发挥自己的长处，使他们在未来能够及时地适应社会。

（一）个性差异的内涵与成因

心理学对“个性”的定义是一个人所具有的稳定独特的心理倾向和心理特征的综合，个性不是短时间形成的，会受环境的影响但不易发生改变。通常所说的个性差异是指人们在生活或实践当中，所表现出的区别于他人的心理特征，具体包括性格、气质、能力、兴趣等。中学生由于其自身的心理特点，个性差异相对复杂，要清楚地了解每个人的个性并不容易，但可以通过他们平时生活的外显表现来把握，如一些可见的行为、言语、表情等。

中学生的个性差异是由多方面因素造成的，可以概括为以下几点：①遗传因素。据医学研究表明，婴儿在母亲怀胎过程中就产生了个性差异，构成人体的各个器官，包括心肝脾肺肾等的生长发育情况，在一定程度上决定了人的脾气、性格等。古希腊医生希波克拉底认为人的体液是性格形成的物质基础，后来的气质说便源于此。例如，有的小孩天生比较内向胆小，而有的小孩比较开朗勇敢。②教育因素。人在成长的过程中大部分时间都在学校中度过，不同校园环境、学习氛围及不同风格的教师，都会对学生的个性产生影响。③环境因素。每个人从出生开始，就面临不同的家庭环境和社会背景，家庭经济条件和社会地位等造成了他们不同的性格特点、思维方式、兴趣爱好等。

（二）中学生在化学学习方面的个性差异

教育的对象是人，人的个性差异决定了教育不能是一概而论，而是因材施教。化学的学习中，同样也要尊重学生的个性，对于具有不同的学习性格、学习兴趣及学习能力的学生，应该施以不同的教学方法和策略。

首先，学习性格的差异。不同的性格导致学生对于学习的态度和追求不同。一般情况下，性格比较稳定的学生往往学习态度比较端正，完成任务比较认真。性格比较外向好动的学生，往往不能静心学习，缺乏恒心和毅力。化学的学习是一个长期的过程，需要一步一步地进阶，而性格急躁的学生通常不愿意坚持，导致基础不扎实。

其次，学习兴趣的差异。兴趣是最好的老师，兴趣不仅可以成为学生自主学习的动力，某种程度上还代表了一定的天赋。对于不同的学科，学生感兴趣的程度不同，对于同一学科，学生感兴趣的内容也不同。兴趣和思维能力也有一定的相关性。例如，感性思维能力强的学生喜欢学习元素化合物的知识，他们更加关注化学与生活和社会的联系；理性思维能力强的学生更偏向于学习化学反应原理，他们更愿意进行定量分析。因此，教师可以利用兴趣差异促进学生学习，同时又要避免学生只遵从自己的主观愿望。

最后，学习能力的差异。智力因素在一定程度上决定了学习能力发展水平的差异，但90%以上的都处于正常智力水平，所以这种差异并不明显。除了能力发展水平，能力类型也有一定的差异，如有的人擅长记忆，有的人擅长逻辑推理。这种差异在化学学习中也有所体现。此外，学习能力是具有可塑性的，通过适当的方法和策略，可以提高学习能力。

第三节　学习动机与化学学习

学习动机是指能够激发学生朝向一定的学习目标展开学习活动的内部心理状态，属于促进学生学习的内部动力，是影响个体发展的非智力因素之一。适度的动机水平不仅激发学生的学习热情，为其指引方向，还可以使其注意力集中，并增加学习过程的火力，因此，学习动机对学生的学业和个人的心智发展都有着十分重要的影响。

一、学习动机的分类

对于不同需求的学习者，学习动机是多种多样的，不同的学习动机会对他们的学习活动造成不同的影响，从而产生不同的学习结果。为了方便研究，心理学家对学习动机进行了分类，在我国，主要有以下三种主流的分类方式。

1. 动机内容四分法

我国认知心理学的研究者，在20世纪80年代，按照学习动机的内容表现特点，把学习动机划分为以下几种：①没有明确的学习动机，如一些学生只是为了在老师和家长面前完成任务；②出于社会意识，如为了加入团组织或党组织，为了家庭荣誉等；③为了自我的前途发展，如获取更高的学历，找到体面的工作，成为社会知名人士等；④爱国主义和民族精神的驱使，如为社会做贡献，为了国家的繁荣富强，为了中华民族的崛起等。

2. 个人取向和集体取向

20世纪90年代，台湾的心理学者按照文化特质，把学习动机和成就动机分为个人取向（个体主义）和集体取向（集体主义）。

3. 内部动机和外部动机

这些年来，国内外的心理学家开始从根源上分析动机的产生，并以此将动机分为内部动机、外部动机。他们指出，内部动机是源于学生对学习本身的兴趣，如对新知识的好奇心理、对困难学习任务的挑战及通过自己的能力独立掌握知识的愿望等，它从根本上属于一种心理需求，是理解知识、解决问题的内在需求，而学习活动本身就可以满足这种需要。外部动机又称外部动机作用，是指除去学习活动以外的一些因素引起的动机。有些学生渴望得到老师和家长的表扬，有些学生畏惧父母的惩罚，有些学生希望获得同学的认可，等等。

二、化学学习动机的分析

在化学的学习过程中，学生的学习动机各不相同，大致分为内部动机和外部动机。其中，内部动机主要有求知欲、学习能力等；外部动机主要有升学压力、父母的期望、自我实现等，具体可以从以下五个方面展开。

1. 认知动机

据调查显示，目前大多数中学生对于化学有浓厚的兴趣，尤其是对一些生活中的化学现象、化学在新兴材料领域的应用等，他们希望通过学习化学，用更加开阔的眼界看待周围的事物。与之相对的，还有少数学生对于化学的学习动机不足，他们对于化学的兴趣仅限于具有感官刺激的化学实验，对于深入学习化学知识的愿望并不强烈，这样的认知动机不能支持学生进行长期的学习。

2. 崇高理想动机

崇高理想动机能够指引学生勇敢地沿着正确的道路前行，推动他们为远大的目标不懈奋斗。这种动机是比较持久稳定的，不易受到干扰。在化学教育中，渗透爱国主义教育，激发学生的崇高理想动机，有利于为我国培养杰出的化学工作者和研究者。通过讲解化学的发展对于生产和生活都具有重要作用，鼓励学生为国家的繁荣昌盛、科技的快速发展贡献自己的力量。目前，只有少部分学生能够意识到崇高理想动机的巨大推动力，而大部分学生的这类动机还处于中等及以下水平。这说明，学校和家庭需要进一步加强对学生树立崇高理想的意识。

3. 自我实现动机

在化学学习中，多数学生的自我实现动机水平相对较高。他们认为学习就是为了考取大学，找一份收入不错的工作，尤其对于家庭经济条件比较拮据的学生来说，家长从小就给他们灌输知识改变命运的思想，因而导致这部分学生只关心自我的价值实现。尽管人本主义动机理论指出，自我实现动机属于一种高层次动机，该动机对于学生的推动作用也是巨大的，但过于强烈的自我动机水平，会增强学生的功利心，甚至产生心理压力，并不能让他们体会到学习过程的愉悦。所以，教育者有必要引导学生控制适当的动机水平。

4. 义务动机

义务动机是指受社会责任感、集体意识等因素驱使的动机。大多数学生的这种动机水平是较低的，只有极个别学生会以为同学树立学习榜样，为集体争得荣誉，为报答父母等诸如此类理由来作为学习化学的动力。但在实际的教学中，不难发现，一些担任班级职务的学生，一般学习积极性较高，成绩优异，而一些学生并不能做到同时兼顾班级工作和学习。因此，对于具有较高义务动机的学生，教师应当引导他们合理安排时间。

5. 受迫动机

受迫动机是指学生迫于考试压力、升学压力、家庭压力而不得不学习的心理，属于一种消极被动的学习动机。具有此类动机的学生并不多，但是动机水平往往较强。我国基础教育中，化学涉及升学考试，因此，这部分学生容易受到成绩的影响。成绩优秀时，易产生骄傲情绪，而成绩不理想时，则会产生强烈的自卑情绪，对化学产生厌恶感。目前，我国学校依然设置了较多的考试，这并不利于具有强烈受迫动机的学生。教学过程中应当避免成绩的公开、排名次，为学生营造一个压力适度的学习氛围。

三、化学学习动机的激发与维持

化学是一门与生产生活有密切联系的学科，化学知识在多个领域都有广泛的应用，让学生体会到化学的实用性，一方面可以引导他们学会将理论与实际相结合，利用所学知识处理一些简单的现实问题，另一方面可以让他们体会到学习化学的成就感。因此，现代教育要求学生树立明确的学习动机，及时获取学习动力。激发和维持学习动机的有效策略通常有如下七种。

1. 主题型教学策略

大多数版本的化学教材，主要以章节的形式关联知识，但这样的编排过于直白枯燥。利用主题型教学策略，可以将相关性的知识整合为一个与实际生活相关的主题。例如，以“人类重要的营养物质”为主题，学习糖类、蛋白质等相关知识，不仅能使学生感受到化学知识应用广泛，更有利于促使他们保持学习热情。

2. 情境渗透型策略

合理地创设教学情境既可以引起学生的学习兴趣，还可以增强学生对于化学知识的感性认知，使学生体会到知识的实用价值。例如，在学习“卤素及其化合物”一课时，可以以生活中的实例为情境引入对于碘单质、碘离子、碘酸根离子性质的研究。

3. 用途类比型策略

化学中的物质种类繁多，同一物质的不同性质及不同物质的相似性质容易混淆，借助用途类比型策略可以减轻记忆负担。例如，通过了解氮在生物圈的循环，进而掌握氮气的性质。

4. 问题解决型策略

学习的价值在于如何将知识应用于现实。生活中的许多问题都与化学相关，实际的问题通常比较复杂，所以在学习化学的初期，教师可以简化一些问题，使学生真正体会到学以致用。例如，如何测定糖尿病患者的尿糖含量，怎样设计一个简易净水装置等。

5. 科学联想型策略

学习化学不仅仅是掌握基本知识，更重要的是用化学的眼光看待事物，用化学思维去思考和分析问题，因此利用科学联想策略是非常必要的。当一个热点问题产生时，学生应当尝试运用科学知识进行解释，如雾霾形成的原因是什么，河流污染如何处理等。

6. 史料领悟型策略

化学是一门非常古老的学科，许多理论都离不开前人的贡献，在一次次推翻与佐证之后，才取得了今天的硕果。利用史料领悟型策略，把化学史引入化学教学中，不仅可以使学生了解科学探索的整个过程，学习科学探究的方法，还能使其看到化学家身上所具备的优秀品质，同时可以让学生在史料中获取更多的信息。

7. 问题引思型策略

化学的发展与人类的发展是息息相关的，化学的进步推动着人类社会的进步，而目前许多研究仍处于雏形阶段，需要更多的人付出更多的努力，因此基础阶段的化学教育，应该引导学生关注人们尚未解决的，关系到人类生存、生产的重要问题，包括水资源短缺、空气污染等，并以此来激发他们的学习动机。

总之，激发学习动机的关键在于让学生体会到所学知识的实用价值，让他们在一定的学习情境中追求目标。利用这种内部动机，使学生获得较稳定的、持续的学习动力，并最终使他们得到最为有利的发展。

第四节　认知规律与化学学习

认知是人们一种比较基本的心理过程，它是指人们获取信息，对其进行加工，然后进行运用的一个过程，包括感知觉、记忆、想象等。认知规律则是指人们在展开这一心理活动时所具有的客观存在的固定倾向。将认知规律应用于化学教学中，可有效提高教学水平。

一、注意规律及其在化学学习中的应用

注意是保证人们完成各种高级心理活动的必要条件，注意虽然不可见，但仍有规律可循，教学过程中应该运用注意的基本规律，一方面可以调动学习积极性，另一方面也可以提高学习效率[①]。

① 陈琦，刘儒德. 当代教育心理学. 2版. 北京：北京师范大学出版社，2007：248.

（一）注意规律简述

注意是一种不论主观或客观事物，选择性地集中零散信息而忽略其他感知信息的动态认知过程，注意不能单独展开心理活动，通常依托于更加复杂的高级心理活动。学习是人类心理的高级活动，注意力的集中与否影响着学生的听课专心程度、思考的认真程度及记忆的有效程度。注意有其自身的规律，只有掌握了该规律，才能呈现出使学生高效学习的课堂。

按照目标是否清晰和意志努力程度的不等，把注意分成两种类型——有意注意和无意注意。有意注意需要付出一些意志努力，并且是有预期目标的注意。例如，化学实验课上观察某个实验的现象，教师需要示意学生引起有意注意，认真观察。无意注意又称为随意注意，不用设定预期目标，也不用花费精力。例如，课堂中的学习环境、教师讲课时的语音语调等都可以引起学生的无意注意。此外，还有一种独特的注意是有意后注意，既具备有意注意的特征，也具有无意注意的特点，即需要设定预期的目标，但不用刻意花费精力。例如，初学化学时只是为了应付考试而学习，这属于有意注意，通过一段时间的学习，对化学产生了兴趣，就可以自然地集中注意力。

（二）注意规律在化学学习过程中的运用

（1）明确学习活动的目的性。有意注意最大的特点是有预期的目的，因此，在学习过程中，首先要理解学习任务的目的。这就要求教师向学生明确地强调任务的重要性，以此来增强学生完成学习任务的愿望，从而促使学生主动地集中注意力。在中学阶段，化学实验多以演示为主，但需要学生明确实验目的、清楚实验步骤、表述实验现象等，因此，教师在演示的过程中可以通过提出问题的方式，引发学生思考，避免学生在观察演示实验时分心。

（2）培养间接兴趣。单纯地记忆知识点、不断地做习题并不能引起学生对化学的兴趣，繁杂的化学知识会使学生产生厌恶和抵触情绪。然而化学知识并不是只能在课本中学到，日常生活中的许多现象都与化学紧密相关。化学的学习可以是走出校园，通过探索生活中的化学变化，间接引起学生对于化学原理的兴趣，可以达到维持有意注意的目的。

（3）智力活动与实际操作相结合。长时间的智力活动，会使大脑产生疲惫感，也难以维持长时间的有意注意，而与此同时进行动手操作，可以弥补这一缺陷。多种感官的综合刺激有利于长时间地维持有意注意。例如，在进行记忆的同时，大声朗读、摘抄笔记、彩色标注等。在学习一种新物质的性质时，让学生自己设计实验，并自己进行实际的操作等。

（4）培养克制注意力分散的能力。学习过程中，经常会出现学生不感兴趣但又必须掌握的知识，这就要求学生克制自己的主观意愿，把注意力放在学习上。为学生营造良好的学习环境是策略之一，和谐的课堂不仅可以隔绝不必要的干扰，还可以使学生的情绪保持稳定。让学生明确学习任务的目的和重要性是策略之二，只凭兴趣学习不利于学生建立完整的知识结构，应当让学生明白所学知识对于自身发展的意义，并且对此认识得越深刻，其控制有意注意的能力就越强。

（5）训练注意转移的能力。课堂中的学习内容是随教学环节切换的，不是一成不变的，这就要求学生具备注意转移的能力。人们需要把目光从前一个事物转向另外一个事物上，这一活动是具有指向性的。对于那些很难转移注意力的学生，教师要更加留意甚至以恰当的方式，提醒他们转移。同时，学生在课间时不应该有过量的活动，以便上课时可以及时把心思收回到课堂中。

二、感知规律及其在化学学习过程中的应用

感知是指通过感官获得对物体有意义的印象，是人类进行复杂认知活动的基础。人们对于事物的认识，首先是从感知开始的。感知是具有一定规律的，运用感知规律，有利于学生认识事物的本质属性，所以如何利用感知规律是一个值得研究的课题。

（一）感知的基本特征

心理学认为，感觉是事物对感官进行刺激之后，再将刺激信号传输到大脑的过程，属于一种易于展开的心理活动。它所具有的基本的特征如下。

1. 选择性

大脑对于客观事物的反映是有局限性的，一般而言，只能选择性地感知少数具体事物，对于大多数事物的反应都是模糊不清的。

2. 整体性

感知的整体性是指当刺激物的个别属性反映到头脑中时，人们能够将各个孤立的部分按照一定的经验统一成一个整体。例如，当认识一个人时，并不是单独只认识他的脸、手臂或身体的某个部位，而是感知他的整体形象。当学生听课时，并不是听清楚教师所说的每个字，而是把握住教师所表达的完整意思。

3. 理解性

感知的理解性是指人们在认识事物时，通常会利用已掌握的知识技能及履历经验等来理解它。在感知的过程中，人们通常不仅仅对新事物产生照相式反应，同时还会参照以往的经验或自己熟悉的事物，正是这个特征，人们才能更加快速准确地感知事物。

4. 恒常性

感知的恒常性，指感知条件在一定的区域内发生改变时，主体对于事物的感知映像并没有发生改变。感知恒常性通常受到实物的特征如大小、颜色等的影响，并且根据实物所具有的性质分为不同的类型。例如，远处的人在视网膜上的成像要比他们的真实形象小很多，但当他们走近时，并不认为他们变得越来越高大，即大小恒常现象。又如，

不论是亮光下还是昏暗处，都能感知到白纸的颜色仍然是白的，即颜色的恒常性。正是因为感知的恒常性，才能在变化的环境中保持对事物本质属性的认知。

（二）感知规律在化学学习过程中的运用

1. 强度律的应用

对于事物的感知并不能一蹴而就，而是需要经过多次的强化才能越来越清晰，这就是感知的强度律。化学的学习同样如此，对于一些抽象概念，如物质的量、化学键、化学平衡等，可以通过图像、动画、模型等呈现直观印象，并用通俗易懂的语言将抽象概念逐步形象化，利用生活情境、化学实验等，进一步深化理解。以“化学平衡状态”为例，通过概念解释及实验演示不能让学生深刻体会到平衡状态的特点，此时，借助数学中的二维图像可以让学生直观地体会速率与浓度的关系，从而理解平衡状态的特点。

另外，感知的强度律也适用于板书设计和化学实验。化学方程式中的反应符号、可逆符号、气体符号等应该采用彩色粉笔标出，以提醒学生注意在不同的反应中使用不同的符号。对于化学实验中容易被忽视的步骤，教师可以让学生亲自动手操作，并多次提问，以此进行强化。对于一些不易观察的现象，可以借助多媒体的手段，使学生形成清晰的感性认知。

2. 差异律的应用

感知的差异律是指感知对象与其背景的反差越明显，则感知度越高。化学中有许多易混淆的概念，这就需要利用差异律对各自的特征进行对比，迅速从各自的背景中分离出来。例如，在区分电离和水解的概念时，可以通过列表进行分析。在进行一些颜色变化不明显的演示实验时，可以利用白色的背景让学生直观地感受。通过应用差异律，学生对物质的本质属性把握更加准确明晰。

3. 运动律的应用

中学阶段的学生精力较为充沛，比起静止不动的事物，处于运动状态的对象更能引起他们的兴趣，并且专注程度也更高，这就是感知的运动律。化学虽然不像物理中涉及许多动态实验，但仍有一部分内容可以利用此规律进行教学。以“化学平衡移动原理”为例，通过观察注射器分别在加压和减压时混合气体的变化，可以让学生直接观察到化学平衡的动态变化，从而使抽象原理形象化。此外，借助 Flash 动画还可以模拟电子的转移、分子的运动等。把静态的概念以动态的形式呈现，极大地促进了学生的感性认知。

4. 组合律的应用

心理学研究表明，人们对于在连续的时间、接近的空间、相同的形式及颜色一致的事物，具有相对清晰的感知。把零散的材料按照某种联系或共性组合在一起，有利于形成对事物的整体认知。利用组合律，在化学的学习过程中，可以将一些孤立的知识点，根据它们的内在联系，建构成一个完整的知识网络，有利于帮助学生对知识的学习形成体系。教师在板书设计中同样也可以运用感知的组合律，把每个教学环节设置成一个版块，使得讲授内容层次分明，条理清晰。

5. 理解律的应用

人们在认识事物时，通常会借助已有的经验来感知和理解，所以化学的教学应该基于学生已有的知识经验，通过顺应、同化，不断扩大图式。以“氧化还原反应”为例，学生在初中时已经对氧化反应和还原反应有了初步的认识，所以可以在此基础上，先让他们从得失氧的角度去认识氧化还原反应，再逐步从化合价、原子结构的角度去分析，最终使他们理解氧化还原的本质，即电子的得失或偏移。又如，教材中通常将溶解平衡的内容编排在化学平衡和电离平衡的后面，在学生对平衡形成基本认知的基础上，进一步理解溶解平衡所具有的化学平衡的一般性和区别于电离平衡的特殊性。

6. 变式律的应用

变式律是指在教学中，对于学生能够直接感知的事物，在保持事物本质属性恒定的同时，可以采用不同的形式呈现，而非本质属性则变得可有可无。利用此规律，学生可以准确而全面地把握事物。以“电解质”概念的学习为例，根据电解质的特点可以设计出以下几个变式：①硫酸钡在水中不导电，那么硫酸钡是电解质吗？②铜可以导电，那么铜属于电解质吗？③既然氨水能够导电，那么氨属于电解质吗？通过对以上三个问题的分析，不仅可以使学生掌握电解质的本质特征，排除非本质特征的干扰，还可以培养学生的发散思维，使其学会全面而深刻地分析问题。

三、记忆规律及其在化学学习过程中的运用

学生是学习的主体，因此在课堂活动中应当首先明确学生的学习特点。而学习化学，记忆是不可或缺的，在识记的基础上才能谈得上对知识的应用。因此，在化学学习中，引导学生通过记忆规律展开学习活动，是提高学习效率的有效途径。

学生是学习活动的主体，因此教学要考虑学生的认知特点，化学中有大量内容需要记忆，一味地死记硬背不但费时费力，而且无法避免快速遗忘，利用记忆规律可以帮助学生提高学习效率，减轻学习负担。

（一）记忆的一般规律

记忆是以前的经验在大脑中的持续和再次呈现，为所有高级的心理活动提供了条件，并依托着其他心理活动发生。以前的经历、经验以映像的形式在大脑中存在，然后在受到特定的外部因素激发时，又能够及时提取出来。正是因为记忆，事物在人脑中的映像才能存在相对较长的时间。记忆的过程通常有三个基本环节，分别是识记、保持和回忆。不同种类的记忆有不同的特点，发挥的功能也不同。熟练地掌握记忆的方法及规律，并把它运用到学习活动中，能够使得学习效率直线提升。

1. 艾宾浩斯遗忘曲线

遗忘是指与保持相对的，对于曾经识记过的资料不能够再回想或再认识的心理过程。对于一些不必要的、无意义的信息，遗忘是具有积极作用的，但对于学习而言，遗忘更多的是阻碍作用，要想使记忆内容保持的时间更长，了解大脑的遗忘规律是十分必要的。艾宾浩斯在 1885 年发表了在世界范围内有巨大影响力的遗忘规律。他是以一些毫无规律和意义的音节为材料，对自己展开记忆测试，经过不同的时间间隔，最初的记忆量也发生了变化，通过统计分析后，他绘制出了一条遗忘曲线，即“艾宾浩斯遗忘曲线”。遗忘和时间呈负相关，并且不是匀速进行的，在识记活动完成后的短时间内，遗忘的速度最快，随后又慢慢趋于缓和。这就是人类的遗忘规律。根据这一规律，能够意识到及时回顾记忆的内容，是非常重要的。而且，还要对复习进行规划，分阶段和循环进行。

基于个体差异性，每个人的记忆能力、记忆习惯等各不相同，因此，要灵活运用遗忘规律。

2. 蔡格尼克效应

蔡格尼克效应是指与已完成的任务相比，尚未完成的事情给人们的印象更深刻。1927 年，著名的心理学家蔡格尼克以一个巧妙的实验得出了这一结论。他将被试分为两个组，均分配一定的工作任务，只允许一个组完成工作，而另一个组在任务进行的途中就被阻止了，之后，他让所有的被试回想他们的工作内容，结果发现，没有做完任务的一组要优于已做完任务的一组。原因是，人在工作的时候，注意力集中，精神紧张，而这种状态只能延续到任务的截止期限，完成之后就会立马懈怠。然而一旦中途阻止任务的进行，紧张的感觉并不会立马消失，还会指向没有做完的任务，因此对于和任务相关联的内容，印象更为深刻。该效应经常出现在应考阶段，尤其对于临时突击的考生而言，考完试之后的短时间内，记忆内容会被迅速遗忘。因此，在平时的学习中，只有不断地复习巩固才能克服遗忘。

3. 系列位置效应

研究表明，学习者对于学习材料的记忆与材料所呈现的位置有关，材料呈现的位置不同，记忆效果不同，心理学中把这种现象称为系列位置效应。人们通常有这样的经历，在背单词时，最容易回忆的通常是开始和最后背诵的单词，中间的部分较易忘记。这就是首因效应和近因效应，这主要是由倒摄抑制和前摄抑制造成。具体展开就是，人们在回忆开头的材料时，会受到中间内容的影响；在回忆末尾的材料时，同样也会受中间内容的影响；而在回忆中间的材料时，在开头和末尾的共同影响下，在回忆这一部分的内容时，最为费力。利用这一规律，在平时的学习过程中应该注重对中间材料的反复记忆。

此外，相似性质的学科内容也会对记忆造成干扰抑制，但不同性质的学科之间基本不受抑制影响。

4. 多种感官综合运用规律

多种感官协同活动，对记忆效果的提高是显而易见的，心理学家赫瑞特拉通过两个著名的实验验证了这一结论。第一个实验是为了得知人类获取信息的途径，经过多次实验，他得出以下结果，人类获取信息最主要的途径是视觉，其次是听觉，通过触觉和嗅觉获取的信息是最少的。第二个实验是关于人类记忆保持时间的实验，结果发现，只靠阅读获取的知识，记忆只能保持 10%；单独用耳朵的听力所获取的记忆可以保持 1/4，单凭眼睛看能够保持 1/3 左右，同时运用听觉和视觉记忆，可以保留 1/2 左右的记忆。如果综合所有的感官并使其协调活动，记忆的保持率能够达到最高，约为 90%。从以上两个实验的结果可以看出，在展开学习活动时调动多种感官的必要性。感官调动得越多，大脑的刺激就越多，记忆能力也就越强。

（二）记忆规律在化学学习过程中的运用

一切学习都是基于记忆展开的，化学知识的特点是抽象、繁杂，对于基础阶段的学习，记忆是非常重要的一部分，因此应用记忆规律来提高学生获取和记忆知识的效率是十分必要的。

1. 提高听课的注意力

人们已经认识到注意是记忆的基础，因此要想增强记忆，首先要集中注意力。化学知识对于中学阶段的学生而言较为抽象，那么在课前进行预习就显得尤为重要。根据注意的规律，人们通常容易注意到自己熟悉的事物，所以事先熟悉课本内容，有利于学生在课堂上集中注意力认真听讲。理解是记忆的关键，只有在课堂中理解了抽象难懂的概念，才有助于课下的巩固记忆。

2. 及时并采取多样化的方式复习

根据艾宾浩斯遗忘曲线，人们意识到遗忘的规律是开始时速度极快，随后又趋于缓慢，所以分阶段复习在学习过程中是必不可少的。中学化学的学习任务繁重，内容也是层层递进的，前期的基础不扎实会影响后期的深入学习，所以进入高一后，学生的化学成绩常会出现两极分化，这主要是一部分学生对于初中知识的记忆不牢固而造成的。记忆不仅需要多次循环，还需要变换多种形式，使大脑不会感到过于枯燥。俄国心理学家赞可夫指出，多种方式的复习要比单一方式的复习更为有效。按照复习的内容不同，可以划分为不同的类型，例如，在学习新课时可以采用提问、论述、实验等，在习题课上，教师应当鼓励学生一题多解、整理错题集等。同时，复习可以采用多种方法，如划重点、记笔记、比较归纳、列表格、制作思维导图等。

3. 采用多种记忆方法

（1）形象记忆法。一般而言，人们对于形象具体事物的记忆要好于抽象事物。所以，运用形象记忆法，把抽象材料赋予形象意义，建立事物的完整形象，可以有效提高记忆水平。该方法包括呈现有关的图片、讲解相关的故事、编顺口溜等。化学中有许多押韵的概念或知识可以编成朗朗上口的口诀。例如，初中学习的金属活动性顺序，就可用“钾钙钠镁铝、锌铁锡铅氢、铜汞银铂金”来记忆。

（2）联想记忆法。指把一些相互关联的事物，利用各种方式将它们联系起来进行记忆的方法。人们通常对于具有相似或相反属性的事物易产生联想，常用的联想方法主要有类比联想、空间联想、对立联想等。

（3）对比记忆法。指学习者将所学内容的特点进行对比，找出它们的共同点和不同点之后加以记忆的方法。化学学习中常通过列表、卡片归类等方法来记忆相似物质的性质。例如，记忆碳酸钠和碳酸氢钠的性质时，就可以运用这种方法。

（4）改造记忆法。对于知识的记忆不能只停留在表面，而应该通过各种方式进行深层加工，使所学内容真正内化于头脑中，这就是改造记忆。通过分析总结、列出提纲、构建知识网络等方法，可以使学习者对知识的理解和记忆更加深刻牢固。

4. 调动多感官协同活动

研究表明人的记忆主要依赖于视觉，但是单一的视觉活动不能维持长时间的注意力，所以多种感官协同活动有利于集中注意力，极大地提高记忆的效率。化学的学习也是如此，教学中应当尽可能地调动学生的多种感官，如通过讨论、作图、游戏互动等多种形式，把听、说、读、写有机地结合起来。随着计算机技术的飞速发展，教育技术不断取得进步，并为教育提供了无限的可能。幻灯片投影、录像播放等只能带来视觉、听觉的刺激，而虚拟现实技术可以让学生通过VR设备体会到身临其境的、全方位的立体感。但新技术带给教育的不仅是新的体验，它对教师的自身素质又提出了新的要求。教师在准备课件时，需要合理设计，不能过于注重形式而忽视了教学的核心内容，造成本末倒置。

四、思维规律及其在化学学习过程中的应用

心理学家认为思维作为一种智力的运用，旨在寻找一个问题的答案或一个实际问题的解决方案，属于一种认知活动。学校教育不仅要注重知识技能的传授，还应当注重学生思维能力的发展，教会学生如何运用自己的智慧去处理问题，这将对学生未来的发展产生深远影响。在中学阶段，化学教学学科同样承担着开发学生思维能力的重担。

（一）关于思维规律

规律是指表现事物本质现象的基本趋势，思维活动作为一种相对复杂的心理过程，有它独有的本质和固有倾向。针对思维规律的研究，应当依照唯物辩证主义的思想，结合实践与理论，透过现象看本质，把握思维过程的内在联系，从而总结出思维的科学规律。

对于思维规律的研究，应该从如下几个方面考虑，思维过程的发生情况、思维活动

的发展条件、思维活动发生与发展的内在联系。通过实际观察及相关理论，对思维的规律表述为，思维规律即思维活动所具有的本质现象的基本趋势及其内在的必然联系。心理学家对此进行了展开分析：思维活动的开端是问题，然后在问题解答的过程中逐渐深入，接着在检验结果中发展，最后在实践中得到成果。心理学家龙译武久将思维规律总结为“问题的意识化、思考的直观化、思维的类推性”。

在学习过程中，一般而言，学生的思维活动有以下规律：首先确定学习的课题，然后积极主动地按照一定的顺序进行连贯的思维，接着进入深层次的发展性的思考，最终对知识形成一定深度的理解，在此基础上再进行应用。概括地说，学生的思维具有连贯性、顺序性和发展性。

思维的连贯性是指，当学生明确问题之后，依照问题的指向、产生原因、如何解决的思路进行思考，并最终得到答案这一连续的过程。对于问题的分析不能只知其然而不知其所以然。面对问题，首先要理解含义，在确定一个分析计划，按照计划来收集证据，再根据所收集的信息制订几个可行方案，最后通过实践检验，确定一个最佳计划。这个过程应当是连续的，不可中断的，教学中应该给予学生足够的时间来体验问题解决的完整过程，使大脑对此过程的步骤形成自动化的反应，久而久之，思维的连贯性就会得以提升。

思维的顺序性指思维过程应该按照一定的程序展开，有一定的逻辑性。一般情况下，先明确总课题的要求，再根据一定的层次具体展开子课题。对于有递进关系的子课题，应该按照课题顺序进行思维活动，使整个过程环环相扣。

思维的发展性：在学习活动过程中，课题的难度不能一成不变，应该具有一定的阶梯性，这样学生的思维能力才能逐步提升。根据思维的发展性，心理学产生了最近发展区的理论，该理论认为儿童的认知能力分为两个部分：一部分是儿童已经具有的思维水平，儿童单凭自己的努力就能够完成学习任务，另一部分是待发展的水平，需要通过教育者的启发和帮助才能达到的水平。根据思维的发展性，西方教育理论认为，教学应该是适度超前的。

（二）思维规律在化学学习过程中的运用

1. 会读书、多思考，训练思维的严密性

中学阶段化学的学习要求学生应该会读书。会读书不是简单指阅读文字，而是要求学生在阅读的过程中能够理解文字表述的思想，并提取关键信息。勤思考则要求学生在学习的过程中训练发现问题、提出问题的能力。以“同素异形体”为例，学生在阅读材料的过程中就应该思考“同素”和“异形”的含义。通过材料所给信息，学生可以分析出“同素”指的是同一种元素，同种元素应当有相同的化学性质、原子具有相同的质子数、相同的电子排布等。“异形”则指不同种类的单质，它们的物理性质不同，化学性质不同，组成单质的原子数目及排列方式自然也不相同。化学中类似于这样的概念还有很多，不过只要学生学会了读书的方法，学会积极思考，再难的知识也可以掌握。此外，学生还要学会深入解读化学概念。例如，勒夏特列原理的内容是“一旦可逆反应的条件

有了变化，那么平衡状态就会被打破，反应方向就会朝着减弱这一变化的方向移动”，学生很难理解反应向减弱这种改变的方向移动，这就需要结合实际的可逆反应例子进一步剖析。

2. 勤总结、多归纳，加强思维的有序性

归纳总结是学习中常用的方法，归纳是把具体的知识及规律或具有特殊性的知识所具有的共性，推导出一般知识或规律的方法。归纳法一般可以分成两类：一类是完全归纳法，另一类是不完全归纳法。完全归纳法的主要内容是：如果一类事物中的每一个对象都具有某种属性，那么该类事物的所有对象都应该具有这种属性。不完全归纳法的主要内容是：如果一类事物中只有部分对象具有某种属性，但依然能够得出该类事物的全部对象应该都具有这种属性的结论。

在化学的学习过程中，同样需要培养归纳总结的能力，这样才能使知识形成体系。通过对元素及其化合物知识的学习，可以把具有共性和联系的知识总结在一起。例如，在学习完浓硫酸、浓硝酸的化学性质后，便能总结出氧化性酸的共同特点，能与在金属活动顺序表中，位于氢之后的金属单质反应；能够和活泼性不强的金属单质发生反应；能够和一些其中有低价态元素的化合物反应。既可以通过一个族中每个元素的性质，推出该族元素所具有的通性，也可以通过这一族的特点判断其中一种元素可能具有的性质。又如，学习金属的性质时，可以通过钠、铝、铁等金属元素各自性质推出金属的特性，同时又可以根据金属的共性判断铜的性质等。

3. 多操作、勤观察，培养思维的逻辑性

调动多种感官进行学习，既可以使注意力集中，又可以对学习内容产生较深的印象，因此在化学学习中，学生应当多动手，多观察，全面调动自己的感官。中学阶段，教材中涉及许多简单有趣的实验。化学实验的特点是有光、有热、有声、有色，带给学生丰富的感官刺激，所以教学过程中，应该尽可能地为学生亲自动手做实验提供条件。以“钠和水的反应”为例，当学生从煤油中取出一小块钠时，肯定会疑惑为什么钠要储存在煤油中，当他们自己切开钠观察横截面的变化时，又会产生疑问，是什么原因导致了钠的表面变暗。这些问题也许在教师做演示实验时，并没有被注意到，因为演示实验往往只能展示最明显的现象，一些细节性的东西，只有亲自实验时才能被发现。先在实验过程中提出一系列疑问，再在课堂中听教师讲解原理时，思维会比较集中，对于学习的内容掌握也更牢固。化学实验是帮助学生理解抽象概念的重要手段，在教学中，教师应多创造机会让学生动手实验，并积极让学生自己设计实验，以此来增强他们的实验操作能力，以及在此过程中训练他们的思维逻辑性。

4. 多角度、巧设问，培养发散思维

在教学过程中，提倡教师多设问，但设问是需要讲究技巧的。课堂中的设问应尽量避免难度较低的、思维方式较直接的判断性设问，相反，应当巧妙地设置一些具有叙述性和发散性的问题，把问题变得更有趣、更有挑战，使学生的思维更加活跃，培养他们

的发散思维、跳跃思维。例如，在学习金属钠的相关性质时，教师首先给出钠是一种金属的限定，随后抛出问题“能够和金属发生反应的物质都有哪些？”这样既阐明了钠与金属的联系，又将学生的思维打开，使其积极思考头脑中的先前经验。接着，教师可以设置一系列的相关问题，如让学生思考钠与水反应的本质；钠如何与盐的水溶液发生反应等。通过问题把各个教学环节串联在一起，不仅可以使学生集中注意力，而且可以引导学生进行逻辑推理、归纳总结、发散思考。利用多角度、巧设问的教学方式，长此以往，学生的思维能力一定可以得到全面提升。

5. 敢质疑、敢创新，培养批判思维

亚里士多德曾说“思维从疑问和惊奇开始”，人类科学史上，正是因为科学家的质疑与批判精神，才使得科技取得今天的进步。质疑就是提出疑问，以批判的眼光来看待已有的结论。一个人的能力不仅体现在解决问题方面，发现问题和提出问题的能力也属于衡量心智的重要指标。质疑的第一步是全面地观察事物，并以此为基础进行分析、比较、综合思维。帮助人们提出问题的方法有变换思维方式、联系生活实际、比较事物的异同点、对事物进行全面评价等。在化学教学中，课堂上教师可以让学生积极讨论，主动提问，也可以故意设置一些疑难点，引导学生提问。同时也可以教学生分析习题的逻辑性，给他们自己出考卷的机会等。目前，我国中小学生最欠缺的能力就是独立提出问题，而教师为了赶教学进度，也不希望课堂中给学生太多时间提问，导致我国学生的批判思维、创新思维较弱。

第五节　化学知识分类与化学学习策略

一、化学知识分类

对知识的研究是传统哲学的一个主要命题，在人类已有的知识历史中，哲学家从自己的观点出发，对什么是知识、知识的类型等问题进行了较为深入的研究。从历史的角度来看，人们对知识的认识从笛卡尔的心智观、联想主义的学习观和绝对主义的知识观向有机的心智观、相互影响的学习观和建构主义的知识观前进。得出知识不仅是一个如何认识的问题，更重要的是一个引导人们如何生存的问题。

一直以来知识的分类五花八门，层出不穷。例如，Comte 的知识分类是按知识发展的历史进程展开的，依次沿“宗教性知识”、“形而上学主义的知识”和“实证主义知识”的顺序；Polanyi 利用言语符号形式来表达知识，将知识归类为“显性知识”与“缄默知识”；Scheler 依照社会性质研究人类知识的组织形式将知识分为“文化性知识”、“救赎性知识”及“实务性知识”；Russell 的知识分类是“实物的知识”与“人的知识”；现当代比较流行的知识分类为“社科类知识”、“自然科学类知识”及“人文知识”。20 世纪末知识经济时代拉开了帷幕，以经济发展与合作组织（Organisation for Economic Co-operation and Development，OECD）出台的 *Science, technology and industry outlook* 为标志提供了知识分类的新方法，即 know-what，know-why，know-how，know-who。know-what

为事实性知识的解读，know-why为原理性知识的探究，know-how为技能性知识的训练，know-who为人力资源性知识的共识。

传统“双基教育”将化学知识分为六大类：基础理论、基本概念、化学用语、元素化学物、化学实验、化学计算。加涅将人类学习分成五类，分别是言语信息、智慧技能、认知策略、动作技能和态度，据此，化学知识可分为五大类：言语信息知识、智力技能、认知策略、动作技能和态度。相对应的化学学习策略分为言语信息的学习策略、智力技能的学习策略、认知策略的学习策略、动作技能的学习策略、态度的学习策略。

二、化学学习策略

（一）言语信息的学习策略

言语信息知识是学习者通过学习后，能记忆诸如事物的名称、符号、地点、时间、定义、公式、对事物的描述等具体的事实，并能够在需要时，将这些事实描述出来。因为这类知识是可以用语言或符号、公式表述的，所以称为“言语信息”知识。

化学言语信息类知识具有学科特殊性，用特殊或专用的元素符号、化学式、化学（离子）方程式及其图像等直观表示人们生活在千变万化的物质世界中。言语信息的学习策略主要指的是直观信息的储存，常用的是组织策略和精加工策略。组织策略则是将言语信息材料按照一定的线索进行分类、推理，使零散、孤立的知识变为彼此相互联系的知识网的结构。常见的方法有多种感官协同记忆法、联想记忆法、口诀记忆法、图表记忆法、比较记忆法、规律记忆法等，允许学生自己建构策略。精加工策略是指对言语信息材料举例子、补细节、做推论或形成动作前的相关联想。如果加工过程能够达到精细化、深刻化，就能够使知识的获取更精准①。

常用的言语信息的学习策略还包含言语编码策略及言语线索策略，常用方式为信息提示或信息给予、言语组织、言语表达等。这几种方式在有机化学基础复习课上就可以得到充分利用，如纸牌游戏可以将所学过的所有有机物及反应类型进行彻底复习。制作一副纸牌，每张牌上画有一种有机物的结构式，另有一些牌则写有基本的反应类型，如取代反应、加成反应、消去反应、酯化反应等。游戏规则是让持有反应类型牌的学生先出牌，其他学生将能参加这种反应类型的有机物打出来。出错者要受到惩罚，说出该种有机物的一条性质。通过这样的知识类游戏，学生兴趣盎然，踊跃参与游戏能够加深记忆。

（二）智力技能的学习策略

智力技能是通过学习者内部言语在头脑中实现的认知活动方式。智力技能的认知活动借助内部言语按合理的、完善的程序组织起来，并自动进行。智力技能学习策略迄今研究者众多，如加涅的自下而上的层级学习策略，奥苏贝尔的自上而下的先行组织策略等。

① 裘雪芬，蔡亚萍. 论高中生化学记忆策略的培养模式. 科教文汇，2010，(3)：97-98.

1. 加涅的层级学习策略

加涅提出的层级学习策略是学习顺序建立的基础，任何一种新智力技能的获得都需要过去所学的技能，因此，学习应从最简单的技能着手，再探寻更为繁杂的技能和知识，即他主张的学习顺序思路是从易到难的。

2. 奥苏贝尔的先行组织者策略

美国奥苏贝尔（Ausubel）提出的“先行组织者”理论，强调新的学习资料要与原有认知结构中的观念建立适当联系，才会产生有意义学习。换言之，增加新旧知识间的联系，会提高掌握程度。奥苏贝尔认为教学顺序的起点应确定在学习层次的较高点，即先呈示一般的、有较大包容性的、较抽象的概念和原理，然后学习一些具体的学习内容。这种教学顺序是自上而下的，是由抽象到具体的形式，与加涅的由简单到复杂、自下而上的教学顺序相反。它的一般步骤是：（1）呈现“先行组织者”；（2）呈现下位内容；（3）提供论证；（4）帮助学生融会贯通。

智力技能的学习策略运用综合性比较强，如在学习过氧化钠与水反应的方程式时，运用手脑协同法就能取得好的学习效果：让学生亲自完成“滴水生火”趣味实验（用脱脂棉包住约 0.29g 过氧化钠粉末，预先用针戳些小孔，放在蒸发皿中；再用长滴管向过氧化钠上滴加 1～2 滴水）。通过自己的操作、观察和思考获得有关的实验结论，推导反应的方程式。在整个过程中，学生手脑并用，多种感官参与，获得的知识既鲜活又深刻，提高了记忆知识的效率。

（三）认知策略的学习策略

认知策略是指学生用来监控自己的认知过程的技能。加涅将认知策略定义为学习者用来选择和调节自己的注意、学习、记忆和思维方式等内部过程的技能。

认知策略是一个动态的、多水平的、多层次的组合程序。它由学习方法、学习调控和认知组成，这三个要素相互影响、相互制约。学习方法是指信息的编码储存、提取运用等认知过程中的方法。它是学习策略中最基本的要素，按照认知特点，学习方法还可以分为两类：指向理解和指向记忆。学习调控是指在一个连续学习活动中使用调控学习的行为，尤其是学习方法的选择和使用的能力。它在认知策略结构中处于中介地位，在认知的作用下调控认知过程。同时，它又受到学习方法的影响和制约并反作用于认知。认知指他人或自己的认知活动的过程、目标、任务等有关的知识和信息。认知是整个学习策略的核心，也是这种结构最高层次的调节机制。学习方法和学习调控只是一种执行的活动，而要自觉又有计划执行某种活动的首要条件，是要对活动中的各种因素及其相互间关系有所了解。在学习中，就是要对学什么、何时学、如何学、为何学等具有明晰的意识，所有这些都是在认知作用下产生的。因此，学习方法和学习调控的执行过程是认知活动的结果。正是由于学生的这种自觉意识才能够影响学习方法和学习调控，才使具有自觉特性的学习活动成为可能。同时，随着学生自我调控能力的提升，其认知的知识也会不断地丰富和成熟。

高中的化学题主要是考查学生的理解力，往往根据认知性知识问题所展现的不同侧面，学生要深刻了解典型例题，并且在典型例题的解法中知道该类试题的解题方法，这样学生能很快获得相关知识。

（四）动作技能的学习策略

动作技能是一种可由练习习得的健全的、自动化的动作活动方式，是一种精准、极速的机体运作，是一种巩固下来的娴熟、流畅的本领。普遍认为把整个动作技能的掌握过程分为以下四个时期。

1. 概念认知时期

认知时期被看作理解学习任务的个体知觉时期，学习者要先形成内部的意识机制，通过观察示范性动作，达到心中有形可为参考。这一时期可理解是先入为主的一个印象环节，这一过程即是信息的搜集及编制阶段。概念认知时期所具有的学习特点主要来自学习者的浅尝辄止，急于掌握动作的基本要领，只着眼于局部的动作规律，导致动作技能慌乱无序，组织不协调，这一时期的动作掌握往往是不全面的，并常常伴有明显性错误。

2. 分步训练时期

这一时期的特点是学习者着手尝试小步走的动作技能训练，遵循头脑中的基础认知逐渐练习模仿，最终达到全盘掌握的目的。学习者在分步训练时期注意力的重点在分解动作上，虽然尝试全盘掌握，但也只能达到盲人摸象的效果。原因在于没有掌握动作技能的内在统一关系。

3. 连贯动作时期

很显然连贯动作时期是将上一时期的分步训练动作有机整合，形成连贯的、内部统一的有机整体时期。对于一个再简单不过的动作，仅从生物学角度也存在诸多复杂的动作过程，这一时期的连贯性形成可以说是更高级动作系统的固化反应。

4. 自动化时期

自动化时期的动作技能的掌握与运用已经由小步向大步迈，到最终的自由奔跑时期，连贯的动作技能已经能有序地组合排列构成有机的结合体自由运用了。分解的动作训练已经成为了一种自主的无需加工的无条件低级反射。自动化的动作技能时期的形成并不是一蹴而就的，主要学习策略包括：①激发注意和动机；②吸引兴趣并明确目的；③回顾原有的动作技能；④尝试新技能；⑤加工和编排信息；⑥集中精神运用相关学习策略获取新技能；⑦巩固练习；⑧知识反馈；⑨评估和总结。

（五）态度的学习策略

态度是通过学习形成的影响个体行为选择的内部状态。态度的形成往往蕴含在其他知识的学习过程中。加涅认为，态度改变的过程受到学习者环境的外部事件的强烈影响，这就为媒体的选择提供了依据。建立一种期望是态度学习的重要特征，必须创设条件激发学习者的期望。从行动选择产生的执行操作是态度学习的重要部分，这就需要展示或描述这样选择的榜样行为。

学习反馈的强化对建立态度或改变态度是极其重要的，学生可以逐渐建立或改变个人的一些态度。在具体的活动策略中，目标态度的达成可经由角色定位，目标行为的企及可通过榜样发酵。态度的学习策略主要包含三部分：情绪感染（奠定学习基调）、思维认知（打开思维通道）及行动效仿（做中得体悟），三部分缺一不可。态度的学习策略基本上应注意以下几个方面：

（1）强化情境创设，让学习者的情感参与学习过程。

（2）宽松自由的学习环境，开放平等的交互心态，有助于学习者敞开心扉。

（3）注意发挥模范和榜样的表率作用。

高中化学学习中让学生掌握化学知识固然重要，但通过这些化学知识的学习使学生获得应用化学知识解决问题的能力显然更重要。因此，学生在学习中既要关注知识，也要关注问题，二者必须兼顾。通过问题引发知识的学习，通过问题训练学生的态度性知识。目前普遍存在的现象是学生经常将知识和问题割裂开来，特别是复习课的学习，学生经常将化学知识的整理和习题的听评完全分开，这对学生获得某一知识点的态度性知识十分不利，最终导致的结果是学生会背知识，但不会解题。因此，学生要将知识和问题紧密结合，帮助自己建立试题和内容的联系，这样才有助于学生获得知识。

主要参考文献

毕华林. 2005. 高中化学新课程教学论. 北京：高等教育出版社.
蔡忠臣，金东日. 2014. 浅谈化学陈述性知识的教学策略. 新课程・上旬，(3)：39-40.
杜开颜. 2013. 对高中化学程序性知识教学的若干建议. 福建基础教育研究，(5)：51-52.
郭淑琴，王燕. 1989. 普通心理学. 北京：光明日报出版社.
黄梅. 2012. 化学陈述性知识的教学逻辑与教学策略. 中学化学教学参考，(7)：12-15.
黄希庭. 2004. 心理学导论. 北京：人民教育出版社.
刘知新. 2009. 化学教学论. 4 版. 北京：高等教育出版社.
乔羽娇. 2014. 高中化学知识分类与教学策略研究. 科教导刊，(19)：176-177.
石中英. 2004. 教育哲学导论. 北京：北京师范大学出版社.
王云生. 2014. 中学化学课程中的程序性知识及其教学. 化学教学，(1)：12-14，20.

第六章　化学教学评价策略

现代教育观认为教学评价是教学系统中不可或缺的元素，只要有教学过程存在，就必然伴随着教学评价。化学教学评价的基本性质与一般教学评价是一致的，在此基础上，由于化学学科在内容上有别于其他学科，因此化学教学评价有其特殊性。

第一节　现代化学教学评价的理念与特征

一、现代化学教学评价的理念

教学评价特指以教学为评价对象的教育评价，包括对教学过程与教学效果的评价。例如，对教师的常规教学工作和学生的学业成就、智能水平、个性特征、道德状态等的评价。教学评价的目的不仅仅是为了鉴定教学，更是为了改进教学。因为教育的根本目的不是对被教育者做出鉴定，而是要帮助他们获得全面发展。

随着人们对教育本质的深刻审视和对教育价值的不断反思，重视生命关怀已成为当今世界各国教育的共同关注。在以人为本的社会中，教育绝非只是单纯的文化传递，更是为了提高人的生命质量、造就完整的生命而进行的社会活动。“以人为本”是现代化学教学评价的指导思想。因而，现代化学教学评价是在以人为本的思想指导下，关注学生发展、教师素质提高和教学实践改进的一种形成性教学评价。现代化学教学评价基本理念的内涵如下。

1. 坚持“促进学生全面发展”的理念

从学生个体发展的需要出发，尊重学生人格，关注学生个体差异。改变传统的重视考查知识、忽视能力，重视考查智育、忽视德育和美育的做法。通过评价理念的变化，引领学生追求智力与人格的协调发展。从浩瀚的人类文化中精选出来的文化材料作为学校课程呈现给学生，作为学生理解和阅读的对象。引导学生对课程的理解绝不能只是课程内容原封不动地移植或机械地复制，而是要依靠自身已有的知识和人生经验去理解它，在能动的理解中建构新知识，扩大文化经验，并合理地摄取其中文化价值内化于自己的人格生命中，获得人生意蕴的全面体验，充实生命内容，陶冶人格。在教学过程中，使学生不仅获得某些知识和技能，同时也获得人格特征，获得个人的成长。

传统教育评价只重视知识与技能的评价而忽视人的情感态度的评价，这种智力与人格形而上学地脱离，必然导致完整人格的解体，或因理智的丧失使人失去方向，或因情感的丧失使人麻木不仁。爱因斯坦认为一个能力强而品德坏的人对社会前进显然是有害的，他强调把发展人的独创性与高尚品德联系起来。相对于知识和技能，人格无疑重要得多。教育传递文化在现实中最重要的体现就在于塑造特定人格，基于此才能实现对特定文化的积淀、传递、保存、选择和创造。

2. 坚持“促进教师不断提高素质”的理念

教师若能及时发现自己教学工作中存在的不足，并采取相应的改进措施，就能不断提高自我得到发展。反之如果缺乏对教学工作的反思，往往会使教师依循常规停滞不前，甚至出现一些不良行为形成习惯难以改变的情况。因此，对自己教学行为存在的问题有一个客观的评价和清醒的认识，是有效改进教学行为的前提。通过评价，帮助教师诊断和发现自身教学工作上存在的问题，实事求是地作出评价，为教师专业发展和教学工作的改进提供翔实的反馈信息，促使教师对自己的教学行为进行分析与反思，及时查漏补缺，促使教学行为发生实质性的变化，加速自身的专业化成长。

3. 坚持“促进教学不断改革”的理念

教学评价既是对学生学习能力和学习成就的变化做出价值判断，也是对教师教的能力和教的效果做出的价值判断，教学评价对教学具有诊断和改进功能。通过采取科学的方法，对收集的数据信息整理分析，能发现教学中的优缺点，帮助教师和学生处理好教学和学习中存在的问题，进而达到改进教学的目的。因此，教学评价对教学内容的处理、教学目的的把握、教学过程的设计、教学方法手段的选择、改进和形成发挥着积极作用。可以运用评价对教学中每个环节和阶段进行科学的调控，促使教学向科学化、规范化方向发展。

二、现代化学教学评价的特征

教学评价是促进学生发展的重要手段。从以人为本、关怀生命角度出发的化学教学评价，不仅在功能上与传统化学教学评价有本质的不同，而且在评价功能、评价主体、评价内容上也赋予了新的内涵。

1. 评价功能：从控制生命转变为激扬生命

传统化学教学评价的主要目的：一是检测教学目标的实现成效，使教学活动朝着特定的教学目标进行，实现对教学目标的定向控制；二是利用评价反馈信息，为教师调整教学行为提供客观依据，使教学过程成为一个能得到反馈调节的可控系统；三是诊断学生学习情况的优劣程度，实现教师对学生学习情况的把握和监控。这种评价的功能无非就是为了实现控制。作为生命体，人本来就有一种要求发展自己、提升自己、完善自己的自然倾向，这是生命的一种内在需要。凸显生命关怀的教学评价，是唤醒学生自我发展的内在动力，评价目的不是一味地控制、束缚，更多的是唤醒、激扬，把个体内在的天赋本性引发出来。通过评价帮助学生认识自我、明确目标、树立信心，作出最佳的学习决策和学习计划，促进学生在原有水平上有所发展。

2. 评价主体：从外部客体回归学习活动主体

传统教学评价者通常是教师或他人，学生坐等被评判，这种忽视学生自我意识的评价会导致学生不能在评价中发挥积极性和主动性，反而容易造成学生持消极对抗的态度。卢梭指出："儿童是有他们特有的看法、想法和感情的，如果想用我们的看法、想法和感情去代替他们的看法、想法和感情，那简直是愚蠢的事情"。"以人为本"的教学评价必须把学生看作生命发展的主体，珍视他们发自天性自然的那种主动权，让学生成为自我评价的主体，通过自主评价对自身学习活动进行监控和调节，而不是用成人的要求去约束他们，更不能迫使他们按成人的意志成长和发展。

3. 评价内容：从关注单一的知识技能转变为关注多元的目标

传统教学评价只注重对学生掌握知识与技能的评价，而忽视关注学生在学习过程中对于精神生命的推动、启迪和激励，导致以偏概全。学习作为生命的生长活动，其机理是异常复杂的。一种学习结果往往是由学生的情感因素、价值取向、学习态度、行为习惯、学习方法等多方面因素共同作用而产生的。只有对各种因素做全面的分析，才能找到症结，解决问题。激扬生命发展的评价应关注学生多方面的表现。以化学实验为例，评价既要关注实验结果的科学性、准确性，更要关注学生在实验过程中的参与态度和参与程度，把与情感态度价值观相关的目标纳入评价的视野，使评价能够深入学生的内心深处，激起学生的情感和体验，产生强有力的来自生命内部的推动力，提高学习的积极性和绩效。

第二节　化学学习测量与评价

化学教学评价是指按照一定的价值标准和教育目标，利用测量和非测量的种种方法系统地收集资料信息，对学生发展变化及其影响学生发展变化的各种要素进行价值分析和价值判断，并为化学教育决策提供依据的过程。化学教学测量是根据某些法则与程序，用数字对事物在量的规定性方面予以确定和描述的过程。本节主要介绍化学学习测量与评价的类型、方法和质量，简单分析效度、信度、难度和区分度等测量质量检测的基本指标，还详细介绍了化学学习中的量化评价和质性评价方法，旨在帮助教师掌握中学生化学学习评价的各种实施策略。

一、化学学习测量与评价的类型

"化学教学测量与评价"是化学教学系统中的重要组成部分。测量与评价的过程是基于"以人为本"的理念，以化学教学目标为依据，结合化学教学的特点与课程改革的热点，灵活运用教育统计学、教育测量学、教育评价学和计算机科学的理论与技术，对"教师教"与"学生学"的效果进行比较和价值判断。

根据不同的标准，学习测量和评价可分成不同的类型，并表现出不同的特点。根据教学过程中的不同时机，选择适宜的测量与评价类型，有助于学生学习效果的及时反馈；选择不同类型的参照进行测量与评价，有助于多方位了解学生详细真实的学习情况；按被试行为表现分类，有助于了解学生的最佳行为和典型行为；根据不同内容进行测量与评价，能够比较客观地分析学生的综合素质；结合个别测量与团体测量这两种类型，有利于获得更多的信息。综上所述，对学习测量与评价进行分类，有助于教学质量持续有效地提升，有利于学生的全面发展。

（一）依据测量与评价在教学中运用的时机分类

1. 形成性测量与评价

形成性测量与评价经常在教学过程中实施，其性质大体上类似于目前中小学的单元测验。教师可利用形成性测量与评价获得教学过程中的连续反馈，以了解学生的学习成效、学习难点等信息，有针对性地及时修正自己的教学。与此同时，学生也能在形成性测量与评价中针对自己的学习获得反馈信息及表现情况，从而肯定或调整自己的学习方式。

2. 诊断性测量与评价

诊断性测量与评价的对象主要是表现出学习困难的学生，其目的是对个人所产生的问题及产生问题的原因进行诊断。诊断性测量与评价大多是在形成性测量与评价之后进行。如果教师在形成性测量与评价之后发现学生学习上存在困难，应该及时进行个别辅导，帮助学生解决问题、纠正错误。如果个别辅导之后，学生的学习困难情况依旧存在，在这种情形下就需要对他们实施诊断性测量与评价。

3. 终结性测量与评价

终结性测量与评价类似于目前学校中所举行的期末考试，是在教学结束后运用的。其目的是在教学目标引领下，检查这一学期学生的学业情况，从而判断教学效果，根据结果评定学生的学业成就，并将评定结果通知学生家长或记入档案。

（二）依据解释测量结果的参照点分类

1. 常模参照测验

常模参照测量与评价是一种将被试者的水平与测验常模作比较，以评价被试者在团体中的相对水平的测量与评价类型。常模参照测验在解释学生学习成就和评价教育活动时采用了相对的观点。例如，学生在试卷上拿到的分数需要与其所在的学生常模团体进行比较，之后显示的才是该生的实际情况。众所周知，不同的命题标准、试题难易程度与评分标准均会导致卷面分数出现个体差异。因此，单凭卷面分数本身，不能客观地评价学生的成就与能力的高低，必须在与同一个班级或年级的同伴比较之后，才能确定其学习进展如何。例如，某生在一次物理测试中得了 50 分，只看其分数则非常低，如果结合全班学生分数的情形就能确定其真实学习程度。如果全班平均分为 45 分，那么该生的成绩就处于中上水平；如果全班平均分为 70 分，那么该生的成绩就比较低；如果全班平均分为 90 分，那么该生的成绩就属于较差的成绩了。这种比较方法在一些选拔性考试中有一定的应用，在当今教育评价多元化的趋势下也具有一定的价值。但是，要注意的是上面列举的只是一个简单的对平均成绩进行比较的结果，存在一定的偶然性，通常在进行这样的比较时，还要看成绩的离散情况，将测验分数转化为百分位数、标准 Z 分数或 T 分数后才能真正地了解一个学生在整个同班或年级学生群体中的位置。

2. 标准参照测验

标准参照测验是将被试者的表现与既定的教育目标或行为标准相比较，以评价被试者在多大程度上达到该标准。由于这种测量通常和教育目标连在一起，故而也称目标参照测验。学校教育中，通常都有明确的教育目标和培养目标，课程中都规定了较为详细的学生学习后应达到的水平、掌握的知识等。教学测验一般采用的都是标准参照测验的方法，主要目的是确定学生达到教学目标的程度，考查学生对知识技能的掌握程度。例如，学生学习了一学期的化学知识，想要检验学生的学习程度是否达到了课程标准的要求，只有通过按照课程标准设定的知识点编制的测验进行考试才能获知。

3. 潜力参照测验

潜力参照测验是指以评价被试者有无充分发挥自身潜力为目的，将被试者的实际水平与其自身潜在水平（潜力）相比较的检测方式。在如今强调人性化、多元化的教育评价浪潮下，潜力参照测验具有很大的用武之地。例如，某同学考了 90 分，另一同学考了 70 分，老师可能会表扬考 70 分的同学，因为老师对学生的评价是参照学生潜力而言的。考 70 分的同学可能已经非常努力了，由于其学习基础及智力发展的程度，学生当前的实际水平已达到或接近他的最高水平，值得鼓励。潜力参照测验中一个最大的困难就在于“学生实际存在怎样的潜力”。这是一个模糊的概念，如果能够知道学生的真正潜能，教育的测量就会轻易地得到学生发展的最好程度。但是，从心理学和教育学的理论中，都无法获得对一个人的发展潜力的清晰描述。目前所了解的关于人的潜力的各种说法均是带有极其强烈的假设性质的。故而，在实际的教育测量过程中，潜力参照测验更多地只是以教师或专家的经验作为标准来进行的一种推断，具有很大的主观性及不确定性。

（三）按被试行为表现的性质分类

1. 最佳行为测量

最佳行为测量的目的是测量被试者的最佳行为表现，即被试者最具有代表性的行为。通过对这种行为的观察，可以知道被试者行为的最高水平。凡是以成就或能力的高低作为评价基础的，都属于最佳行为测量。教学考试、升学考试等在性质上都属于最佳行为测量。之所以称为“最佳行为”，是因为被试者都有强烈的成就动机，面对问题全力以赴，希望自己能有最佳的表现。在正常情形下，学生参加各种竞争性的考试都会如此。学生在学业成就测验上得到的分数，均可视为他们的最佳行为表现，然而学生通过考试所得的分数是否是真的最佳行为，这是不一定的。因为在激烈的竞争中，学生可能会产生多种多样的考试心理问题，如考试焦虑等，可能实际上所得分数并非最佳。现在的教育测验中，越来越重视学生在面对各种考试时的压力，试图在减轻考试对学生压力的环境中，促使学生发挥出真正的能力和水平。传统的测验是对一个学生面临综合压力的情况下应急的“最佳行为”的测量。

2. 典型行为测量

典型行为测量目的不在于测量与评价被试者能力的高低，而是测量其是否具备某种典型行为，可以起到“窥一斑而知全豹”的作用。典型行为测量关注的是被试者通常做出反应的习惯方式（即典型行为），而不是被试者尽其所能表现出的最佳水平。各种心理测量如人格、态度、兴趣测量等，都是典型行为测量。在这些测量过程中，测试者都希望被试者能够以其平常典型的状况来回答。

（四）按测量与评价的内容分类

1. 智力测量与评价

智力测量与评价的目的在于测量被试者的智力，并对其智力发展水平和特点做出评价。常见的智力测量有“斯坦福-比纳智力量表”、“韦克斯勒智力量表”、“瑞文推理测验”等。

2. 能力倾向测量与评价

能力倾向测量与评价的目的在于测量与评价个体的潜在才能，对个体的能力发展倾向做出预测。能力倾向测量与评价基本可分为两种：一种是特殊能力倾向测量与评价，旨在探测个人某方面的特殊潜在能力，如音乐能力倾向、机械能力倾向、美术能力倾向等；另一种是关于一般能力倾向的测量与评价，旨在探测与评价个人多方面的潜能。

3. 成就测量与评价

成就测量与评价的目的在于测量并评价个人在接受教育或训练后的成就。一般有两种类型：一种是综合成就测验，旨在测量与评价被试者在多个学科或综合学科上的学习成就，该种测验可以是单个测验，也可以是成套的测验；另一种是学科成就测验，旨在测量与评价被试者在某一科目上的学习成就。

4. 人格测量与评价

人格测量与评价用于测量与评价被试者的人格心理特征，如兴趣、态度、气质、性格、动机、适应性等方面的心理特征。人格测量与评价所涉及的内容层面颇多，它是一个十分宽泛的概念，人格测量与评价方法也是丰富多彩的。教育工作者需要掌握一些人格测量与评价的基本原理和方法，才能把“因材施教”的原则落到实处。

（五）按测量对象分类

1. 个别测量

个别测量与评价的特点是同一主试在同一时间内只能测量一个被试，例如，“斯坦福-比纳量表”、“韦克斯勒智力量表”、“罗夏克墨迹测验”、“主题统觉测验”等一些著名的心理测验，都属于个别测量。个别测量的这种一对一的形式，使得主试对被试的行为反应有了比较多的交流机会、观察与控制机会，能够让主试获得更多的信息，也可以建立较融洽的主被试合作关系，有利于测量与评价的进行。对于一些比较特殊的被试，如幼儿、文盲、残疾人等，一般只能采取个别测量与评价的办法。由于个别测量在实施时费时费力，所以主试需要经过严格的训练才能胜任。

2. 团体测量

团体测量的特点是同一主试在同一时间内测量多位被试。例如，“瑞文推理测验”、“陆军甲种、乙种团体智力测验”及绝大多数自陈人格问卷都属于团体测量与评价。这种形式的测量与评价突出的优点是节省时间，能够在短时间内获得大量的测量信息，所以在教育、人事选拔、团体比较中被广泛使用。其不足之处在于同一时间内接受测量的被试多，不易有效地控制被试的行为，较易出现测量误差，从而对测量的信度和效度产生影响。

团体测验的分类也有很多，根据不同的测验材料，可分为文字测验和非文字测验；根据测验的执行方式，可分为口头测验、纸笔测验、操作测验和计算机测验；根据答案和评分的客观性，可分为客观测验和主观测验；根据测验题目与被试的关系，可分为自适应测验与非自适应测验等。

二、化学学习测量与评价的方法

1. 量化评价

量化评价，就是对学生的学业成绩进行数字化的描述。它以纸笔测验为主要形式进行标准测验和常模测验。量化评价在评价学生知识的识记和再认情况上高效、可信、省时省力，可在较短时间内同时收集得到许多学生学习状况的反馈信息，便于作出定量分析，且这种方法易于掌握和操作。量化评价的局限性在于其追求简洁、客观、量化，把复杂的教育现象简化为一组僵硬的数字，使得教育现象简单化和表面化，学生丰富多彩的个性发展也泯灭于其中。量化评价侧重于简单的知识记忆和机械操作训练，学生复杂的思维过程无法考察，不注重评价过程，只重视评价结果。

量化评价有以上诸多弊端，因此，遵循评价的新理念，量化评价应该要对旧的做法进行改革。以量化评价常用的方式之一笔试为例，以往的考试内容主要侧重于识记的内容，为了应付考试，学生普遍存在“临时抱佛脚”的现象，机械记忆，考试结束之后大脑就一片空白。当考试作为化学教学的一种评价方法时，考试应当注意命题的真实性、生活化，加强与学生的实际生活相联系，重视学生的思维过程，重视考查学生分析问题、解决问题的能力。

随着课程改革的深入，量化评价的另一改革就是实施分类分层命题测试。为了让一张试卷公平地检测所有学生的学习结果，将试卷分层次命题，学生可选择性作答。如分成基础层次、发展层次和拓展层次这样三个层次，基础层次的试题以简单基础的试题为主，多为一些基本原理、概念和简单的计算，这类题目简单，力求让所有学生都能达标，让学生在考试中体验成功，获得信心；发展层次的试题多以综合型题型为主，主要包括一些推断题、实验题和计算题，这些题目具有一定的综合性，要求学生有一定的综合计算能力和思维推理能力，这类题目有一定的难度，但要控制难度，使一部分学生经过研究思考可以得到正确答案，让学生有种“跳一跳就能摘到桃子”的感受；拓展层次的试题为综合题或创新性问题，有一定的难度，但不能偏离学习的内容，过于偏难，这部分试题主要出现在选做题中，让一些能力突出的学生有用武之地，同时也鼓励所有学生进行挑战。

分类分层考试时，每个学生自己选择使用某一层次的试题，在同一时间同一考场进行考试，每个学生所选的试卷和分数都不公开，教师及时把考试结果反馈给学生。对于成绩不理想的学生，及时写上鼓励性的评语。如果学生觉得成绩不够理想，经过再次准备还可以重考，努力使考试成为学生的再学习过程，努力让每个学生因考试而受到激励，努力使每个学生都有机会成为优秀者。

2. 质性评价

质性评价，就是力图通过自然的调查，全面充分地讲解和描述评价对象的各种特征，促进学生发展。质性评价着重对学生的个性化的表现进行评定、鉴赏。质性评价主张全面逼真地反映教育现象，反对把教育现象简单化，关注真实的教育情境，适应于复杂的教育现象的评价。

质性评价方法包括观察法、交流法和档案袋评价法等。

1）观察法

观察法是在教育的自然场景下了解观察对象的方法。此法与测验法截然不同，被观察者像平常一样学习，不会产生或感到任何的紧张感。所以，此法收集的资料始终是被观察对象的常态表现，都是自然真实的。它用于测评被观察者的能力、行为、性格、态度、纪律等不易被考试测验所获得的内容。

观察法适用范围广，条件要求低，不需要特殊设备和工具。但其缺陷是易受观察者主观偏见的影响，易将主观印象带入观察记录中，作出有违事实的判断。此外，重要的、有价值的资料的获取，若只限于在某个环境中的一次观察是无法实现的，需要在各种各样的场景中多次反复观察才可能获得。因此，这种方法是很费时间和精力的。教师要想对学生的能力发展情况作出较为客观的评价，在平时的化学教学中应及时记录观察的结果，要注意观察的全面性和连续性，不能仅凭一次观察就对学生的发展情况做出评价。

2）交流法

除了观察以外，教师与学生、学生与学生之间的相互交流也是评价学生在化学学习活动中表现的最常用的一种方法。交流包括书面交流和口头交流。书面交流是通过书面的形式，对学生在化学学习活动中的表现作出评价的一种方式。口头交流是通过提问、谈话和讨论等形式，对学生在化学学习活动中的表现作出评价的一种方式。

3）档案袋评价法

档案袋的英文单词是“portfolio”，意思是“文件夹”、“公事包”或“材料袋”，当它被应用到教育领域后，又称“学生成长记录袋”。档案袋评价就是收集学生在学习过程中的表现、产品、研究报告及其他相关记录和资料等，以学生的现实表现作为判定学生学习质量的依据的评价方式。档案袋可以是文件袋、文件夹，也可以是一种容器。它是学生存放个人作品及对作品完成过程的描述和学生本人、同学、教师及家长的评价的“资料库”。档案袋可以展示学生在一段时间内取得的成果与进步，反映学生的反思过程与心路发展过程。

三、化学学习测量与评价的质量

任何一种测验的基本要求是有效、可信，具有一定的难度和区分度。

（一）效度

效度（validity）是指一个测验或测量工具能够正确测量所要测量的属性或特征的程度。效度是测量中最重要的必备条件，一个测验如果没有效度，则无论如何都不能称之为合理完善。因而，使用一种测验或设计一种测验，必须首先评价效度。每一种测验和表现性评价各有其功能与限制。例如，用纸笔测验检测学生知识的记忆和简单运用较为有效，而对测量探究技能则效度不高。所以，一个测验应用在某种场合效果可能很好，但用于另一种目的和用途，也许毫无价值。世界上没有一种对所有目的都有效的测验和评价。因此，不能笼统地说某测验或表现性评价有效或无效。

测验的效度有多种类型，化学教学中常用的是内容效度。内容效度指的是测验题目对有关内容范围取样的适当性。例如，一个课堂考试的题目是不是这门课程中所教的知识和技能的最好取样呢？教师为了了解学生对某一模块或某一课题的知识与技能、过程与方法等方面掌握的情况，如果时间许可，可以进行一次全面考试，包括所有有关的内容。但这是不切实际的，因此教师需要从这个范围总量中取样编制测验，根据测得的分数推论学生在该范围总体的知识掌握情况。如果所用的测试题为该范围的好样本，那么说明推论有效，如果选题不当，则推论无效。

一般来说，学业成就测验的内容范围容易确定，其内容效度的高低，取决于测验题目的代表性。这种测验选题并不是单纯的随机取样，为了使各类题目均衡恰当，必须根据知识与技能的重要性来选题。比较好的做法是先根据教学目标和教学内容编制双向细目表，同时将每块内容和目标进行加权处理，接着利用权重对每个内容随机抽样，直至得到所需数量的题目。

（二）信度

信度（reliability）指的是所测量的属性或特征前后一致性程度，即多次测量的结果是否一致。例如，某学生在一个月内参加三次高考模拟测验（假定某生的能力保持一致），恰好得到了同样的分数（当然这种情况不太可能出现），就可以得出结论，或者说这个测验的信度很高。

信度是对测量的一致性程度的估计，效度是对测量的准确性程度的估计。一个测验或测量工具对于某一个目的具有一定的信度，但并不一定是有效的；一个测验或测量工具如果对于某一个目的是有效的，那么它一定是可信的。正如用一把米尺去量身高是有效的，也是可信的，但是用它去量体重，尽管多次量得的结果是一致的，即有较高的信度，但它的效度是很低的。测验的效度和信度在很大程度上取决于测验的项目或题目的特性。

（三）难度

难度(difficulty)指的是试题或项目的难易程度。一般使用学生的答对与否或通过所测试题的人数所占的百分比作为难度指标。难度可通过如下公式表示：

$$P=\frac{R}{N}\times 100\%$$

式中，P 为项目的难度；R 为答对或通过某一项目的人数；N 为全体受测人数。P 值越小，难度越高；P 值越大，难度越低。

问题的难度不是绝对的。一个本来很容易的问题，可能因表述不清楚或受测者由于某种原因没有学过而变难；一个很难的内容，也可能因为答案过于明显或由于受测者已经掌握而变得很容易。难度的大小，除了与内容或技能本身的难易有关，还与测试题目的编制技术和被试者的过往经历及经验相关。

（四）区分度

区分度（differentiation）是指测验试题或项目对学生的实际水平的区分程度。区分度比较强的测试题，真实水平高的学生表现比较好，可以得到高分，真实水平差的学生则取得较低的分数。测试的区分度又对应于所测属性或品质的区分能力。区分度的所有指标和估计方法，都是以对项目的反应与某种参照标准之间的关系为基础的。

第三节　化学教师课堂教学评价

教师课堂教学评价是指把教师的一节化学课作为研究对象，以一定的标准为依据，对化学课堂教学的过程和效果给予价值判断的过程。正确开展课堂教学评价，能及时提供教学活动的信息反馈，调控师生的行为，帮助教师总结经验，不断改进教学方法，优化教学过程，提高课堂教学的实际效益。

一、化学教师课堂教学评价的维度

教师是课堂教学的组织者、引导者、促进者和实施者。对教师教的行为的关注，应是看其教的行为是否具有促进学生学的价值。因此，对教师“教”的评价即是基于教师对学生发展过程的指导和组织活动进行评价，主要包括以下几个方面。

1. 对教学目标的评价

教学目标是人们对教学活动结果的一种主观上的愿望，是对完成教学活动后，学习者应达到的行为状态的详细具体描述，它表达了学生通过学习后的一种学习结果。教学目标具有导学、导教、导测量的功能。

对教学目标的评价包括：本节课的教学目标是否明确，教学目标的类型（知识与技能、过程与方法、情感态度与价值观）是否全面；制订的目标是否切合学生实际水平，是否切实可行，具有操作性；是否符合化学学科的特点，等等。

2. 对教师学科知识的评价

学科知识的完善必须以教师完备的学科知识结构作为强有力的支持。学科知识结构是指教师处理学科教学问题所需的学科知识的构成及相互关系。我国以往的中学化学学科知识结构主要由六部分构成，包括化学基本概念、化学用语、化学基础理论、元素化合物、化学计算和化学实验。新课程改革后，课程内容改变了传统偏重学科本体知识的取向，开始重视与学生生活及现代社会、化学发展的联系。内容的选择非常注重基础性、时代性、人文性和实用性，增加了大量以前被忽视的化学前沿知识、应用知识、人文知识和科学方法知识。新课程的知识范围有了较大扩展，知识结构由封闭走向了开放，并由单一型向复合型转变。

新课程内容的变化，对化学教师知识结构提出了新的挑战，要求在学科知识结构上不再局限于学科的基础知识和基本技能，而要具有多层复合的知识结构。所以，对教师课堂教学内容的评价包括以下几个方面：

（1）是否具有坚实的学科基础知识。教学内容的选择是否恰当，教学内容的讲解是否科学，知识结构分析是否清晰、正确；教学内容的容量及深广度是否恰当；教学内容的安排是否有利于突出教学重点、突破教学难点；等等。

（2）是否具备丰富的学科前沿知识。教学内容是否结合学科发展的历史与现状；是否熟悉化学学科的学术前沿和发展趋势；等等。

（3）是否具有广博的化学应用知识。教学内容是否贴近学生生活实际、渗透 STS 教育和绿色化学教育；等等。

（4）是否具有深厚的化学人文知识。是否具备较高的人文素养、掌握大量与化学有关的人文知识；是否体现科学性、人文性和社会性的融合等等。

（5）是否具有一定的化学科学方法知识。是否了解化学科学的研究特点；是否掌握观察、变量控制、信息处理、科学抽象、假设和模型等科学方法，是否具备一定的科学研究能力；是否紧扣化学学科特点、注重化学实验探究；等等。

3. 对教师教学行为的评价

课堂教学是教师有计划、有目的地引导学生发展的过程，而教师对学生的引导作用都是基于一定的教学行为得以实现，教学行为直接关系到教学的效果。

课堂教学行为是在课堂这一特定环境中，教师为实现教育目标而采取的各种具体活动。课堂教学的复杂性，决定了教师教学行为方式的多样性。从不同的视角审视教学行为可分为不同的类型，如从行为产生的效果上看，可分为有效课堂教学行为和无效课堂教学行为；从行为发生机制上看，可分为常态教学行为、动态教学行为和教学机制。钟启泉等学者根据行为发挥的功能，将教师在课堂中发生的行为分为管理行为与教学行为。

教学行为主要包括呈现行为、对话行为和指导行为三类，每种行为又细分为若干具体的行为操作方式，然后可以以每一行为操作方式的构成要素作为主要评价点进行评价，详见表 6-1。

表 6-1　课堂教学行为评价观察点

主要行为	操作方式	评价点
呈现行为	语言呈现	语音、音量、语速、条理
	板书呈现	书写、布局、内容、与讲配合
	课件呈现	取材、设计、操作、与讲配合
	操作呈现	操作、说明、引导、与讲配合
对话行为	个别提问	发问次数、候答、叫答、助答、理答
	小组讨论	讨论次数、建组、分工、交流、总结
指导行为	阅读指导	要求说明、方法提示、阅读监控
	练习指导	范例示范、方法提示、练习监控
	活动指导	方案指导、过程指导、活动总结

（1）呈现行为是教师以呈现知识或示范实验操作技能为主的教学行为，根据知识呈现的载体不同，具体的操作方式有语言呈现、板书呈现、课件呈现、操作呈现等。如教师语言表达是否清晰、流畅、有条理，声音是否响亮等。

（2）对话行为是师生间通过语言对话交流开展的互动行为，包括个别提问和小组讨论等。如教师提出的问题质量是否高，有否理答等。

（3）指导行为是教师辅导或指导学生自主学习的行为，包括自学指导、阅读指导、活动指导等。如教师有没有让学生明确阅读要求，有没有进行阅读方法指导等。

4. 对教学过程的评价

对教学过程的评价具体包括以下三个方面：

（1）对学生的关注。教师是否能照顾到学生的个别差异，尊重每一个学生；是否留给学生足够的时间和空间、给学生提供讨论，是否鼓励学生质疑问难、培养学生问题意识；是否一视同仁、公正地评价每一个学生，提高学生的学习兴趣和参与意识。

（2）教学方法策略的运用。能否灵活运用教学方法和策略，是否具有针对性和有效性；是否利用多种手段创设学习情景，教学情境创设是否有新意，媒体运用是否恰当；是否进行学习方法的指导，引导学生在合作交流中学习，在观察、思考中学习；等等。

（3）教学环节的安排。环节是否清晰，过渡是否自然；是否能够把握即时生成的资源，灵活驾驭教学过程；是否重视对所教内容的总结、拓展或应用，是否注意知识之间的联系；等等。

5. 对学生学习结果的评价

对学生学习结果的评价具体包括以下三个方面：

（1）知识与技能。学生是否掌握了课堂所学的知识，相关技能有没有得到有效的锻炼和提升；有没有能力在学习过程中生成其他的问题，问题意识是否得到培养。

（2）过程与方法。学生通过课堂教学活动，搜集和处理信息的能力、合作交流能力、科学探究能力和实践创新能力是否得到相应的提高。

（3）情感态度与价值观。学生是否获得满足、成功和喜悦等积极的心理体验；是否对未来的化学学习充满了信心；是否逐步形成各种良好的化学学习习惯和科学的价值观。

二、化学教师课堂教学评价的方法

教师可通过以下几个视角来评价自己的教学情况：

（1）教学摄像所提供的视角。利用摄像机将课堂教学情景录制下来，课后通过观看录像，对自己的教学行为进行评估和诊断。

（2）同伴和优秀教师所提供的视角。邀请同事和优秀教师来听课，让他们指出存在的问题，这样可以发现自我评价与他人评价之间的差距，消除主观偏差。

（3）学生所提供的视角。从观察学生课堂上的举动和情绪变化，来判断自己的教学行为是否得到学生的肯定和欢迎。也可以课后与学生交流，让他们对自己的教学行为提出中肯的意见。

在对教师课堂教学评价时要注意以下几方面：

（1）他评与自评互相结合。长期以来，我国对中小学的课堂教学活动所选择的评价方式大多是他评，然而在课堂教学的评价中自我评价也具有相当重要的作用。通过自我评价可以发现自己与评价标准之间的差距，这种差距可以直接激发被评价者的内在动力，促使被评价者不断调节自身的行为和状态得到成长。同时，他人评价在教学评价中仍具有重要的分量，他评可以保证评价的客观性和准确性。发展性的课堂教学评价应当实施多主体评价，改变评价主体单一的现状，注意他评与自评互相结合。

（2）整体性评价与专题性评价相结合。根据要求和考查范围的不同可以将评价分为整体性评价与专题性评价。整体性评价就是对化学课堂教学系统的各要素进行综合的、全面的、切合实际的分析评价。专题性评价则是根据教研或教改的需要就教学的某一方面进行较集中的、深入的分析评价。由于各要素总是相互联系、相互影响的，进行专题评价必须兼顾其他有关方面，且有必要在专题评价的基础上进行整体综合评价。

（3）定量评价与定性评价相结合。定量评价的优点是有较强的可操作性和可移植性。定性评价的优点是强调评价过程中有交流作用，重视各种因素之间的交互作用。定性评价方法灵活，但其缺点是主观性太强，评价者对评价结果影响过大。

一直以来，定量评价作为课堂教学的主要评价方法，把“量化”视为最有效的评价方式，将很多方面硬性地量化，这可能导致教学评价趋向于一个极端。相比定量评价，定性评价在发展性评价中更有优势。发展性评价注重评价的过程，强调评价目的的发展性，所以发展性课堂评价多以定性评价作为主要评价方式。定性评价与定量评价是一种优势互补的关系，应该有机地结合，从而充分发挥课堂教学评价的发展性功能。

第四节　基于微视频技术的学生化学自主实验评价案例

化学是一门以实验为基础的学科，实验能力是化学学科能力的重要组成部分，培养学生的实验能力是化学教育的主要目标之一。化学自主实验，作为课堂实验的有益补充，是提高学生化学实验能力的一个有效途径，不仅可以激发其学习的兴趣，拓展其视野，增强其学习的自信心和自我效能感，还能帮助他们更好地将课堂习得的知识技能应用于生活实际，加强化学与生活的联系①。更重要的是，它能突破常规课堂教学时间和条件的限制，为学生提供丰富的动手操作机会，缓解目前实验教学中学生“听实验”、“背实验”的现状，实现从“科学探究”到“科学实践”的转变②。

然而，由于诸多现实条件的限制，教师无法现场指导和评价学生的课外实验表现，导致该领域的研究一直处于边缘地带，无法发挥应有的作用。随着信息技术的发展和“微潮流”的兴起，“微博”、“微信”、“微视频”等在改变人们生活方式的同时，也对传统的教育教学方式产生了较大的影响③，为学生化学自主实验能力的评价提供了媒介。本节顺应信息时代发展的潮流，探索基于微视频技术的学生化学自主实验能力评价，为全面提高学生的化学实验能力、促进科学探究能力的发展、拓展化学表现性评价研究提供参考和借鉴。

一、关键概念界定

（一）微视频技术

微视频最早起源于美国，为科罗拉多州一所山区学校的两位高中化学教师首创。其起初目的是让所有的学生都能参与并享受化学学习的过程，两位教师将教学内容录制成

① Aleksandriya G. Enhancing students' interest in chemistry by home experiments. Journal of Baltic Science Education, 2007, 6(3):5-15.

② 唐小为，丁邦平. “科学探究”缘何变身为“科学实践”——解读美国科学教育框架理念的首位关键词之变. 教育研究，2012，（11）：141-145.

③ 杨满福，桑新民. 对 MOOCs 浪潮中微课的深度思考——基于首届高校微课大赛的分析. 教育发展研究，2013，（23）：1-5.

微视频，配上 PPT 演示文稿和声音讲解，上传到网络，供缺课的学生观看补课①。后来经由其他研究者的理论研究和实践推广，微视频逐渐发展成为一种现代技术辅助教学的新路径，受到了国内外研究者的普遍重视。

微视频作为网络视频家族的一员，是个体通过 PC、手机、摄像头、DV 等视频终端摄录或播放的、时长在 30s～20min 的视频短片的统称②，内容广泛，形态多样，具有时长短、文件小、传播快、内容精炼、制作简单、参与性强等特点，在网络新闻评论、娱乐分享、社会监督、产品广告及微视频学习等方面有广泛的应用③。

到目前为止，微视频技术在教育中的应用主要表现在两个方面④：一是作为教师专业发展的培训手段，如早期的“微格教学”到如今的“微课比赛”，有助于教师教学技能的提升；二是将微视频当作一种现代的学习资源，如智慧教育的入境学习和泛在学习、继续教育的移动学习等，为学生提供个性化、自由化的学习环境。

然而，在这些应用情境中，学生充当的均是微视频“用户”的角色，本研究突破常规的使用范畴，将微视频作为一种替代性的作业表现形式，让学生承担开发者的角色，根据化学自主实验的要求，自行设计实验方案，拍摄记录实验操作的整个过程，并制作成微视频，供教师评价，不仅为师生互动提供了载体，也有助于提升学生的教育技术水平。

（二）基于微视频技术的化学自主实验

基于微视频技术的化学自主实验是指学生结合化学教学的内容和科学探究的要求，在课外自行安排时间，从日常生活中寻找替代性的实验仪器和药品，并借助手机或摄像机等视频采集工具如实记录操作过程的一种实验。

与常规的实验相比，自主实验简便易行，不受教学时间和空间的限制，具有一定的灵活性；但在实验内容上，与科学原理紧密结合，是课堂教学的拓展和延伸；又因取材于日常生活中方便易得的用品，增添了许多生活化的元素，且是学生依据原有知识不断思考探索而形成的“独特”方案，具有一定的趣味性、探究性和创新性；实验装置的设计、搭建和调整融合了“工程技术”的思想，微视频的拍摄和制作又离不开学生的“媒体技术”，体现了“双重”技术性，种种特性均为实验能力评价框架的设计提供了依据。

二、化学自主实验能力评价模型设计

（一）评价指标确定

构建能力评价模型，首先要系统探讨能力的构成要素，国内文献中涉及化学“自主

① 张肇丰. 微视频的兴起与迷思——第九届有效教学理论与实践研讨会综述. 上海教育科研，2015,（3）：63-66.

② 赵呈领，徐晶晶，刘清堂. 基于微视频资源的翻转课堂教学模式设计与应用探究. 现代教育技术，2014，24（2）：70-76.

③ 孔利华，温小勇，焦中明. 微视频支持下的“学-教”学习模式：活动理论视角. 电化教育研究，2014,（4）：87-92.

④ 孔利华，温小勇，焦中明. 微视频支持下的“学-教”学习模式实验研究——以“信息技术课程与教学论”为例. 电化教育研究，2015,（2）：83-88.

实验”的基本没有，都是针对学生“课堂常规实验”展开讨论。在化学实验能力的评价要素上，大体是从认知心理学的角度出发，如杨玉琴认为中学化学“实验能力”是学生运用化学实验认识、探究化学物质的组成、结构、性质及其变化规律的能力，包含操作能力、观察能力和认知能力三个方面①。

化学实验要求学生目的明确、操作严谨、安全规范；在自主实验操作中，又需要学生根据教师设定的内容，合理选择生活化的实验用品，设计科学新颖的实验方案，操作安全，动作熟练，渗透一定的探究思维，装置稳固美观，现象表征明显，并能借助媒体技术，清晰流畅地展现整个实验过程。为此，在能力评价的要素上，基于他人的文献基础，结合化学实验的要求、自主实验的特色及微视频技术的性质，初步确定了基于微视频技术的化学自主实验能力评价指标：安全性、规范性、科学性、清晰性、有效性、技术性、流畅性、生活化、新颖性和探究性，具体见表 6-2。

表 6-2　化学自主实验能力评价模型

评价指标	评价内容	权重
安全性	实验用品安全可靠，方案设计及操作过程不存在安全隐患	0.125
规范性	按时上交，作业内容及形式符合教师既定的要求	0.065
科学性	实验用品选择、方案设计及操作过程符合科学原理	0.150
清晰性	清晰展现实验过程，含用品介绍、步骤呈现及现象表征等，并借助语言或文字进行适当解释	0.125
有效性	实验现象明显，成功达到预期效果	0.090
技术性	实验装置搭建合理、稳固，造型美观	0.065
流畅性	实验视频清晰连贯，后期的处理及美化技术适宜	0.050
生活化	实验用品在日常生活中易于得到，操作简便	0.125
新颖性	实验用品、方案设计及现象表征等不同于常规方式，有新意	0.090
探究性	及时发现并处理实验中的异常事件，渗透对照、空白等探究思维	0.115

化学实验由于常使用一些易燃易爆、腐蚀毒害的药品，实验仪器多为玻璃或瓷质器皿，实验条件须加热、通电等，导致实验中会有一些安全隐患，因此，“安全性”是自主实验的首要评价因素。“规范性”考察实验是否符合教师要求，如按时上交、内容及形式符合规定等。“科学性”是自主实验顺利开展的基础，重点观察学生在实验方案设计、用品选择、实验操作等各方面是否科学合理。“清晰性”要求视频能清晰展现实验操作的全过程，从仪器用品的介绍到操作步骤演示，再到实验现象的呈现，并能借助语言或文字进行解释，是对学生实验操作、观察、表达等多种能力的综合评定。“有效性”是对实验结果的评价，要求实验现象明显，成功达到预期的效果。

工程教育是现代教育不可缺少的内容，应融入基础教育阶段的科学教育中，逐步实现学生对工程的核心——工程设计的理解，认识工程、技术、科学与社会之间的联系②。化学实验装置的设计、连接和成型均离不开学生的“工程技术”思维，因此，本研究设置了“技术性”指标，重点考察实验装置的合理性、稳固性及美观性。“流畅性”是对微视频质量的评价，要求清晰连贯，有适宜的美化技术，反映了学生的视频拍摄及处理能力。“生活化”考量学生的实验选材能力，主要指实验用品在日常生活中是否容易获

① 杨玉琴，王祖浩.对化学“实验能力”内涵的重新认识. 化学教育，2012，（11）：86-89.

② 黄芳. 美国《科学教育框架》的特点及启示. 教育研究，2012，（8）：143-148.

得，便于操作。“新颖性”要求学生在用品选择、方案设计、现象表征等方面不同于教材、辅导书等资料中出现的常规方式，有一定的新意，是创新能力的重要体现。实验是科学探究的重要形式，是提高学生探究能力的重要手段，因此，本研究也专门设置了“探究性”指标，从实验思维渗透、实验偶发事件处理等方面观察学生的探究能力。

（二）内容效度检验

为进一步检验评价指标的内容效度，本研究利用调查法征询了7位专家的意见，其中包括从事化学课程与教学论的大学教师、教育技术专业的大学教师和中学化学教学一线的资深教师。研究设置了“1=不相关”、“2=弱相关”、“3=较强相关”、“4=非常相关”4个选项，让专家选择判断各评价要素与基于微视频技术的化学自主实验能力之间的相关性，由此计算各指标的内容效度指数 *I*-CVI、随机一致性概率估计值（P_c）及对专家意见随机一致性进行校正后计算调整的Kappa值（K^*），具体数据见表6-3。

表6-3 实验能力评价指标专家评分及内容效度指数表

评价指标	专家评分							评分为3或4的专家人数	*I*-CVI	P_c	K^*	评价
	1	2	3	4	5	6	7					
安全性	4	4	3	4	4	4	3	7	1.00	0.008	1.00	优秀
规范性	1	3	4	3	2	3	3	5	0.71	0.164	0.66	良好
科学性	4	3	4	4	4	4	4	7	1.00	0.008	1.00	优秀
清晰性	4	4	4	4	3	3	4	7	1.00	0.008	1.00	优秀
有效性	2	3	3	4	3	3	3	6	0.86	0.055	0.85	优秀
技术性	2	3	4	4	3	3	2	5	0.71	0.164	0.66	良好
流畅性	4	3	2	3	1	3	1	4	0.57	0.273	0.41	一般
生活化	3	4	4	4	4	3	4	7	1.00	0.008	1.00	优秀
新颖性	3	4	3	3	4	2	3	6	0.86	0.055	0.85	优秀
探究性	3	3	4	3	3	4	3	7	1.00	0.008	1.00	优秀

根据K^*的评价标准，0.40～0.59为一般，0.60～0.74为良好，大于0.74为优秀①，预定指标的内容效度均处于可接受的范围，其中，“安全性”、“科学性”、“清晰性”、“有效性”、“生活化”、“新颖性”和“探究性”7个指标的K^*大于0.74，内容效度优秀；“规范性”和“技术性”指标的K^*为0.66，效度良好；“流畅性”的K^*为0.41，效度一般。

（三）指标权重分配

指标权重的分配采用专家平均评判法，仍由上述7位专家根据自身对各指标重要性的理解，标出所占的百分比，然后以评判结果的平均数作为其权重。总体而言，权重大

① 史静琤，莫显昆，孙振球．量表编制中内容效度指数的应用．中南大学学报（医学版），2012，37（4）：152-155.

小的排列顺序与内容效度的评价结果基本一致。

排在首位的是“科学性”，占 15%，专家们普遍认为自主实验的设计和操作需符合化学原理，实验能力并不仅限于“实验操作”，还包含实验认知的成分。其次是“安全性”、“清晰性”和“生活化”，均为 12.5%，专家们都认同化学实验“安全第一”的理念，坚持“清晰性”是客观评价的基础，实验用品应体现“生活化”特色。“探究性”所占的权重也不小，为 11.5%，尽管自主实验用时不长，但专家仍坚持探究在实验中的重要作用。“有效性”占 9%，比“清晰性”小，可见，与实验结果相比，专家更注重实验过程，体现了新课程“重过程轻结果”的理念。“新颖性”是对学生创新思维的探查，权重与“有效性”相同。“规范性”和“技术性”两个指标权重相等，只有 6.5%，大家都认为规范性是对学生实验态度及题意理解等外在因素的考察，与实验操作相关不大，因此权重不高；而在技术性维度上，参与评判的专家都是理科出身，对实验的装置要求不如工程技术领域严格。“流畅性”体现了学生的信息技术水平，所占份额最小，可见，大家基本认同技术在化学教学中的“辅助”作用。

化学自主实验能力评价模型为学生自主实验能力的评价提供了一般框架，研究者可以根据不同的实验内容、学生表现和教学需求逐步细化，划分恰当的评价水平等级，确定适宜的指标分值。下面以实验“电解饱和食盐水”为例，探查基于微视频技术的化学自主实验能力现状，检验评价工具的实效性。

三、化学自主实验能力评价案例

（一）研究对象及内容

本研究的样本是上海市某高中一年级两个班的学生，共 63 人，该校学生学业水平中等，代表了高中生的一般水平。教材中“中国现代化工之母——氯碱工业”的学习内容涉及了电解饱和食盐水实验，要求学生掌握两极产物的检验及化学方程式的书写。

本实验安排在课外时间进行，要求学生寻找日常生活材料，自行设计装置，独立完成电解饱和食盐水的实验，并用微视频的形式记录实验过程。视频时间不超过 5 分钟，须清晰展示实验材料、装置搭建过程及实验现象，特别要注明阴、阳极材料，并检验生成的 Cl_2 和 NaOH 两种产物。

（二）评分者一致性

自主实验能力评价以前文设计的模型为基础，根据“电解饱和食盐水”的内容和学生的真实表现，细化 10 个评价指标，并分设 3 个等级评定学生的实验表现，分别赋值为 3 分、2 分、1 分，分数越高说明学生的自主科学实验能力越强，见表 6-4。最后换算成得分率表示学生的实验能力得分，计算方法见式（6-1）。

$$\text{自主实验能力总分}=\frac{\sum_{i=1}^{10}\text{指标得分}\times\text{指标权重}}{3}\times 100 \quad (6\text{-}1)$$

表 6-4 “电解饱和食盐水”自主实验能力评价模型

评价指标	评价标准
安全性 0.125	3-用电、用火使用规范，不存在安全隐患 2-用电、用火使用基本规范，但存在些许不安全因素 1-用电、用火使用不够规范，危险因素较多
规范性 0.065	3-按时上交作业，内容格式规范，对 Cl_2 和 NaOH 两种产物均进行了检验 2-按时上交作业，内容格式规范，只检验了 Cl_2 和 NaOH 中的 1 种 1-按时上交作业，内容格式规范，未检验任何产物
科学性 0.15	3-实验装置符合电解池的形成原理；操作步骤规范；产物检验方法合理 2-实验装置、操作步骤或产物检验三个要素中有一个存在科学性问题 1-实验装置、操作步骤或产物检验三个要素中有两个存在科学性问题
清晰性 0.125	3-清晰展示实验用品、装置搭建、电解过程及产物检验，并用语言或文字进行解说 2-清晰展现电解过程，但对用品介绍、装置搭建和产物检验三个项目只呈现了其中两项；或是虽然呈现了以上三个项目，却缺少语言或文字的辅助说明 1-只呈现了实验用品、实验现象等次要信息，对电解装置及电解过程均没有展示
有效性 0.09	3-电解后，两个电极均有小气泡产生，Cl_2 和 NaOH 两种产物检验现象明显 2-电解后，两个电极均有小气泡产生，但只有 1 种产物检验现象明显 1-电解后，只观察到电极上的小气泡，两种产物检验现象均不明显
技术性 0.065	3-实验装置连接合理稳固，易于操作，造型美观 2-实验装置连接基本合理，但稍有问题，如串联的电池连接不紧密等 1-实验装置连接不够紧密，不易控制，常有“断路”现象
流畅性 0.05	3-视频清晰连贯，并有适宜的技术美化处理 2-视频清晰连贯，如实展现实验过程，但没有任何技术处理 1-视频不够清晰，有少许雪花点，且有断断续续的卡壳现象
生活化 0.125	3-所有的实验材料在生活中都较为常见，易于得到 2-有个别材料在日常生活中不易获得，如 $CuSO_4$ 等 1-所有材料专业化倾向明显，日常生活中无法轻易获得
新颖性 0.09	3-实验用品、电解装置设计或产物的检验方法有两项以上有一定的创新性 2-实验用品、电解装置设计或检验方法三者中有一项有创新性 1-实验用品、电解装置和检验方法二者均为教材或练习中的常规方法，没有新意
探究性 0.115	3-采用对照等探究思维，能灵活有效处理实验中的偶发问题 2-能处理实验中的部分偶发问题 1-对存在的问题不加处理，简单带过

研究共收回微视频 42 个，其中 3 个视频因拍摄问题无法播放，获得有效视频 39 个，有效率为 92.8%。为提高评分的可靠性，由两位研究者同时按照评分标准对所有视频进行评定，并用 SPSS 22.0 对结果进行相关分析，得到斯皮尔曼等级相关系数为 0.980（$p=0.00<0.001$），相关性显著，评分者一致性较高，也说明本研究提出的实验能力评估框架具有较强的可操作性和稳定性。

（三）学生化学自主实验能力表现

经过计算，得到每位学生的自主实验能力总分，范围在 55.5～92.3，平均分为 74.5，处于中等水平；标准差为 9.6，差异系数为 12.9%，在 9%～20%[①]，有轻微分化现象。图 6-1 显示了各指标的平均分，可以发现学生表现最好的是“安全性”，为 92.3，达优秀水平，进一步分析各等级的人数分布，如图 6-2 所示，可见近 80%的学生在本实验中已能安全地进行用电、用火操作，没有学生存在严重的危险行为。最差的是“有效性”，只有 57.3，未及格，仅有 6 人实验成功，超过 40%的学生两种产物检验现象均不明显。

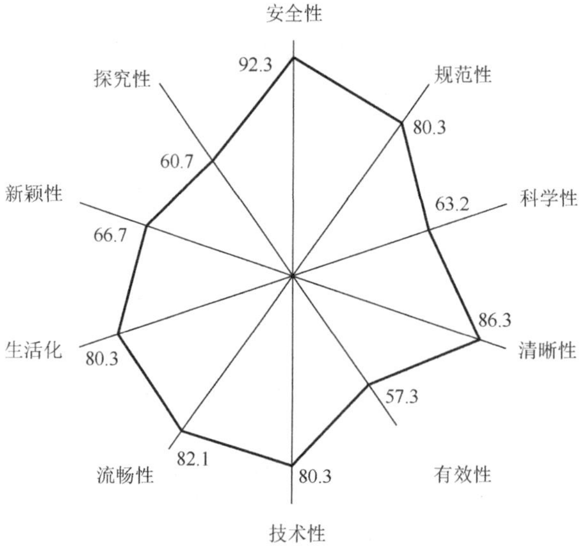

图 6-1　自主实验能力指标得分

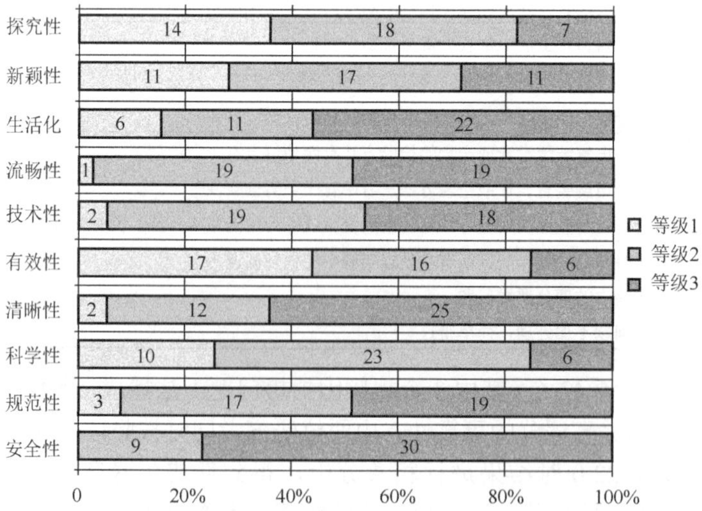

图 6-2　自主实验能力各指标人数分布

① 范晓玲. 教育统计学与 SPSS. 长沙：湖南师范大学出版社，2005：91.

其余要素中，“清晰性”为 86.3，一半以上的学生都能清晰展现电解饱和食盐水的全过程，部分学生存在少量问题，如缺少语言或文字的辅助说明等，只有个别学生只静态呈现了实验用品和实验现象，忽视了电解过程等关键内容。“流畅性”要求学生跟随实验的进程，以镜头语言的形式清晰流畅展现实验的要点和亮点，得分 82.1，几乎所有的微视频都清晰连贯地展现了实验过程，其中有一半还进行了美化处理，如添加轻松优美的背景音乐，删减较长的“电解”时间，对实验现象的近距离特写等。“规范性”、“技术性”和“生活化”三者的得分一致，均为 80.3，达到良好水平，有近一半的学生按要求检验了两种产物；在技术性上，有 18 人的装置搭建合理稳固，但也有超过一半的学生存在设计缺陷，特别在电极固定和电路连接上常有“短路”或“断路”现象；生活化体现了学生对化学与生活的理解与应用，近 60%的学生选择了简便易得的日用品代替实验材料，如矿泉水瓶、紫甘蓝汁、手机充电器等，但也有学生在个别材料上使用了如试管、pH 试纸等专业化学用品。

“科学性”、“新颖性”和“探究性”三者的表现不尽如人意，分别为 63.2、66.7 和 60.7，仅处于及格水平。本实验涉及的化学知识包含电解池的形成条件、Cl_2 和 NaOH 的检验及物理学中的电路连接等，39 个有效视频只有 6 个达到了最高水平，存在的问题主要表现在电极的选择和产物的检验两个方面。“新颖性”反映了学生的创意，有 17 人处于 2 级水平，在用品选择、实验装置及产物检验三个方面稍有新意，1 级水平和 3 级水平的人数相当，但也不乏个别学生的设计极为新颖，如综合利用氯水的漂白原理和酸碱指示剂的性质，用自制紫甘蓝汁同时检验 Cl_2 和 NaOH，操作简单，方法独到。“探究性”是所有指标中得分较低的项目之一，实验中能采用对照等探究思维、灵活处理异常现象的只有 7 人，大部分学生只能处理部分问题，或是一有实验异常就宣布失败，未作深入探究。

四、研究结论与启示

本研究结合化学实验的要求和自主实验的特点，设计了基于微视频技术的化学自主实验能力评价框架，为学生实验能力的诊断和改进提供了依据。经过对“电解饱和食盐水”的实验评价应用发现，高中生的化学自主实验能力总体居于中等水平，学生之间稍有差距，但分化不严重，各指标表现优劣不一。

（一）实验安全意识高，表达能力强

大部分学生已具备了较强的安全意识，不存在严重的危险行为，可见，中学化学实验的安全教育已初见成效。实验表达能力强，不仅能在微视频中清晰呈现实验操作的整个过程，还能使用恰当的媒体技术进行优化展示，如添加轻松优美的背景音乐，剪辑较长的反应时间，对实验现象的近距离特写等。可见，在信息技术高速发展的今天，学生使用手机、摄像机等电子产品的信息技术应用水平有了很大的提高。

（二）实验视频规范，融生活、技术于一体

学生具有一定的规范意识，基本能根据教师的要求，自主设计实验内容，按时完成微视频的录制及剪辑工作。在用品选择上，多数学生对化学与生活的联系有一定的认识，能充分利用生活中简单易得的替代性材料，如矿泉水瓶、紫甘蓝汁、手机充电器等，生活化体现明显。此外，学生搭建实验装置的技术也较好，但在某些“细节”设计上还不够完善，今后教学中需进一步加强工程教育在化学中的渗透，帮助学生逐步形成周密的“设计思维”。

（三）探究创新不足，实验效果不理想

令人担忧的是学生的实验探究能力和创新能力差强人意，化学知识也明显呈现不足，受前概念干扰严重，本研究中，从电源选择引发的安全隐患、电极设置产生的科学错误、装置连接造成的技术问题、直至检验方法甄选导致的实验效果不理想等一系列问题，其最终根源都在于学生对电解池的组成要素、电解的基本规律、电路的连接原理、物质的理化性质等化学概念模糊不清，“死记硬背”的传统教学方式使存储在学生头脑中的科学知识只是离散的、孤立的信息碎片，导致学生在遇到真实情境时，无法像专家那样能正确辨识情境特征，从长时记忆中迅速提取相关信息并进行有效整合和转化应用[①]。可见，化学教师除继续重视学生的探究思维和创新能力外，还应加强学生对科学概念的深入理解及综合应用，借助实验、概念转变文本、计算机辅助教学等多种手段，转变学生头脑中的“迷思概念”，为静态的书本知识转化为动态的实践性知识奠定基础。

基于微视频技术的化学自主实验借助微视频这种现代的多媒体表现形式，不仅有助于诊断学生的实验能力，将微视频的作用从早期的“助教”、“助学”扩展到了“助评”领域，全面开发了信息技术辅助教学的功能；还让他们亲身体验了微视频的设计、研发过程，有助于提高学生的信息技术应用水平及参与学习活动的积极性和主动性。更重要的是它遵循“知行合一”的理念，改变了传统化学教学中机械化、程式化的“科学方法”教学方式，让学生通过真正的化学实践理解知识的发展与应用，增强了学习的动力与知识的运用能力，符合国际科学教育发展的新趋势。

主要参考文献

竺丽英，王祖浩. 2016. 基于微视频技术的自主科学实验能力评价研究. 电化教育研究，37（7）：99-105.
蔡亚萍. 2005. 中学化学实验设计与教学论. 杭州：浙江教育出版社.
董奇. 2003. 发展性教育评价的理论与实践. 中国教育学刊，(8)：18-21.

---

① 保罗·基尔希纳，约翰·斯维勒，理查德·克拉克. 为什么“少教不教”不管用——建构教学、发现教学、问题教学、体验教学与探究教学失败析因. 开放教育研究，2015，21（2）：16-29.

彭振国. 1999. 当代教育学. 北京：教育科学出版社.
钟启泉. 2001. 为了中华民族的复兴，为了每位学生的发展——基础教育课程改革纲要(试行)解读. 上海：华东师范大学出版社.
毕华林，亓英丽. 2005. 高中化学新课程教学论. 北京：高等教育出版社.
杨承印. 2010. 化学课程与教学论. 西安：陕西师范大学出版社.
吴焕云，夏正盛. 1999. 中学化学教学导论. 武汉：华中理工大学出版社.
沈久明，刘德汞，杨性坤，等. 2013. 促进师生共同发展的高中化学课堂教学评价体系研究. 广州化工，41(21):159-160.
周智慧. 2010. 发展性课堂教学评价体系探讨. 教育探索，(6):48.
王春. 2011. 新课程背景下化学课堂教学评价体系的探索与思考. 化学教育，(9):15.
冯建新. 2005. 现代教育评价与测量学. 北京：中国社会科学出版社.
刘知新. 1996. 化学教育测量和评价. 南宁：广西教育出版社.
王喜贵，李玉珍. 2008. 化学教学论. 西安：陕西师范大学出版社.
杨学良，蔡莉. 2006. 关于发展性教学评价的理论研究. 教育探索，(7):45-47.